हनुमान चालीसा

एक आध्यात्मिक अनुभव

डॉ. संदीप कुमार शर्मा

AF518566

डायमंड बुक्स

www.diamondbooks.in

प्रकाशक : डायमंड पॉकेट बुक्स (प्रा.) लि.
X-30, ओखला इंडस्ट्रियल एरिया, फेज-II
नई दिल्ली-110020
फोन : 011-40712200
ई-मेल : wecare@diamondbooks.in
वेबसाइट : www.diamondbooks.in
संस्करण : 2025

HANUMAN CHALISA EK ADHYATMIK ANUBHAV
By : *Dr. Sandeep Kumar Sharma*

समर्पण

इस पुस्तक को मैं उत्तर प्रदेश के **मुख्यमंत्री योगी आदित्यनाथ जी** को समर्पित करते हुए गौरवान्वित अनुभव कर रहा हूँ।
जिन्होंने महाकुंभ में 66 करोड़ भक्तों को त्रिवेणी में स्नान करवा कर सनानत संस्कृति को बढ़ावा देने वाला महान कार्य किया है।

जय श्री राम जय श्री राम जय श्री राम जय श्री राम जय श्री राम

प्रकाशकीय

हनुमान चालीसा : एक आध्यात्मिक अनुभव भारत में श्री हनुमान जी और हनुमान चालीसा लोगों को कंठस्थ है। और बचपन से आखिरी सफर तक करोड़ों लोग हनुमान चालीसा का पाठ सुबह उठकर अपने मंदिर में या कहीं भी बैठकर हर विपत्ति में हनुमान चालीसा का पाठ करते हैं। भगवान राम तक पहुंचने का सरलतम मार्ग है, हनुमान जी को प्रसन्न करके आप भगवान राम को पा सकते हैं। यह अंधभक्ति है और भक्ति हमेशा ही समर्पण को ही कहते हैं।

गुरु गोविन्द दोऊ खड़े, काके लागू पाय
बलिहारी गुरु आपने श्री गोविन्द दियो बताय

यह आध्यात्मिक कारण है। दूसरा है वैज्ञानिक कारण। हनुमान जी जैसे तुलसीदास जी जिन्होंने रामायण लिखी है। अपनी बीमारी में हनुमान चालीसा लिखा था। और 40 पद लिखते ही वो स्वस्थ हो गये। हनुमान जी शिव, वायु, दोनों का वरदहस्त उन्हें प्राप्त था। वह लघु और विशाल हो सकते थे। रामायण में राम-रावण युद्ध इन्ही की सर परस्ती में लड़ा गया। वह चल सकते हैं उड़ सकते है। यानि की सुपरमैन थे।

भारतीय संस्कृति में विश्वास करने वाले सभी भारतीय इस पुस्तक को पढ़ना चाहेंगे। मैंने इस पुस्तक को लेखक के साथ कई मिटिंग के बाद ही उन्हें इसे लिखने का आग्रह किया है। हनुमान जी पर लगभग 3000 पेज पढ़ने के बाद उन्होंने इसे लिखा है।

मुझे आशा है यह आपको पसंद आयेगा। मुझे अपनी राय लिखें और अपने मित्रों को इसे पढ़ने के लिये सुझाव दें।

इस संस्करण को मैं समर्पित करता हूँ अपने पूज्य माँ ईश्वरदेवी और पिता जी श्री गोविन्दराम जी को। जिनके आशीर्वाद के बिना मेरी प्रकाशन की यात्रा संभव ही नहीं थी।

नरेद्र कुमार वर्मा
nk@dpb.in

प्राक्कथन

हनुमान चालीसा केवल एक पाठ नहीं बल्कि एक आध्यात्मिक अनुभव है। हनुमान जी की निष्ठा, सेवा, आस्था, और चिंतन में एक ऐसा संदेश हमें देती है कि हम इनसानों को अपने दिलों में आध्यात्म को हनुमान जी की भांति ही स्थान देना चाहिए। आध्यात्म यानी अध्यनरत रहते हुए आत्मा का शुद्धिकरण। दूसरे शब्दों में मनुष्य को अपने आराध्य के चिंतन और मनन से सीख लेकर अपने जीवन को सार्थक करना चाहिए। निष्ठा से विश्वास पैदा होता है। सेवा अपनापन का प्रतीक है। आस्था कर्म को बढ़ावा देने में सहायक होता है और चिंतन सभी प्रकार के संकटों को दूर करता है। यही है हनुमान जी का आध्यात्मिक संसार।

हनुमान तीनों युगों में आराध्य हैं। त्रेता युग में भगवान राम के सेवक रहे। द्वापर युग में पाण्डवों के संरक्षक बने और अब कलियुग में अपने आराध्य के संकटमोचक हैं। यही कारण है कि उन्हें अजर-अमर माना जाता है। संपूर्ण विश्व में मंगलवार और शनिवार को हनुमान जी की पूजा अर्चना का विधान है। मंगलवार को आराध्य हनुमान मंदिर जा कर उनकी विधिवत पूजा करते हैं। संध्या काल बूंदी का प्रसाद चढ़ाया जाता है। शनिवार को हनुमान जी की प्रतिमा पर 'चोला' चढ़ाने की परंपरा है। शनिवार के दिन हनुमान चालीसा पढ़ने से शनि साढ़ेसाती और ढैया का प्रकोप भी कम होता है। दीपावली पर हनुमान जी की विशेष पूजा का विधान है। शिव जी के रुद्रावतार माने जाने वाले हनुमान जी को बजरंगबली, पवनपुत्र, मारुतीनन्दन, केसरी नन्दन, महावीर आदि नामों से भी जाना जाता है।

विश्व में हनुमान भक्तों में यह मान्यता है कि चालीसा का जाप गंभीर समस्याओं में हनुमान जी के दिव्य हस्तक्षेप का आह्वान करता है। हनुमान एक ऐसे देवता हैं जिनकी पूजा पद्धति में अन्य देवी-देवताओं की पूजा पद्धति की तरह विविधता नहीं है। धरती पर सभी जगह हनुमान की पूजा का विधान एक जैसा ही है। मंगलवार और शनिवार हनुमान जी से संबंधित दिन हैं। इसमें कोई मतभेद नहीं है। चारों दिशाओं के भक्त हनुमान जी पर चोला चढ़ाते हैं। अन्य विधि-विधान भी एक जैसे ही हैं।

16वीं सदी के एक कवि, संत, दार्शनिक एवं हनुमान भक्त तुलसीदास जी द्वारा हनुमान चालीसा एक अत्यंत प्रसिद्ध भक्ति स्तोत्र है। हनुमान चालीसा अत्यन्त लघु रचना है। जिसमें पवनपुत्र हनुमान जी के कार्यों की स्तुति की गई है। इसके साथ-साथ हनुमान चालीसा में हनुमान के अतिरिक्त राम से संबंधित अनेक प्रसंग हैं। राम का व्यक्तित्व भी सरल शब्दों में उकेरा गया है। हनुमान के बाल्यकाल से लेकर वृद्धावस्था तक का चित्रण किया गया है। ‘चालीसा’ शब्द से अभिप्राय 'चालीस' का है। इस स्तुति में 40 छन्द हैं। परिचय के दो दोहे हैं। तुलसीदास जी ने हनुमान और राम, दोनों से संबंधित सभी कथाओं को समान रूप से बहुत कम शब्दों में विस्तृत उल्लेख किया है। इतना ही नहीं रावण और उसके भाईयों को भी हनुमान चालीसा में स्नान दिया गया है। रावण के बिना राम अधूरे हैं और राम के बिना रावण। यदि रावण को रामायण और हनुमान चालीसा से निकाल दिया जाए तो शेष कथाएं सारहीन हो जाएंगी। बचपन में अपनी दादी, मां, बड़ी बहनों, अन्य रिश्तेदारों और कुल पुरोहित से हनुमान की अनेक कथाएं सुनी थी। अब जब हनुमान चालीसा को गहराई से समझने का प्रयास किया तब समझ में आया कि वह कहानियां हनुमान चालीसा में समाहित हैं। हम भले ही हनुमान चालीसा को स्मरण करने का दंभ भरते हो लेकिन अधिकांश हनुमान भक्त हनुमान चालीसा की गहराई को समझने और समझाने में असमर्थ हैं। एक अनार सौ बीमार कहावत हनुमान जी पर चरितार्थ होती है। एक बजरंगबली ने हजारों की किस्मत खोली। हनुमान राम नाम जप कर अपना सारा काम सिद्ध करते हैं लेकिन वह अपने भक्तों द्वारा एक बार किसी नाम का उच्चारण भर कर लेने से वह हमेशा अपने भक्त के संकट हो हरने पहुंच जाते हैं।

हनुमान चालीसा अवधी भाषा में है। इसमें हनुमान जी के चरित्र, गुणों, वीरता, शक्ति और उनकी भक्ति का वर्णन किया गया है। हनुमान भक्तों के बीच यह अत्यंत लोकप्रिय है। ऐसा माना जाता है कि हनुमान चालीसा का नित्य नियमित पाठ करने से हनुमान की कृपा प्राप्त होती है। हनुमान भक्तों को यह कण्ठस्थ होती है। इसके गम्भीर भावों पर विचार करने से मन में श्रेष्ठ ज्ञान के साथ भक्तिभाव जागृत होता है। उत्तर भारत में यह बहुत प्रसिद्ध एवं लोकप्रिय है। हनुमान चालीसा के 39वें श्लोक में कहा गया है कि जो कोई भी हनुमान जी की भक्ति के साथ इसका जप करेगा, उस पर हनुमान जी की कृपा होगी। हनुमान जी के साथ साथ सीताराम जी के समस्त दरबार की कृपा प्राप्त होती है। अगर किसी इच्छा से पाठ करना है तो आप चालीसा पाठ

संकल्प लेकर कर सकते है या बिना संकल्प के भी कर सकते है हनुमान जी से प्रार्थना करके। आप अगर मंगलवार का व्रत भी रहेंगे तो और अच्छा है।

पौराणिक कथाओं में पांच मुख वाले हनुमान जी का उल्लेख मिलता है। पांच मुख वाले हनुमान जी को पंचमुखी हनुमान कहा जाता है। ऐसा माना जाता है कि हनुमान के पांच अलग-अलग रूप अपने भक्तों की विभिन्न दिशाओं से रक्षा करते हैं। पंचमुखी हनुमान की मूर्ति शांति, समृद्धि और सुरक्षा प्रदान करती है। हनुमान के पांच चेहरे हैं-ऊपर की ओर मुख-हयग्रीव, पूर्व मुख-हनुमान, पश्चिम मुख-गरुड़, उत्तर मुख-वराह और दक्षिण मुख-नरसिंह। यह अनायास ही नहीं है बल्कि तर्क पूर्ण है। पुस्तक में इसका विस्तृत उल्लेख किया गया है।

सनातन धर्म में ब्रह्मा, विष्णु, महेश, राम और कृष्ण के बाद सबसे लोकप्रिय भगवान के रूप में हनुमान जी पूजे जाते हैं। ब्रह्मा जी का केवल एक ही मंदिर है संपूर्ण विश्व में है और राम की लोकप्रियता कृष्ण के मुकाबले बहुत ही कम है। देश में सर्वाधिक मंदिर शिवलिंग के हैं और भगवान शिव के हैं। इसके बाद भगवान कृष्ण के मंदिर हैं। देवताओं के मंदिरों में तीसरे स्थान पर हैं हनुमान जी के मंदिर। इसके अलावा संयुक्त मंदिरों का अस्तित्व दृष्टिगोचर होता है। ऐसे संयुक्त मंदिरों में सभी देवी-देवताओं की प्रतिमा स्थापित कर दी जाती हैं। नगर एवं महानगरों के आवासीय प्रकोष्ठों में संयुक्त मंदिर निर्मित किया जाना एक परंपरा बन गई है। देवियों के मंदिर इनसे अलग हैं।

देश भर हनुमान जी की विशाल प्रतिमाएं अनेक शहरों में स्थापित हैं। कर्नाटक के बिदनागेरे बसवेश्वर मठ में स्थित पंचमुखी अंजनेया स्वामी की मूर्ति 161 फीट की है। शिमला की पहाड़ियों के बीच में जाखू मंदिर है, जहाँ भगवान हनुमान की 108 फीट ऊँची है। दिल्ली के करोलबाग में है संकट मोचन हनुमान की प्रतिमा। हनुमान को अपनी छाती चीरते हुए दिखाया गया है। यह भी एक विशाल मूर्ति है। ओडिशा के शांत शहर दामनजोड़ी में नाल्को मंदिर में भगवान हनुमान की 108.9 फुट ऊंची है। आंध्र प्रदेश के परिताला अंजनेया मंदिर में 135 फीट की है हनुमान जी की मूर्ति। आंध्र प्रदेश के श्रीकाकुलम जिले में वामसाधारा नदी के तट पर भारत की सबसे ऊंची और सबसे बड़ी हनुमान प्रतिमा स्थापित है। यह 176 फीट की है। महाराष्ट्र में नंदुरा राष्ट्रीय राजमार्ग 6 के किनारे संगमरमर से बनी हनुमान जी की 105 फीट की मूर्ति है। उत्तर प्रदेश में खन्नौत नदी के किनारे बिरासत घाट पर स्थित हनुमत धाम

में भगवान हनुमान की 100 फुट ऊंची भव्य प्रतिमा है। बैंगलोर के अगरा में हनुमान मंदिर बजरंगबली की 102 फुट ऊंची जीवंत प्रतिमा है। दिल्ली के छतरपुर इलाके में स्थित है सौ फुट ऊंची हनुमान की मूर्ति।

एक विशेष तथ्य यह है कि वर्तमान के ज्योतिषाचार्य और पांडित्य कर्म करने वाले यह सलाह देते हैं कि आप कार्य सिद्धि के लिए अपने घर के मुख्य द्वार पर फलां देवता या देवी का चित्र लगाएं। कुछ ऐसी ही सलाह जादू-टोने के प्रभाव को कम करने के लिए दी जाती है। देवी-देवता हमारे आराध्य हैं 'चौकीदार' नहीं हैं। देवी-देवताओं का स्थान घर के मंदिर में होता है। उनकी पूजा-अर्चना और आराधना की जाती है। घर के मुख्य द्वार पर किसी भी देवी-देवता का चित्र, मूर्ति या अन्य संकेत स्थापित नहीं करने चाहिए।

इस पुस्तक का उद्देश्य है कि हनुमान चालीसा से संबंधित गूढ़ रहस्यों को सरल शब्दों में हनुमान भक्तों तक पहुंचाना है। भ्रांतियों और क्षेपकों को पुस्तक में कोई स्थान नहीं दिया गया है।

डायमंड बुक्स के स्वामी श्री नरेंद्र वर्मा जी का विशेष हार्दिक आभार। आपने इस पुस्तक के प्रकाशन में रूचि दिखाई।

डॉ संदीप कुमार शर्मा

विषय सूची

परिशिष्ट

हनुमान जी का आध्यात्मिक संसार

हनुमान जी और आध्यात्मिकता का गहरा नाता है। हनुमान जी को नव निधियों का दाता माना जाता है। यह निधियां भौतिक और आध्यात्मिक समृद्धि का प्रतीक हैं। हनुमान जी शक्ति और स्वास्थ के परिचायक हैं। हनुमान चालीसा का पाठ करने से मानसिक और शारीरिक दोनों तरह की बीमारियां ठीक हो जाती हैं। हनुमान जी दुविधाओं को हल करने और आगे की सोच की शक्तिशाली अवधारणा का अवतार माना जाता है। हनुमान जी अपने भक्तों को कठिनाइयों का सामना करने और विजयी होने का साहस प्रदान करते हैं। हनुमान जी की कृपा से व्यक्ति में आत्मविश्वास बढ़ता है और भय, चिंता एवं अनिश्चितता समाप्त हो जाती है। हनुमान जी की पूजा करने से आत्मविश्वास बढ़ता है, भय-चिंता दूर होती है और जीवन में सुख-शांति आती है। हनुमान जी को बुद्धि और विस्तार पर ध्यान देने वाले देवता माना जाता है।

हनुमान शब्द दो संस्कृत शब्दों, हनन (विनाश) और मन (मन) का संयोजन-उस व्यक्ति को इंगित करता है जिसने अपने अहंकार पर विजय प्राप्त कर ली है। हनुमान हमारे पूज्य हैं। उनकी आध्यात्मिकता को जानने से पहले हमें आध्यात्मिकता क्या है इसे समझना होगा।

आध्यात्मिकता

आध्यात्म, आध्यात्मिक और आध्यात्मिकता शब्द आप अक्सर सुनने हैं। क्या है इन शब्दों का अर्थ? कितनी गहराई है इन शब्दों में? क्यों जरूरी है आध्यात्म हर व्यक्ति के लिए? क्या आध्यात्मिक होना आवश्यक है? ऐसे ही तमाम प्रश्न हर किसी के जहन में आते हैं।

आध्यात्मिकता का साधारण अर्थ है-“अपने से बड़ी किसी चीज़ से जुड़ना और उसका अनुभव करना। यह किसी धर्म, संप्रदाय, दर्शन

आदि से संबंधित नहीं है। अतः हम यह निश्चित रूप से कह सकते हैं कि आध्यात्मिकता का अभिप्राय है जीवन के बारे में एक अलग नज़रिए को अपनाने का तरीका। क्या हो सकता है दृष्टिकोण? आध्यात्मिकता हमें भौतिक वस्तुओं पर निर्भरता से मुक्त करती है। जीवन के उद्देश्य को समझने में मदद करती है। बदलाव या अनिश्चितता से निपटने का तरीका सीखाती हो है। इतना ही नहीं बल्कि आध्यात्मिकता शांति, विस्मय, संतोष, कृतज्ञता और स्वीकृति जैसी सकारात्मक भावनाओं को जन्म देती है। इससे व्यक्तित्व के विकास की प्रक्रिया को गति मिलती है।

जब कोई व्यक्ति आध्यात्म की ओर अग्रसर होता है तो उसमें कुछ बदलाव देखने को मिलते हैं। आध्यात्मिकता को आत्मसात करने वाला सृष्टि के सभी प्राणियों में परम सत्ता के अंश को देखता है। वह अपने दुख, क्रोध और क्लेश के लिए स्वयं को उत्तरदाई मानने लगता है। वह सभी की भलाई के काम करने लगता है। यही है आध्यात्मिकता का विज्ञान।

संत और धर्म प्रवक्ता आध्यात्मिक का अर्थ परमात्मा का आत्मा से मिलन बताते हैं।

इसको मन से स्थापित करना मानते हैं। यह धर्म से अलग है। यह एक ऐसा आंतरिक मार्ग है जो एक व्यक्ति को उसके अस्तित्व के सार की खोज में सक्षम बनाता है। आध्यात्मिक व्यवहार, जिसमें ध्यान, प्रार्थना और चिंतन शामिल हैं, एक व्यक्ति के आतंरिक जीवन के विकास के लिए अभिप्रेत है। आध्यात्म्य को जीवन में अक्सर प्रेरणा अथवा दिशानिर्देश के एक स्रोत के रूप में अनुभव किया जाता है।

आध्यात्मिक मार्ग

सांस्कृतिक और धार्मिक अवधारणाओं के विस्तृत विभिन्न रूपों में आध्यात्मिकता को अक्सर एक आध्यात्मिक मार्ग को अंगीकार करने के रूप में देखा जाता है जिस पर एक व्यक्ति निश्चित लक्ष्य को प्राप्त करने के लिए चलता है, जैसे कि जागरूकता का एक उच्च स्तर, गहरा ज्ञान या परमेश्वर के साथ या सृष्टि के साथ एकाकार। एक आध्यात्मिक मार्ग को एक

विशिष्ट लक्ष्य, या जीवन-काल की ओर निर्दिष्ट एक लघु अवधि का मार्ग माना जा सकता है। जीवन की हर घटना इस यात्रा का हिस्सा है, लेकिन विशेष रूप से एक व्यक्ति महत्वपूर्ण क्षणों या निर्णायक मौकों को शामिल कर सकता है।

धर्म

आध्यात्मिकता और धर्म, असीम या ईश्वर की खोज को संदर्भित कर सकते हैं। विद्वान इन दोनों को भिन्न अर्थों में देखती है। जहां आध्यात्मिकता की अनुभूति के मार्गों में धर्म केवल एक मार्ग है। धर्म, अध्यात्म के समान नहीं है बल्कि सभ्यता में आध्यात्मिकता धर्म का रूप ग्रहण करती है।

जो लोग धर्म के बाहर आध्यात्मिकता की बात करते हैं, अक्सर खुद को "आध्यात्मिक पर धार्मिक नहीं" के रूप में परिभाषित करते हैं और आमतौर पर कई अलग-अलग आध्यात्मिक मार्गों के अस्तित्व में विश्वास करते हैं। आध्यात्मिकता के लिए अपने स्वयं का एक व्यक्तिगत मार्ग ढूंढने के महत्त्व पर बल देते हैं।

अनंत आनन्द का स्रोत है आध्यात्मिकता

आध्यात्मिक होने का अर्थ है कि व्यक्ति अपने अनुभव के धरातल पर यह जानता है कि वह स्वयं अपने आनंद का स्रोत है। आध्यात्मिकता का संबन्ध मनुष्य के आंतरिक जीवन से है और इसकी शुरुआत होती है उसकी अंतर्यात्रा से। वह सभी गतिविधियाँ जो मनुष्य को परिष्कृत, निर्मल बनाती हैं, आनन्द से भरपूर करती हैं, पूर्णता का एहसास देती हैं वह सब आध्यात्म के अन्दर आती हैं। ज्ञानीजन कहते हैं कि 'शून्य में विराट समाया है और इस विराट में भी शून्य है'। जो इस शरीर में रहकर ही परमात्मा के इस विराट रूप को समझ पाता है, उसे अनुभव कर पाता है, वही आध्यात्मिक है।

व्यक्तिगत कल्याण

आध्यात्मिकता और पूरक और वैकल्पिक उपचार में रुचि की एक सामान्य वृद्धि को बनाए रखते हुए प्रार्थना ने व्यवहार वैज्ञानिकों का ध्यान अपनी ओर खींचा है।

अगर आध्यात्मिकता को आतंरिक शांति या सुख के आधार की खोज के रूप में समझा जाता है, तो व्यक्तिगत कल्याण के लिए किसी तरह का आध्यात्मिक अभ्यास आवश्यक है। इस गतिविधि में पारलौकिक अस्तित्व में विश्वास शामिल हो भी सकता है या नहीं भी। यदि किसी व्यक्ति में एक ऐसी धारणा है और उसे लगता है कि इस तरह के पारलौकिक अस्तित्व से सम्बन्ध सुख का आधार है तो आध्यात्मिक अभ्यास का उसी आधार पर पालन किया जाएगा। यदि व्यक्ति में ऐसी कोई धारणा व्याप्त नहीं है तब भी विचारों और भावनाओं के प्रबंधन और समझ के लिए आध्यात्मिक अभ्यास आवश्यक हैं जो अन्यथा खुशियों को बाधित कर देते हैं। धार्मिक सन्दर्भों में विकसित और खंगाली गई कई तकनीकें, जैसे ध्यान, आतंरिक जीवन के पहलुओं के प्रबंधन के कौशल के रूप में स्वयं बेहद मूल्यवान हैं।

पुरातन साक्ष्य बताते हैं कि हनुमान जी के आध्यात्मिक गुरु सूर्य देव थे। मतंग ऋषि और नारद देव को भी हनुमान जी अपना गुरु मानते थे। अनेक कथाओं में वशिष्ठ मुनि को भी हनुमान जी के गुरु के रूप में दिखाया गया है। ऐसा प्रतीत होता है कि हनुमान जी ने सभी विषय विशेषज्ञों से ज्ञान प्राप्त किया क्योंकि हनुमान की विशेषताओं में गहरी रूचि थी। भक्ति, निस्वार्थ सेवा, सौम्यता, विश्वास, साहस, ज्ञान, करुणा और शक्ति आदि सभी विषयों में वह पारंगत होना चाहते थे और उनके चरित्र से यह पता चलता है कि वह तत्कालीन सभी विषयों में पारंगत थे। सर्वगुण संपन्न व्यक्ति की भांति हनुमान अनुशासित हैं और पूर्ण आत्म-नियंत्रण बनाए रखते हैं। वह विनम्र और प्रेमपूर्ण हैं। आध्यात्मिक होने के लिए यह सभी गुण आवश्यक हैं।

हनुमान जी को ज्ञान का सागर माना जाता है। हनुमान जी विवेक, ज्ञान और आठ सिद्धियों से युक्त हैं। यही कारण है कि हनुमान जी ने केवल त्रेतायुग और द्वापरयुग में बल्कि कलयुग के भी देवता है। वानर शब्द का साधारण अर्थ है- वन में रहने वाला’। वानर शब्द दो शब्दों से मिलकर बना है-‘वन’ और ‘नर’। इसके अलावा वानर शब्द के अनेक अर्थ बताए गए हैं। वानर शब्द का मतलब बंदर भी होता है। वानर शब्द का एक अर्थ जंगल

में रहने वाले लोगों की एक जाति भी होता है। रामायण में वानर रावण को हराने में राम की मदद करते हैं। यही कारण है कि वानरों को आमतौर पर मानव जैसे वानरों या मानव जैसे प्राणियों के रूप में दर्शाया जाता है। हनुमान जी को वानर के मुख वाले अत्यंत बलिष्ठ पुरुष के रूप में दिखाया जाता है। उनके कंधे पर जनेऊ लटका रहता है। हनुमान जी को मात्र एक लंगोट पहने अनावृत शरीर के साथ दिखाया जाता है।

हनुमान जी ने सूर्य देव से नौ विद्याएं भी प्राप्त की थी और कहा जाता है कि अध्ययन करने के लिए हनुमान जी सूर्य देव के सामने उनके रथ के समान ही तेज गति से चलते थे। नौ निधियां जिसके पास भी होती हैं, उस व्यक्ति में अनेक चमत्कारिक गुण मिलते हैं। ये "नव निधियां" नौ प्रकार के दिव्य खजाने या धन को दर्शाती हैं। जिन्हें हनुमान जी अपने भक्तों को भौतिक और आध्यात्मिक दोनों तरह की प्रचुरता के रूप में प्रदान करते हैं। ये निधियां हनुमान जी की भक्ति के माध्यम से प्राप्त किए जा सकने वाले आशीर्वाद और कृपा का प्रतीक हैं।

महापद्म निधि

यह सात्विक तरीके से कमाई जाने वाले समृद्धि है। इस निधि में धन संपदा और भौतिक सुख होते हैं और इसका प्रभाव सात पीढ़ियों तक रहता है। इस निधि से संपन्न व्यक्ति की धार्मिक भावनाएं प्रबल होती हैं और दान करने की क्षमता आती है।

पद्मा निधि

यह निधि ज्ञान और बुद्धि का खजाना होता है। यह व्यापार द्वारा ही प्राप्त होती है और इसके धारक में सत्व और रज गुण दोनों ही मिश्रित होते हैं।

मुकुंद निधि

मुकुंद ईश्वरीय कृपा और आशीर्वाद के खजाने का प्रतिनिधित्व करता है। यह सकारात्मक भावनाओं और करुणा की शक्ति का प्रतिनिधित्व करता है और भावनात्मक कल्याण में योगदान देता है।

नंद निधि

यह दिव्य सुरक्षा का प्रतीक है और नकारात्मकता और बाधाओं को दूर करने की शक्ति का प्रतिनिधित्व करता है।

मकर निधि

मकर प्रजनन क्षमता और रचनात्मकता का प्रतिनिधित्व करता है। यह नए विचारों को उत्पन्न करने, नवीनता पूर्वक सोचने और कलात्मक प्रयासों में मानवीय क्षमता को दर्शाता है।

कच्छप निधि

इस निधि को व्यक्ति अपनी संपत्ति को छुपाकर रखता है। कछुआ अपनी छाया में अपनी सुरक्षा करता है। यह जीवन की चुनौतियों से निपटने के लिए आवश्यक स्थिरता, धैर्य और लचीलेपन का प्रतिनिधित्व करता है।

शंख निधि

यह संचार की शक्ति है। स्वयं को व्यक्त करने की क्षमता है। व्यक्ति भाषण में पारंगत होता है।

कुण्ड निधि

कुण्ड रोशनी और ज्ञान का प्रतीक है। वैज्ञानिक रूप से, यह आत्म-खोज और ज्ञान की खोज में संलग्न रहता है।

खारवा निधि

खारवा सभी प्रकार की भौतिक संपदा और समृद्धि के खजाने का प्रतीक है। जिसमें कीमती रत्न, सोना और जीवन के सभी पहलुओं में प्रचुरता शामिल है।

हनुमान जी उपयुक्त सभी नौं निधियों में पारंगत हैं। यह उनकी आध्यात्मिकता को इंगित करता है। हनुमान जी के आदर्शों का अनुसरण करते हैं वह सभी तरह की नकारात्मक ऊर्जा से मुक्त हो जाते हैं।

नकारात्मकता दूर

आप हनुमान चालीसा का पाठ करके नकारात्मक ऊर्जा, बुरी आत्माओं

और हानिकारक प्रभावों को आसानी से दूर कर सकते हैं। हनुमान चालीसा का पाठ करने से आपके चारों ओर एक सुरक्षा कवच के रूप में काम करता है। हनुमान जी को एक शक्तिशाली संरक्षक माना जाता है।

भय से मुक्ति

भक्त अपने डर, संदेह और चिंता पर काबू पा सकते हैं। हनुमान चालीसा तनावपूर्ण स्थितियों में विशेष रूप से फायदेमंद है क्योंकि यह मन को शांत करती है और आंतरिक शांति और स्थिरता लाती है। आध्यात्मिकता को मजबूत करता है हनुमान चालीसा का दैनिक पाठ आपकी आंतरिक शक्ति और संकल्प को खोलता है, जिससे आप जीवन की बाधाओं का साहस और धैर्य के साथ सामना करने में सक्षम होते हैं।

पाप दूर

पापों को दूर करें हनुमान चालीसा मन, हृदय और आत्मा को शुद्ध करके पिछले संचित बुरे कर्मों या पापों को साफ करने में सहायता करती है। दैनिक पाठ पिछले कर्मों के बोझ को हटाता है और सकारात्मकता को बढ़ावा देता है।

एकाग्रता

फोकस और एकाग्रता बढ़ाएँ हनुमान जी अनुशासन और एकाग्रता के प्रतीक हैं। नियमित रूप से हनुमान चालीसा का पाठ करने से दैनिक कार्य में मदद मिलती है और फोकस और एकाग्रता बढ़ती है। यह छात्रों के लिए फायदेमंद है।

आध्यात्मिक ज्ञान

आध्यात्मिक ज्ञान भक्त भगवान हनुमान की पूजा करके भगवान राम को आसानी से प्रसन्न कर सकते हैं। लोग प्रतिदिन चालीसा का पाठ करके भगवान राम और भगवान हनुमान का आशीर्वाद प्राप्त कर सकते हैं।

आंतरिक शक्ति

आंतरिक शक्ति हनुमान चालीसा के छंद आपकी भावनाओं और

विचारों को शुद्ध करके आंतरिक शुद्धता को बढ़ावा देते हैं। यह ईर्ष्या, लालच और क्रोध जैसे अवांछनीय गुणों से छुटकारा पाने में सहायता करता है और आपकी आंतरिक शक्ति को बढ़ाता है और आप आसानी से अपनी इंद्रियों को नियंत्रित कर सकते हैं।

साहस

आपको मजबूत और साहसी बनाता है साहस और आत्मविश्वास केवल भगवान हनुमान की पूजा करके प्राप्त किया जा सकता है। आप सुरक्षा और शक्ति प्राप्त कर सकते हैं। हनुमान चालीसा का जाप करके आप मजबूत और शक्तिशाली बन सकते हैं।

हनुमान चालीसा का पाठ करने के आध्यात्मिक लाभ :

स्वास्थ्य के लिए आशीर्वाद

भगवान हनुमान को शक्ति और स्वास्थ्य से जोड़ा जाता है, इसलिए ऐसा माना जाता है कि हनुमान चालीसा का पाठ करने से मानसिक और शारीरिक दोनों तरह की बीमारियाँ ठीक हो जाती हैं।

बाधामुक्त

हनुमान चालीसा का पाठ करने से आपके व्यक्तिगत और पेशेवर जीवन में आने वाली बाधाओं को दूर करने में मदद मिलती है, यह आपके जीवन को बाधा मुक्त बनाता है।

सुखद एहसास

ऐसा माना जाता है कि सोने से पहले चालीसा का पाठ करने से लोगों को अच्छी नींद आती है और बुरे सपने दूर होते हैं।

बुरी शक्तियों का नाश

हनुमान चालीसा का पाठ आपको सभी बुरी शक्तियों से लड़ने के लिए मजबूत, साहसी और बहादुर बनाता है।

तंत्र-मंत्र

अगर आपको कभी ऐसा लगे कि आप काले जादू के प्रभाव से पीड़ित

हैं तो आपको हर रोज़ हनुमान चालीसा का पाठ करने की सलाह दी जाती है।

हनुमान और भक्ति योग

हनुमान भक्ति के प्रतीक हैं। वह सनातन देवताओं में से एकमात्र ऐसे देवता हैं जो किसी अन्य ईश्वर को समर्पित हैं। हनुमान की राम के प्रति भक्ति हमारे लिए अकल्पनीय है। उनमें कोई अहंकार नहीं है। वह राम की सेवा के लिए हर संभव प्रयास करते हैं, लेकिन कभी खुद को कर्ता के रूप में नहीं देखते। वह केवल प्रेम की सेवा के लिए जीते हैं। हनुमान हमें राम के लिए किए गए सभी निस्वार्थ कार्यों में अपनी प्रतिबद्धता और समर्पण दिखाते हैं। हनुमान के लिए, कुछ और नहीं, केवल उस प्राणी के प्रति उनकी प्रतिबद्धता है जिसे वे सबसे अधिक प्यार करते हैं।

रामायण के अंत में एक प्रसंग आता है जब राम और सीता अपने महत्व पर चर्चा करते हैं और हनुमान को भक्त के रूप में उनकी भूमिका के बारे में बताते हैं। उनका मिलन सिर्फ उनके कारण ही संभव हो पाया। उनका प्रेम ही वह गोंद है जो सब कुछ एक साथ रखता है।

हनुमान को अर्ध-देवता के रूप में भी जाना जाता है। आधा मानव और आधा बंदर। उनके मानव जैसे गुणों के कारण, हनुमान को समझना, पहचानना और उनके करीब महसूस करना आसान है। सनातन प्रतीकवाद में बंदर मानव मन का प्रतीक है, जो हमेशा बेचैन रहता है और कभी स्थिर नहीं रहता।

विष्णु के अवतार के रूप में, हनुमान को मानव पूर्णता के शिखर के रूप में जाना जाता है, जो योग के आसन या शारीरिक अभ्यास का प्रतिनिधित्व करते हैं। हनुमान ने आसन श्रृंखला सूर्य नमस्कार की रचना की। वह वायु के पुत्र भी हैं, जिन्होंने उन्हें प्राणायाम, या सांस नियंत्रण का विज्ञान सिखाया। हनुमान जी ने मनुष्यों को प्राणायाम सिखाया।

अपने आपको पूर्णतया भगवान् के समर्पित कर देना, उनके मनोभाव, प्रेरणा अथवा आज्ञानुसार प्रेमपूर्वक उनकी सेवा करना, उन्हें निरन्तर सुख पहुँचाना और बदले में कुछ भी न चाहना, यही भक्ति का स्वरूप है। यह सारी

बातें हनुमान के चरित्र में स्पष्ट रूप से पायी जाती हैं। वह अपने शरीर, मन, बुद्धि, बल, विवेक, भाव, योग्यता, समय आदि को एकमात्र भगवान् का समझकर उन्हें अपने इष्टदेव श्रीराम की सेवा में ही लगाये रहते हैं।

भगवान् को श्रद्धा प्रेम पूर्वक सुख पहुँचा ने को भावनाको 'रति' कहते हैं। यह मुख्य रूप से चार प्रकार की मानी गयी है। यथा -

दास्य रति,

सख्य रति,

वात्सल्य रति, और

माधुर्य रति।

दास्य रति

दास्य रति ही भगवद्भक्ति का प्रारम्भिक सोपान है। इस रति में भक्त अपने आपको सेवक का दास एवं अपने इष्टको स्वामी मानकर उनकी सेवा, सेवक, भाव से सेवा करता है। सच्चा सेवक वह है जिसके मन में अपनी वस्तु, शरीर, मन, बुद्धि आदि पर न तो अपनापन रह जाता है और न सेवा करने का लेशमात्र अभिमान ही रहता है। वह तो समझता है कि मैं सेव्य की ही शक्ति एवं प्रेरणा से उन्हीं की सामग्री उन्हें अर्पण कर रहा हूँ।

हनुमान जी प्रभु श्रीराम के मनोभावों को समझने में इतने दक्ष हैं कि भगवान् के मन में संकल्प उदय होने से पूर्व ही वह आवश्यक सेवा प्रस्तुत कर देते हैं। लंका में भगवान् के प्रवेश करने से पूर्व ही उन्होंने उनके ठहरने तथा उनके सैन्य-शिविर के लिये यथोचित सुरक्षित स्थल आदि की व्यवस्था कर ली। वह अपनी सेवा-पटुता के द्वारा भगवान् को सदैव निश्चिन्त बनाये रखते हैं। सीता की खोजके लिये जाते समय उन्हें केवल माँ का कुशल-समाचार लाने के लिये ही कहा गया था। लंका दहन का कोई प्रसङ्ग ही नहीं था, किंतु अशोक वाटिका में जब वह त्रिजटा का स्वप्र सुनते हैं, तब इसे भगवान् का संकेत एवं प्रेरणा समझकर प्रत्युत्पन्नमति श्री मारुति लंका-दहन रूप अनुपम सेवा सम्पन्न कर देते हैं।

सख्य रति

दास्य रति के पश्चात् सख्य रति का स्तर प्रारम्भ होता है। जिस रति में भक्त और भगवान् का परस्पर समता का भाव रहता है। वह सख्य रति कहलाती है। इसमें भी मुख्य रूप से भगवान् को सुख पहुँचाने का ही भाव रहता है। दास्य रति में दास को यह संकोच बना ही रहता है कि कहीं स्वामी मुझ से अप्रसन्न न हो जायँ या उनके सामने मुझ से कोई भूल न हो जाय। सखा भाव में यह दुर्बलताएँ नहीं रहतीं क्योंकि इसमें सारा संकोच नष्ट होकर मित्रता का भाव दृढ़ बना रहता है। फिर भूल का प्रश्न ही कहाँ? यहाँ तो हम दोनों ही बराबरके हैं। ऐसी मान्यता बद्धमूल हो जाती है। अतः भावात्मक भगवत्सांनिध्य दास्य रति की अपेक्षा भी सख्य रति में अधिक प्राप्त होता है।

वाल्मीकि कृत रामायण के 'विभीषण शरणागति' प्रसंग में हनुमान जी द्वारा एक बुद्धिमान् सखा की तरह भगवान् राम को परामर्श देने का बड़ा ही सजीव वर्णन हुआ है। राम वानरों को सम्बोधित करते उनसे हुए पूछते हैं - "विभीषण को अपनाना चाहिये या नहीं? इस विषय पर आप लोग अपनी-अपनी सम्मति प्रकट करें।"

तब सुग्रीव, अङ्गद, शरभ, मैन्द एवं जाम्बवान् आदि ने क्रमशः अपने-अपने विचार रखे। सबके पश्चात् सचिवों में श्रेष्ठ और सम्पूर्ण शास्त्रों के ज्ञान जनित संस्कार से युक्त हनुमान जी श्रवणमधुर, सार्थक, सुन्दर और संक्षिप्त वचन बोले-"महाराज श्रीराम! मैं जो कुछ निवेदन करूँगा, वह वाद-विवाद या तर्क, स्पर्धा, अधिक बुद्धिमत्ता के अभिमान अथवा किसी प्रकार की कामना से नहीं कहूँगा। मैं तो कार्य की गुरुता पर दृष्टि रखकर जो यथार्थ समझँगा, वही बात कहूँगा।" हनुमान अपनी बात रखते हुए कहते हैं-"मेरी समझ से विभीषण को अपना लेना ही उचित जान पड़ता है।"

वात्सल्य रति

इसे सख्य रति से उत्कृष्ट माना गया है। वात्सल्य भाव में भक्त अपने को सखा के समकक्ष नहीं मानते। अपितु माता-पिता का शिशु के प्रति जो पालनका भाव होता है, ठीक उसी के अनुरूप वह भगवान को भक्ति करते

हैं। नियमतः जहाँ भगवान के प्रति वात्सल्य भाव होता है, वहाँ उनकी सेवा का भाव होना अनिवार्य है। अतः वात्सल्य रति में दास्य एवं सख्य भाव भी गौण रूप से अन्तर्निविष्ट हैं। इसी कारण भगवान का पैदल चलना हनुमान जी को किसी प्रकार सहा नहीं है। जब भी भगवान की कहीं जाने की इच्छा हुई कि तुरंत हनुमान जी उन्हें उसी प्रकार अपने कंधे पर बैठाकर चल पड़ते हैं। यह सेवापरक वात्सल्य भावका एक अनूठा उदाहरण है।

माधुर्य-रति

भक्ति शास्त्रों में माधुर्य रति को वात्सल्य रति से भी श्रेष्ठ माना गया है। इसे कान्ता रति भी कहते हैं। इसके दो भेद होते हैं। यथा -

स्वकीया माधुर्य रति एवं

परकीया माधुर्य रति।

स्वार्थ त्याग के कारण परकीया माधुर्य रति की सर्वोत्कृष्टता सिद्ध होती है। यद्यपि इहलौकिक परकीया माधुर्य रति में किसी अंश में किंचित् निज सुखेच्छा भी रहती है, किंतु अध्यात्म जगत में जहां भक्त भगवान् का सम्बन्ध होता है। वहां भक्त में सांसारिक वासना की गन्ध भी नहीं रहती। उसे केवल अपने प्रेमास्पद (भगवान्) को सुख पहुँचाने की ही इच्छा रहती है। उसका अपना कोई स्वार्थ तो क्या? मैंपन भी नहीं रह जाता। ऐसे निष्काम भाव के फलस्वरूप परकीया माधुर्य रति को आचार्य ने सर्वोच्च परा भक्ति माना है।

वर्णित सब रीतियों में एक-दूसरे को नीचा ऊँचा माना गया है। इस विषय में एक बड़ी रहस्यात्मक बात यह है कि साधक जिस रति के माध्यम से भगवद्भक्ति में संलग्न है। उसमें यदि सर्वथा निष्काम भाव हो जाय तो उसी रति में सर्वाङ्गीण परिपूर्णता आ जाती है अर्थात् उस रति में किसी अन्य रति से किंचिदपि कमी नहीं रह जाती। यद्यपि हनुमान जी की भगवान् में है तो दास्य रति पर वह परकीया माधुर्य रति से किसी भी अर्थ में कम नहीं है। हनुमान जी सदा सेवा करने के लिये आतुर रहते है। यथा - राम काज करिबे को आतुर।

हनुमान जी क्षुधातुर (अति भूखा) एवं तृषातुर (अत्यन्त प्यासा) की

तरह सेवा के लिये छटपटाते रहते हैं। परकीया भाव की श्रेष्ठता इसीलिये है कि उसमें अपना कुछ भी स्वार्थ नहीं रहता। फिर भी आंशिक रूप से निज-स्वेच्छा तो रहती ही है, साथ ही सुख की रसानुभूति भी होती है। इस अर्थ में हनुमान जी परकोया माधुर्य रति को पराकाष्ठा को भी अतिक्रमण कर गये है। उनमें राम की सब प्रकार से सेवा करने एवं उन्हें सुख पहुँचाने के अतिरिक्त अपने लिये कुछ भी इच्छा नहीं है। दूसरी बात यह है कि लौकिक परकीया भावका प्रेम कितना भी उच्च कोटिका क्यों न हो, अर्थात् उपपति से अपने निर्वाह की कामना सर्वथा न रहने पर भी उसे अपने शरीरादि के निर्वाह की आवश्यकता रहती ही है इसलिये इस नायिका को भोजन-वस्त्र एवं अन्य सुख-सुविधाओं की व्यवस्था अपने प्रेमास्पद से नहीं, तो अन्यत्र कहीं-न-कहीं से करनी ही पड़ती है। परंतु हनुमान जी ने बंदर का शरीर इसीलिये धारण किया कि उन्हें किसी से कभी भी किंचित्मात्र आवश्यकता ही न पड़े। न उन्हें कपड़े की आवश्यकता है। न भोजन की, न घर की और न मान प्रतिष्ठा यश आदि की। बंदर तो जंगलमें फल-फूल-पत्ते आदि खाकर एवं पेड़ों पर रहकर जीवन निर्वाह कर लेता है। लौकिक परकीया भाव में कौटुम्बिक सम्बन्ध तो रहता ही है, परंतु हनुमान जीका तो एकमात्र भगवान् से ही सम्बन्ध है। इस प्रकार उनकी दास्य रति अत्यन्त निराली है। वह माधुर्य रति से भी ऊँची हो जाती है।

माधुर्य-रति को परकीया अवस्था भेद से दो भागों में विभाजित किया जा सकता है। यथा -

संयोगावस्थापरक, एवं

वियोगावस्थापरक।

संयोगावस्थापरक

सभी साहित्य शास्त्रियों तथा दार्शनिकों ने लोक-व्यवहारमें भी संयोग रति से वियोग रति को श्रेष्ठ एवं सरस माना है। हनुमान जी में दोनों रतियाँ बड़े विलक्षण रूपसे विद्यमान हैं। संयोग रति में पत्नी संनिकट रहकर भोजनादि के द्वारा पति की सेवा करती है। पति के प्रवासी हो जाने पर अर्थात् वियोग

काल में उनका स्मरण-चिन्तन करती है। हनुमान जी संयोग काल में भगवान् राम की सर्वाङ्गीण सेवा करते हैं। वियुक्त होने पर उनके भजन-चिन्तन में ही डूबे रहते हैं। उनमें नित्य युक्त रहते हैं। इनके चिन्तन में भी अद्भुत विलक्षणता है। पतिव्रता पत्नी तो केवल स्मरण-चिन्तन करके ही रह जाती है। राम चरित सुनिबे को रसिया। भगवान् के चरित्र और गुण के सुने और कहने इतना रस लेते हैं, जिसकी कोई सीमा नहीं। इन्होंने ऐसा शरीर धारण कर रखा है और भगवान् के साथ सम्बन्ध भी ऐसा जोड़ लिया है कि जहाँ-कहीं, जिस समय भी रामकथा होती है, वहाँ हनुमान स्वच्छन्द प्रकट हो जाते हैं। कथा श्रवण में अनि माधुर्य रस को अनुभूति करते हैं।

हनुमानको वियोग रुचि भी अथवा पारमार्थिक पुरुष। कहीं भी अपने इष्टका वियोग नहीं चाहते। जैसे पतिव्रता पत्नी पतिका और भक्त भगवान् का।

परंतु हनुमानजी की बात इन सबसे विलक्षण ही है। जब भगवान् स्वधाम को पधारने लगे। तब हनुमान जी ने यही वरदान माँगा-"भगवन्! मुझे (यहीं) पृथ्वी-लोक में ही निवास करने की आज्ञा देनेकी कृपा करें। जब तक आपकी अनपायिनी परमपावनी कथा इस पृथ्वी पर होती रहेगी तब तक मैं यहाँ रहकर परम प्रेमसे इसका श्रवण करता रहूँगा।"

हनुमान जी की दास्य रति गागर में सागर के सदृश है। जिससे उनके जीवन का प्रत्येक क्षेत्र प्रभावित है। समुद्रोल्लङ्घन, लंका दहन, संजीवनी-आनयन, भयंकर राक्षसों का अवमर्दन आदि सेवा मूर्ति हनुमान जी की सेवा के ज्वलंत उदाहरण हैं। सेवा में वह इतने दत्तचित्त और सावधान हैं कि राम जी के जँभाई लेनेपर चुटकी बजाने जैसी छोटी-से-छोटी सेवा तक में भी नहीं चूकते। वास्तवमें हनुमानजीका सेवा चातुर्य अतुलनीय है। वह राम जी के मानस अन्तराल में उठने वाले सूक्ष्मातिसूक्ष्म भावों को भी जान लेते हैं और तुरंत तदनुरूप सेवा उपस्थित कर देते हैं। कब क्या करना, कैसे करना, किससे कैसा व्यवहार करना आदि-आदि जीवन की छोटी-से-छोटी घटना से लेकर बड़ी-से-बड़ी घटना युद्ध तक भी उनकी दास्य रति के प्रभाव एवं चमत्कार

से अछूते नहीं हैं। उनके सम्पूर्ण जीवन यन्त में दास्यरति विद्युत्की तरह काम करती है। प्रेमा भक्ति में तो वह विप्रलम्भ परकीया निष्कामभाव की पराकाष्ठा का भी अतिक्रमण कर जाते हैं। लौकिक जगत में उन्हें सर्वसमर्थ, अष्टसिद्धि एवं नवनिधिका दाता माना गया।

भक्तशिरोमणि हनुमान जी के कार्यकलाप, आचार-विचार एवं व्यवहार आदि न केवल सनातन के प्रत्युत मानव मात्र के लिये परम कल्याणकारी सीख हैं। जिनके अध्ययन से प्रत्येक व्यक्ति अपने लौकिक और पारलौकिक जीवन को सफल कर सकता है इसीलिये मारुतिनंदन भारतवासियों के लिये ऐसे लोकप्रिय इष्टदेव हैं। उनके अनुयायी भक्त एवं उनके मन्दिर प्रायः काश्मीर से कन्याकुमारी और द्वारका से जगन्नाथपुरी तक भारतवर्ष के प्रति ग्राम और नगरमें विद्यमान हैं। नेपाल, मलेशिया, इंडोनेशिया, जापान, जावा आदि विदेशों में भी हनुमान जी अत्यन्त लोकप्रिय हैं एवं वहाँ उनकी विभिन्न रूपों में पूजा प्रचलित है।

हनुमान जी का व्यक्तित्व परमोज्ज्वल, लोकोपकारी एवं अद्भुत है। उनके आचार-विचार, भाव, गुण, चरित्र एवं जीवन की एक-एक घटना मानवमात्र के लिये निःश्रेयस और अभ्युदय का द्वार है। उनके जीवन में अध्यात्म और व्यवहारका मणि-काञ्चन-संयोग है। हनुमान जी का चरित्र कर्म, भक्ति और ज्ञान की एक ऐसी चलती-फिरती त्रिवेणी है। जिसमें यदि कोई अवगाहन कर ले तो उसका कल्याण निश्चित है।

हनुमान जी का निष्काम-कर्मयोग या दास्य रति एक ऐसी रहस्यात्मक चाबी है, जो श्रेय और प्रेय के तालों को बड़ी सुगमतासे खोल देती है। वह इतनी परिपूर्ण, लाभप्रद एवं कल्याणकारी है कि आज भी मानव इस साधनामें परिनिष्ठित होकर शीघ्रातिशीघ्र शान्ति, संतोष एवं परमोत्कर्ष को प्राप्त कर सकता है। भगवान् को सेवक अत्यन्त प्रिय होता है। भगवान् शंकर इस रहस्य को जानते हैं इसीलिये उन्होंने स्वयं हनुमान जी के रूप में अवतरित होकर भगवान् राम जी की सेवा कर दास्य भक्ति का अत्यन्त भव्य एवं अनुपम आदर्श प्रस्तुत किया। सेवक को अपने प्रभुकी कृपा का

ही अवलम्ब रहता है। उस कृपा के आश्रय में ही वह अपने सब कार्यों का सम्पादन करता है। प्रभु की कृपा की ओर ही निहारता रहता है। प्रभु कृपा का आश्रय ही अनन्य निष्ठा का परिचायक है।

हनुमान जी की अनन्य निष्ठा उत्तरोत्तर बढ़ती है। वह विश्व के, ब्रह्माण्ड के कण-कण में अपने प्रभुको विराजमान देखते हैं। एक बार विधुके निर्मल प्रकाश में विभीषण, सुग्रीव, अङ्गद, नील, नल, हनुमान जी आदि के साथ भगवान् राम सुबेलपर्वत के शिखर पर विराजमान थे। उन्होंने सबसे पूछा - "चन्द्रमा में यह श्यामता कैसी है?" सभी लोगोंने अपने-अपने विचार प्रकट किये। अन्त में हनुमान जी ने कहा-

कह हनुमंत सुनहु प्रभु ससि तुम्हार प्रिय दास।
तव मूरति बिधु उर बसति सोइ स्यामता अभास॥

"प्रभु! सुनिये, चन्द्रमा आपका प्रिय दास है। आपकी सुन्दर श्याम मूर्ति चन्द्रमा के हृदय में बसती है। वही श्यामता की झलक उसमें है।"

हनुमान जी का यह उत्तर उनके हृदय की हनुमान जी के हृदयमें सदैव उनके प्रभु निष्ठा का परिचायक राम जी विराजमान हैं। इसका प्रमाण उन्होंने मणि विदारण के समय अपना हृदय चीरकर सबको दिखा दिया था। उन्हें न भीतर-बाहर सर्वत्र वह ही दीखते हैं।

सेवा

अनन्य निष्ठा की तरह सेवा भाव का भी हनुमान जी के जीवन में पूर्ण विकास है। अनन्य वही है, जिसकी ऐसी बुद्धि कभी नहीं टलती कि मैं सेवक हूँ और चराचर (जड़-चेतन) जगत् मेरे स्वामी भगवान् का रूप है। हनुमानजीका यही लक्षण अपने प्रभु राम जी से प्रथम भेंट में दिखायी देता है।

दास की गति अपने स्वामी को छोड़कर दूसरी ओर होती ही नहीं और उसके चिन्तन का विषय होता है एकमात्र अपने प्रभुकी सेवा। दास के हृदय में नित्यनिरन्तर अपने स्वामी की सेवा के लिये व्याकुलता बनी रहती है। अपने प्रभु को पहचानते ही हनुमान जी उनकी सेवा में तत्पर हो गये। प्रभु का वियोग-दुःख उनसे देखा नहीं गया और माता जानकी की खोज की उन्हें

चिन्ता हो गयी। उन्होंने तुरंत निवेदन किया-"नाथ! इस पर्वत पर वानरराज सुग्रीव रहते हैं। वह आपके दास हैं। प्रभो! उनसे मित्रता कीजिये। उन्हें दीन जानकर निर्भय कर दीजिये। वह सीता जी की खोज करायेंगे और जहाँ-तहाँ करोड़ों वानरों को भेजेंगे।"

इस प्रकार सब बातें समझाकर हनुमान जी अवसर से चूकने वाले नहीं थे। वह अपने आराध्य को पैदल कैसे ले चलते? तुरंत दोनों भाइयों को कंधों पर चढ़ा लिया और सुग्रीव के पास ले गये।

स्वामी की प्रसन्नता एवं संतोष ही सेवक की निधि होती है। हनुमान जी को तो सेवा करनेमें विलक्षण रस मिलता है, जिसे प्राप्तकर वे प्रतिक्षण आनन्दित होते रहते हैं। वे तो सेवा करते ही हैं अपने सुखके लिये। वे सेवाको ही अपना परम स्वार्थ समझते हैं, उन्हें तो सेवा करनेमें पग-पगपर आनन्द मिलता है। अपने स्वामीको सुख पहुँचानेके लिये अपने ऊपर आनेवाले किसी भी भयानक-से- भयानक कष्टकी उन्हें परवा नहीं थी। अपितु वे प्रभुके कार्यमें आये कष्ट को, विपत्ति को परम सुख मानकर वरण कर लेते हैं। हृदय से लगाते हैं।

एक विलक्षण गुण हनुमान जी में यह भी है कि वह स्वयं ज्ञानिनामग्रगण्य, विद्या-विशारद, संगीत-नृत्य आदि कलाओं में निपुण, अतुलित बलशाली एवं सर्वगुण सम्पन्न होकर भी अपने प्रभुकी छोटी-से-छोटी सेवा भी करने को सदैव तैयार रहते हैं। प्रभु के सभी कार्यों में पूर्ण सफलता प्राप्त करके भी उनके हृदय में सदैव यही भाव रहता है। निष्ठावान् सेवकों के लिये तो हनुमान जी परम आदर्श हैं ही। उनका स्मरण सभीके लिये परम मङ्गलमय है।

भक्तिकी उत्कृष्टता

पद्मपुराण के उत्तराखण्ड में भक्ति की सर्वोत्कृष्टता के समर्थन में भगवान् ने नारद से कहा है-"नारद! मैं न तो वैकुण्ठ में निवास करता हूँ और न योगियों के हृदय में ही। मेरे भक्त जहाँ मेरा गुण-गान करते हैं। वहीं मेरा सच्चा निवास है। जो मनुष्य मेरे उन भक्तों का गन्ध-पुष्पादि के द्वारा पूजन-अर्चन करते हैं। उस पूजन-अर्चन से मुझे जो संतुष्टि होती है। वह मेरे स्वयं के पूजन से

नहीं होती। जो मनुष्य मेरी पुराण-कथा का श्रवण तो करते हैं। किंतु मेरे भक्तों के गानकी निन्दा करते हैं, वे मूढ मेरे द्वेष के पात्र होते हैं।"

भक्ति मार्ग के इस चरम सोपान को प्राप्त कर लेने पर भक्त के द्वैतभाव का लय होकर उसमें अद्वैतका उदय होता है। भक्त भगवान् में एकाकारता या जीवन-मुक्ति प्राप्त कर लेता है। किंतु हनुमान जी ने मुक्ति की अपेक्षा भक्ति को ही श्रेयस्कर समझा। महावीर हनुमान दशरथनन्दन भगवान् राम के और जनकनन्दिनी सीता उच्च कोटि के नैष्ठिक भक्त हैं।

जब लंका के दैत्यों ने हनुमान जी की पूँछ में आग लगा दी, तब सीता जी ने अत्यन्त चित्तातुर होकर अभिसे प्रार्थना करते हुए कहा-"हे अभिदेव! यदि मेरी पति-सेवा नैष्ठिकी है। मेरी तपस्या प्रतिष्ठित है और मैंने विशुद्ध पातिव्रत्य का सचमुच पालन किया हो तो आप भक्त हनुमान के लिये शीतल हो जायें। अग्निदेव हनुमान जी के पिता वायु के परम सखा होने के कारण तथा सीता देवी की इस प्रार्थना से परम शीतल हो गये और हनुमान की पूँछ को थोड़ा भी जलने नहीं दिया।

यौगिक सिद्धियाँ

यौगिक सिद्धियाँ आठ प्रकारों में संख्यात हैं। यथा-अणिमा, महिमा, गरिमा, लघिमा, प्राप्ति, प्राकाम्य, ईशित्व और वशित्व। परम भक्तियोगी पवनतनय हनुमान जी में यह आठों सिद्धियाँ सम्यक्तया प्रतिष्ठित थीं। इनमें से प्रत्येक सिद्धि का स्पष्ट रूप महावीर हनुमान जी के आचरण में दृष्टिगत होता है।

अणिमा और लघिमा

सागरको पारकर लंकाकी द्वारपालिका 'लंकिनी' निशाचारी को निहत करने के पश्चात् जनकनन्दिनी के अन्वेषण क्रम में हनुमान जी गोस्वामी तुलसीदास के मत से मशक के समान सूक्ष्मातिसूक्ष्म रूप धारण कर रात्रि में सारी लंका नगरी का निरीक्षण कर लेते हैं। किंतु अत्यन्त अणु या लघुरूप होने के कारण वहाँ के निवासियों को उनका कुछ पता तक नहीं चलता। हनुमान जी शत्रुओं के लिये सर्वथा अदृश्य हो गये थे। अशोक वाटिका में

पहुँचकर और शिंशपा (सीसम) वृक्ष के पत्तों में बैठे-बैठे वह जानकी माता को अपना परिचय देते हुए राम की अवस्था का वर्णन करते हैं। इन विकृतियों से मारुति में अणिमा और लघिमा इन दो सिद्धियों की सम्पूर्ण प्रतिष्ठा का परिचय मिल जाता है।

महिमा

सागर को पार करने के समय परीक्षाकारिणी सुरसा के साथ प्रतियोगिता में मारुति ने अपने शरीर को क्रमशः दस से प्रायः सौ योजनों तक विस्तृत किया था। जब हनुमान ने 'वानर-सेनाओं के साथ आकर राम जी राक्षस-मण्डित लंका को क्षणभर में भस्म कर देंगे।' ऐसी बात कही। तब जानकी जी ने पूछा-"हे कपे! तुम तो अत्यन्त लघु शरीर वाले हो और अन्य वानर-भालू भी तो तुम्हारे ही समान लघुकाय होंगे। फिर वे ऐसे बलिष्ठ विशाल शरीरधारी राक्षसोंसे कैसे लड़ेंगे?"

सीता जी द्वारा ऐसा संदेह व्यक्त किये जाने पर महावीर मारुति ने उन्हें आश्वस्त अपने को स्वर्ण-शैल के समान विशाल बनाकर अपनी अतुल शक्ति का परिचय दिया। इन दोनों ही अवसरों पर इनका क्रमिक वर्धमान शरीर विशालता के कारण अनन्त आकाश में मानो समावेश नहीं पा रहा था। इन प्रसंगों में हनुमान जी में महिमा-सिद्धि के प्रतिष्ठित रूप का स्पष्ट दर्शन मिलता है।

गरिमा

एक बार हनुमान जी गन्धमादन के एक भाग में अपनी पूँछ फैला कर स्वच्छन्द पड़े थे। उसी समय बलगर्वित भीमसेन को आते देख वह मन में हँसते हुए उनसे बोले-"अनघ! बुढ़ापे के कारण मैं स्वयं उठने में असमर्थ हूँ। कृपया आप पूँछ को हटाकर आगे बढ़ जाइये।"

भीमसेन अवज्ञा के साथ हँसते हुए बायें हाथ से उन महाकपि की पूँछ हटाने लगे। पर वह टस-से-मस न हुई। तब वह अपने दोनों हाथों से जोर लगाने लगे। फिर भी इन्द्रधनुष के समान ऊपर उठी हुई वह पूँछ उनके द्वारा टस से मस नहीं हुई। इस अनपेक्षित पराभव के कारण भीमसेन ने उन्हें पहचान

कर लज्जावनत मुख हो उन कपिशार्दूल से क्षमा माँगी। इस विवरण से महामारुति में गरिमा सिद्धि का पूर्ण प्रस्फुटित रूप प्रत्यक्ष उपस्थित हो जाता है।

प्राप्ति

प्राप्ति सिद्धि के प्रतिष्ठित होने पर साधक योगी को इच्छित वाञ्छित पदार्थ मिल जाता है। सीता जी के अन्वेषण क्रम में अनेक वानर-भालू भी चारों दिशाओं में भेजे गये थे। उनमें मारुति भी एकतम थे। इनमें एकमात्र निष्कपट और भक्तिपूर्ण वाञ्छा थी। माता के साक्षात्कार की। परिणामतः लंका में पहुँचने के कुछ ही क्षणोपरान्त अशोक वाटिका में जनक नन्दिनी माता का अभिलषित दर्शन इन्हें अकस्मात् उपलब्ध हुआ और यह कृतकृत्य हो गये।

प्राकाम्य

प्राकाम्य सिद्धि की प्रतिष्ठा होने पर साधक जिस वस्तु की इच्छा करता है, वह उसे अचिर उपलब्ध हो जाती है। भक्त हनुमान जी को आन्तरिक आकांक्षा अनपायिनी भक्ति की उपलब्धि थी और तदनुसार सर्वान्तर्यामी भगवान् राम ने भक्त वर को वह वर देकर भी अपने को पूर्ण कृतार्थ नहीं समझा।

ईशित्व

हनुमानजी भगवान् राम की वानर-भालुओं की सेना का सम्यक् संचालन करने वाले सफल सेनानायक थे और साथ ही परम भक्त भी। अतः ईशित्व सिद्धि का भी प्रतिष्ठित रूप महावीर जी में साक्षात् दृष्टिगोचर होता है।

वशित्व

वशित्व सिद्धि के प्रतिष्ठित हो जाने पर व्यक्ति में आत्म-जयित्व भी स्वतः सिद्ध हो जाता है। हनुमान जी अखण्ड ब्रह्मचारी एवं पूर्ण जितेन्द्रिय थे। अतः अतुलित बल धामा उनमें निरन्तर विद्यमान रहती है।

बल-पुरुषार्थ

मारुति के शारीरिक, मानसिक और आत्मिक बल की इयत्ता न थी। वह देव, दानव और मानव आदि समस्त प्राणियों के लिये अजेय थे। वह कभी किसी से पराजित नहीं हुए। न कभी आहत ही। यद्यपि एक बार मेघनाद ने इन्हें बन्धन में डाल दिया था। परंतु वहां इनके बंध जाने का कारण कुछ और ही था। जब मेघनाद ने इन पर ब्रह्मा जी के द्वारा प्रदत्त अस्त्र को चलाया। तब उस ब्रह्मास्त्र का महत्त्व रखने के लिये ये स्वयं उसमें बंध गये थे। यदि ये चाहते तो उस ब्रह्मास्त्र को भी व्यर्थ कर देते। पर ऐसा न करने में दो कारण थे - प्रथम, यह कि यदि वह अस्त्र विफल हो जाता तो जगत्स्रष्टा की अपार महिमा मिट जाती और द्वितीय, कारण था, उस बन्धन के द्वारा दशानन के सम्मुख पहुँच कर उसकी नगरी का दाह करना। हनुमान जी के बुद्धि-बल तथा पुरुषार्थ का अन्त नहीं। संसार में उनकी गति को न तो कोई जान सकता है और न उसकी सीमा ही बांध सकता है। जाम्बवान के आदेश पर ये हिमालय से औषधियुक्त पर्वत को ही उठा लाये। जिससे उन औषधियों के प्रयोग से मूर्च्छित राम लक्ष्मण ये उस तथा समस्त वानर पुनः स्वस्थ हो गये। तत्पश्चात् पर्वत को हिमालय पर ही रख भी आये थे। लक्ष्मण जी के मूर्च्छित हो जाने पर जब राम विलाप करने लगे, तब सुषेण के आदेशानुसार हनुमान जी पुनः हिमालय से ओषधियुक्त पर्वत ले आये और उसकी ओषधियों के प्रयोग से लक्ष्मण स्वस्थ हुए। इनका बल अन्तक-काल के समान है। इसी कारण इनके सम्मुख कोई विरोधी टिक नहीं सकता। इन्होंने अनेकानेक राक्षसों को भी निहत किया था।

राम भक्ति

हनुमान जी की राम भक्ति वर्णनातीत है। स्वयं प्रभु राम जिनके ऋणी बन गये। सर्वसमर्थ स्वामी जिनके प्रेम प्रक्रिया हो गये। राम ने कहा-"हे हनुमान! तुमने विदेहराजनन्दिनी सीता का पता लगाकर उनका दर्शन कर और उनका शुभ समाचार सुनाकर समस्त रघुवंश की तथा महाबली लक्ष्मणकी और मेरी भी आज धर्म पूर्वक रक्षा कर ली।"

राम राज्याभिषेक के उपरांत सीता जी ने एक दिव्य रत्नोंका हार हनुमान

जी को प्रसन्नता पूर्वक प्रदान किया। उसकी कान्ति से हनुमान जी का दिव्य विग्रह अपूर्व शोभा से उद्दीप्त हो उठे।

हनुमान जी उस हार के धारण करने से ऐसे सुशोभित होने लगे, जैसे चन्द्रमा की किरणों के समूह सदृश श्वेत बादलों की मालासे कोई पर्वत शोभा पा रहा हो। ऐसे हार को पाकर उसमें भी वह राम नामको ढूँढ़ने लगे। अन्तमें उन्होंने अपने हृदय में राम की दिव्य झाँकी करायी है। तब प्रभु ने पूछा- "हनुमान! क्या तुमको हमसे भी हमारा नाम अधिक प्यारा है?" इस पर हनुमान जी ने तुरंत उत्तर दिया-"प्रभु! आपसे आपका नाम तो बहुत ही श्रेष्ठ है। ऐसा मैं बुद्धि से निश्चय पूर्वक कहता हूँ। आपने तो केवल अयोध्यावासियों को तारा है, परंतु आपका नाम तो सदा सर्वदा तीनों भुवनों को तारता ही रहता है।"

यह है हनुमान जी की रामनामनिष्ठा। एक बार श्रीरामचन्द्रजीने श्रीहनुमानजीसे कहा-"हनुमान! यदि तुम मुझ से कुछ माँगते तो मेरे मन को बहुत संतोष होता। अतः आज तो हमसे कुछ अवश्य माँग लो।"

हनुमानजी ने हाथ जोड़कर प्रार्थना की-"राजराजेन्द्र प्रभु! मेरा परम स्नेह नित्य ही आपके श्रीपाद पद्मों में प्रतिष्ठित रहे। हे श्रीरघुवीर! आप में ही मेरी अविचल भक्ति बनी रहे। आपके अतिरिक्त और कहीं मेरा आन्तरिक अनुराग न हो। कृपया यही वरदान दें।"

❐

हनुमान चालीसा की उत्पत्ति

भारत के इतिहास में एक समय ऐसा आया जब हिंदुस्तान पर विदेशी आक्रांताओं ने लगातार आक्रमण कर इसके अस्तित्व को समाप्त करने का असफल प्रयास किया। इसके बाद मुगल बादशाह बाबर ने अपना आधिपत्य स्थापित किया। इसके वाबजूद सनातन धर्म की जड़ों को कोई भी समूल नष्ट नहीं कर पाया।

16वीं शताब्दी में संत-कवि तुलसीदास मुगल बादशाह अकबर के समकालीन थे। वह भगवान राम के अनन्य भक्त थे। तत्कालीन सामाजिक और राजनीतिक परिस्थितियों को दृष्टिगत करते हुए तुलसीदास जी ने वाल्मीकि कृत रामायण को अवधि भाषा में रामचरितमानस पुस्तक लिखकर एक महान कार्य संपन्न किया। तुलसीदास जी ने हनुमान को श्रद्धांजलि के रूप में हनुमान चालीसा की रचना की। हनुमान शक्तिशाली वानर देवता हैं। भगवान राम के एक उत्साही भक्त हैं। हनुमान चालीसा अवधी भाषा में लिखी गई है। अवधि हिन्दी की एक बोली है।

हनुमान चालीसा लिखने के पीछे एक रोचक कहानी मिलती है। सनातन धर्मियों में तुलसीदास जी अत्यंत लोकप्रिय और पूज्य संत थे। उनकी

ख्याति उत्तर भारत में दूर-दूर तक फैली हुई थी। मुगल बादशाह अकबर को उनके दरबारियों ने बताया। अकबर के हृदय में उत्सुकता जागृत हुई। वह तुलसीदास जी से मिलने को आतुर हो उठा। अकबर ने गोस्वामी जी को अपनी सभा में बुलाया। तुलसीदास जी से विभिन्न धार्मिक विषयों पर चर्चा हुई। उनसे प्रभावित होकर अकबर ने तुलसीदास जी से कहा-"मुझे अपने भगवान श्रीराम से मिलवाओ।"

तुलसीदास जी ने कहा-"भगवान श्रीराम केवल अपने भक्तों को ही दर्शन देते हैं।"

यह सुनते ही अकबर आगबबूला हो गया। उसने गोस्वामी तुलसीदास जी को कारागार में बंद करवा दिया। ऐसा कहा जाता है कि यहीं कारावास में गोस्वामी जी ने अवधी भाषा में हनुमान चालीसा लिखी। हनुमान चालीसा लिखने का कार्य पूर्ण होते ही पूरी फतेहपुर सीकरी को बन्दरों ने घेर लिया और फतेहपुर सीकरी पर धावा बोल दिया। मुगल सैनिक असंख्य बंदरों को देखकर परेशान हो गए। अकबर के सैनिकों के बन्दरों का आतंक रोकने का भरसक कोशिश की लेकिन उन्हें कोई सफल नहीं मिली। अकबर को इसकी सूचना मिली। अकबर ने अपने मंत्रियों से परामर्श लिया। मंत्रियों ने सलाह दी की तुलसीदास जी को कारागार से मुक्त कर दिया जाए। अकबर ने अपने मंत्रियों की सलाह मानकर तुलसीदास जी को कारागार से मुक्त कर दिया। तुलसीदास जी को कारागार से मुक्त होते देख उसी समय बन्दर सारा क्षेत्र छोड़कर चले गये। यह देखकर मुगल बादशाह अकबर आश्चर्यचकित हो गया। इस अद्भुत घटना के खबर जंगल में आग की तरह फैल गई। इसके बाद गोस्वामी तुलसीदास जी की महिमा दूर-दूर तक फैल गई।

यह सनातन धर्म का प्रभाव था कि कोई भी विदेशी शासक हमारे धार्मिक और सांस्कृतिक विरासत को मिटा नहीं सका। तुलसीदास जी ने हनुमान चालीसा और रामचरितमानस की रचना करके सारी दुनिया को यह संदेश दिया कि जिसने भी सनातन धर्म के विरुद्ध अघोषित युद्ध का प्रयास किया वह समूल नष्ट हो जाएगा। औरंगजेब ने मंदिरों को ध्वस्त करने

की नीति अपनाई और देखते-ही-देखते मुगल साम्राज्य का अंत हो गया। ब्रिटिश शासकों ने मुगलों की गलतियों से सीख लेते हुए हमारे धार्मिक, सांस्कृतिक और सामाजिक मान्यताओं का व्यावसायीकरण किया लेकिन 99वें के फेर में 99 वर्ष उपरांत उनका ऐसा सूर्यास्त होना शुरू कि आज तक उनके साम्राज्य का सूर्योदय हो ही नहीं सका और कभी होगा भी नहीं क्योंकि हनुमान हिंदुस्तान की रक्षा आज भी कर रहे हैं।

❐

हनुमान चालीसा की विशेषताएँ

हनुमान चालीसा के पाठ से व्यक्ति को साहस, बल और सकारात्मक ऊर्जा प्राप्त होती है। इसे नियमित रूप से पढ़ने से मन में आत्मविश्वास और शांति का विकास होता है। इनकी कृपा से जीवन में आने वाली बाधाओं का नाश होता है। हनुमान चालीसा की अनेक विशेषताएं हैं। इसके अध्ययन के बाद निम्नलिखित विशेषताएं दृष्टिगोचर होती हैं।

शक्ति और साहस

हनुमान जी को शक्ति एवं साहस का प्रतीक माना जाता है। वह "अंजनी पुत्र" और "पवनसुत" हैं। उनकी वीरता तथा बल का महिमामंडन हनुमान चालीसा में किया गया है। सीता की खोज में वह चारों दिशाओं में जाते हैं। समुद्र पार करके लंका पहुंचते हैं। अशोक वाटिका में सीता को देखकर प्रसन्न होते हैं। लक्ष्मण को जीवन दान करने के उद्देश्य से संजीवनी बूटी की पहचान न होने पर पर्वत उठाकर ले आते हैं। यह शक्ति और साहस का ही परिचायक है।

ज्ञान और बुद्धि

उन्हें ज्ञान और बुद्धि का प्रतीक माना गया है। वन में भटकते राम और

लक्ष्मण को सुग्रीव से मित्रता कराना बुद्धि बल का परिचायक है। सुग्रीव द्वारा चारों दिशाओं के विषय में जानकारी देने पर हनुमान अपने ज्ञान का प्रयोग कर सीता को खोजते हैं। जो भक्तों को धैर्य और विवेक के साथ कठिनाइयों का सामना करने की प्रेरणा देते हैं।

भक्ति और सेवा

हनुमान जी को श्रीराम के परम भक्त हैं। यह रूप तुलसीदास जी ने हनुमान चालीसा में दर्शाया है। महर्षि वाल्मीकि कृत रामायण में भी हनुमान जी को राम भक्त दिखाया गया है। जिन्होंने समर्पण और सेवा का सर्वोच्च उदाहरण प्रस्तुत किया।

संकट मोचक

हनुमान जी राम और लक्ष्मण को उनके सभी संकटों से छुटकारा दिलाते हैं। यही कारण है कि वर्तमान में यह माना जाता है कि हनुमान चालीसा का पाठ करने से भक्त के सारे संकट दूर होते हैं और उसे मानसिक और शारीरिक बल प्राप्त होता है।

आध्यात्मिक और भावनात्मक लाभ

हनुमान जी आध्यात्मिक गुरु हैं। जिस प्रकार एक गुरु अपने शिष्य को ईश्वर तक पहुंचने का मार्ग प्रशस्त करता है ठीक उसी तरह से हनुमान अपने भक्तों को आध्यात्मिक ज्ञान देते हैं। हनुमान चालीसा का पाठ करने से आध्यात्मिक ज्ञान और भावनात्मक लाभ भी मिलते हैं।

सुरक्षा और साहस

हनुमान शक्ति के प्रतीक हैं। उन्हें निर्भयता का प्रतीक भी माना जाता है। इन्हीं रूपों में हनुमान जी की पूजा की जाती है। जीवन की चुनौतियों का सामना करने का साहस मिलता है। अतः ऐसा माना जाता है कि हनुमान चालीसा का नियमित पाठ करने से सुरक्षा और साहस की भावना मिलती है। यह नकारात्मक ऊर्जा और भय को दूर भगाता है।

मानसिक शांति और ध्यान

हनुमान चालीसा का लयबद्ध पाठ मन पर शांत प्रभाव डालता है। यह भक्तों को अपने विचारों, लक्ष्यों पर ध्यान केन्द्रित करने और मानसिक शांति प्राप्त करने में मदद करता है।

बाधाओं पर विजय पाना

ऐसा भी माना जाता है कि नियमित रूप से हनुमान चालीसा का पाठ करने से व्यक्तिगत और व्यावसायिक बाधाओं पर विजय पाने में मदद मिलती है। हनुमान भक्तों को कठिन समय से बाहर निकलने में मदद करते हैं। समाधान और मार्गदर्शन प्रदान करते हैं।

पंचमुखी हनुमान

रावण का एक भाई अहिरावण पाताल लोक का राजा था। वह एक शक्तिशाली राक्षस था। मेघनाद या इंद्रजीत के वध के बाद रावण ने अहिरावण को युद्ध जीतने के लिए पाताल लोक से बुलाया। अहिरावण ब्रह्मा जी का भक्त था और उसे ब्रह्मा से वरदान भी मिला था कि वह तभी मारा जाएगा जब कोई एक साथ 5 दिशाओं में मोमबत्तियाँ बुझाएगा। विभिषण ने यह बात राम को बता कर सचेत कर दिया था। अहिरावण ने राम के शिविर पर अनेक बार हमला किया लेकिन वह असफल रहा। हनुमान जी राम और लक्ष्मण दोनों के शिविर की सुरक्षा में तैनात थे। अनेक बार असफल होने के बाद अहिरावण ने विभीषण का भेष बनाकर भगवान राम और लक्ष्मण के शिविर में उस समय प्रवेश किया जब वह सो रहे थे। अहिरावण सोते हुए राम और लक्ष्मण को पाताल लोक में ले गया। राम और लक्ष्मण को अपने-अपने शिविर में न पाकर हनुमान विचलित हो गए। विभिषण ने शंका व्यक्त करते हुए हनुमान को कहा-"हो-न-हो, अहिरावण अपने उद्देश्य में सफल हो गया है। संभवतः वह राम और लक्ष्मण को पाताल लोक ले गया है। तुम वहां जाकर देखो।"

विभिषण की बात मानते हुए राम और लक्ष्मण की खोज में हनुमान जी पाताल लोक पहुंच गए। जब हनुमान जी सुनिश्चित हो गए कि अहिरावण

राम और लक्ष्मण को पाताल लोक में लेकर आ गया है तब अहिरावण का वध करने के लिए हनुमान जी ने पंचमुखी रूप धारण किया। पांच मुखों वाले हनुमान जी ने एक साथ पांच मोमबत्तियां चारों दिशाओं में बुझा दीं। इस प्रकार हनुमान जी ने अहिरावण का वध करके राम और लक्ष्मण को पाताल लोक से मुक्त किया।

पंचमुखी हनुमान हिंदू पौराणिक कथाओं में एक शक्तिशाली और पूजनीय देवता हैं। पाँच मुखों में हनुमान, नरसिंह, गरुड़, वराह और हयग्रीव अद्वितीय आशीर्वाद प्रदान करते हैं और दिव्य शक्ति और सुरक्षा के विभिन्न पहलुओं को दर्शाते हैं। माना जाता है कि पंचमुखी हनुमान की पूजा करने से बाधाएं दूर होती हैं। बुराइयां दूर होती हैं और भक्तों को व्यापक मार्गदर्शन और सहायता मिलती है।

ऊपरी मुख : हयग्रीव

पंचमुखी हनुमान को भगवान हनुमान का सबसे शक्तिशाली अवतार माना जाता है। इस रूप में हनुमान जी का मुख ऊपर की ओर है। हयग्रीव ज्ञान और बुद्धि का प्रतिनिधित्व करते हैं। अपने भक्तों के बीच हनुमान अपनी बुद्धि और शिक्षा के लिए जाने जाते हैं। इस मुख की पूजा करके भक्त आध्यात्मिक ज्ञान प्राप्त करने में सफल होता है। ज्ञान स्पष्ट होता है। जब स्पष्ट आध्यात्मिक की प्राप्ति हो जाती है तब भक्त शैक्षिक क्षेत्र में सफलता प्राप्त कर सकते हैं।

पूर्व मुख : हनुमान

पूर्वमुखी हनुमान साहस और शक्ति का प्रतीक हैं। भगवान हनुमान के इस रूप की सबसे अधिक पूजा की जाती है। यह रूप भगवान राम के प्रति हनुमान की भक्ति को दर्शाता है। ऐसा माना जाता है कि जो लोग पूर्वमुखी हनुमान की पूजा करते हैं। उनमें साहस, आत्मविश्वास और नुकसान से सुरक्षा होती है।

पश्चिम मुख : गरुड़

पंचमुखी हनुमान में पश्चिममुखी हनुमान गरुड़ हैं। गरुड़ को भगवान विष्णु का वाहन माना जाता है। पंचमुखी हनुमान का यह रूप स्वतंत्रता और मुक्ति का प्रतिनिधित्व करता है। काले जादू और सभी प्रकार के विषैले प्रभावों से सुरक्षा मिलती है।

उत्तर मुख : वराह

पंचमुखी हनुमान का उत्तरी मुख वराह के नाम से जाना जाता है। यह भगवान विष्णु का वराह अवतार है। यह मुख उत्थान और पुनर्स्थापना की शक्ति का प्रतीक है। वराह का रूप दुर्भाग्य को दूर करने और खोई हुई संपत्ति और समृद्धि की बहाली से संबंधित है। भक्तों द्वारा उनकी पूजा शक्ति और किसी भी कठिनाई को दूर करने की क्षमता के लिए की जाती है।

दक्षिण मुख : नरसिंह

दक्षिणमुखी पंचमुखी हनुमान भगवान विष्णु के आधे मनुष्य, आधे सिंह अवतार नरसिंह हैं। भगवान हनुमान का यह रूप बुराई से सुरक्षा और भय के विनाश का प्रतीक है। माना जाता है कि नरसिंह की उग्र और शक्तिशाली उपस्थिति उनके भक्त के जीवन से बाधाओं को दूर करती है और नकारात्मक शक्तियों से सुरक्षा सुनिश्चित करती है।

दैनिक जीवन में हनुमान चालीसा

कोई भी व्यक्ति सुरक्षा की भावना के साथ हनुमान चालीसा का पाठ कर सकता है। ऐसी मान्यता है कि शाम को अपने दिल को शांत करने और उस पर विचार करने के लिए भी हनुमान चालीसा का पाठ लाभदायक है। यात्रा पर निकलने से पहले इसका पाठ कर सकते हैं। नया कार्य प्रारंभ करने से पहले भी हनुमान चालीसा का पाठ लाभकारी होता है। सफलता और सुरक्षा के लिए इससे श्रेष्ठ कोई उपाय नहीं है।

महाभारत काल के जिन लोगों को कलियुग में भी अपनी उपस्थिति दर्ज करने का सौभाग्य मिला उसमें हनुमान जी प्रमुख हैं। आज भले ही

हम बंदरों को हनुमान का प्रतिरूप मान लें लेकिन त्रेतायुग में वानर एक ऐसा समुदाय था जो सामान्य मनुष्यों की भांति रहा। यक्ष, दक्ष, राक्षस, दैत्य, दानव, सुर, असुर इत्यादि मानव जातियां थीं। ठीक वैसे ही वानर एक जाति थी। संभवतः इस जाति की पूंछ इसकी सबसे बड़ी पहचान रही होगी। अतः देवी-देवताओं में हनुमान जी को एक सम्मानित स्थान मिला। संकटमोचक के रूप में हनुमान जी का कृत्य अद्वितीय है और आज भी वह हमारे संकटमोचक हैं। आप एक बार श्रद्धा और आस्था के उनका स्मरण कीजिए वह क्षण भर में आपकी सभी व्याधाओं को समूल नष्ट कर देंगे। जय बजरंगबली।

❒

हनुमान चालीसा मूल पाठ

दोहा

श्रीगुरु चरन सरोज रज, निजमन मुकुरु सुधारि।
बरनउं रघुबर बिमल जसु, जो दायक फल चारि।।
बुद्धिहीन तनु जानिके, सुमिरौं पवन-कुमार।
बल बुधि बिद्या देहु मोहिं, हरहु कलेस बिकार।।

चौपाई

जय हनुमान ज्ञान गुन सागर।
जय कपीस तिहुं लोक उजागर।। 1

राम दूत अतुलित बल धामा।
अंजनि-पुत्र पवनसुत नामा।। 2

महाबीर बिक्रम बजरंगी।
कुमति निवार सुमति के संगी।। 3

कंचन बरन बिराज सुबेसा।
कानन कुण्डल कुँचित केसा।। 4

हाथ बज्र औ ध्वजा बिराजे।
कांधे मूंज जनेउ साजे।। 5

शंकर सुवन केसरी नंदन।
तेज प्रताप महा जग वंदन।। 6

बिद्यावान गुनी अति चातुर।
राम काज करिबे को आतुर।। 7

प्रभु चरित्र सुनिबे को रसिया।
राम लखन सीता मन बसिया।। 8

सूक्ष्म रूप धरि सियहिं दिखावा।
बिकट रूप धरि लंक जरावा।। 9

भीम रूप धरि असुर संहारे।
रामचन्द्र के काज संवारे।। 10

लाय सजीवन लखन जियाये।
श्री रघुबीर हरषि उर लाये।। 11

रघुपति कीन्ही बहुत बड़ाई।
तुम मम प्रिय भरतहि सम भाई।। 12

सहस बदन तुम्हरो जस गावैं।
अस कहि श्रीपति कण्ठ लगावैं।। 13

सनकादिक ब्रह्मादि मुनीसा।
नारद सारद सहित अहीसा।। 14

जम कुबेर दिगपाल जहां ते।
कबि कोबिद कहि सके कहां ते।। 15

तुम उपकार सुग्रीवहिं कीन्हा।
राम मिलाय राज पद दीन्हा।। 16

तुम्हरो मंत्र बिभीषन माना।
लंकेश्वर भए सब जग जाना।। 17

जुग सहस्र जोजन पर भानु।
लील्यो ताहि मधुर फल जानू।। 18

प्रभु मुद्रिका मेलि मुख माहीं।
जलधि लांघि गये अचरज नाहीं।। 19

दुर्गम काज जगत के जेते।
सुगम अनुग्रह तुम्हरे तेते।। 20

राम दुआरे तुम रखवारे।
होत न आज्ञा बिनु पैसारे।। 21

सब सुख लहै तुम्हारी सरना।
तुम रच्छक काहू को डर ना।। 22

आपन तेज सम्हारो आपै।
तीनों लोक हांक तें कांपै।। 23

भूत पिसाच निकट नहिं आवै।
महाबीर जब नाम सुनावै।। 24

नासै रोग हरे सब पीरा।
जपत निरन्तर हनुमत बीरा।। 25

संकट तें हनुमान छुड़ावै।
मन क्रम बचन ध्यान जो लावै।। 26

सब पर राम तपस्वी राजा।
तिन के काज सकल तुम साजा।। 27

और मनोरथ जो कोई लावै।
सोई अमित जीवन फल पावै।। 28

चारों जुग परताप तुम्हारा।
है परसिद्ध जगत उजियारा।। 29

साधु संत के तुम रखवारे।
असुर निकन्दन राम दुलारे।। 30

अष्टसिद्धि नौ निधि के दाता।
अस बर दीन जानकी माता।। 31

राम रसायन तुम्हरे पासा।
सदा रहो रघुपति के दासा।। 32

तुह्मरे भजन राम को पावै।
जनम जनम के दुख बिसरावै।। 33

अंत काल रघुबर पुर जाई।
जहां जन्म हरिभक्त कहाई।। 34

और देवता चित्त न धरई।
हनुमत सेइ सर्ब सुख करई।। 35

सङ्कट कटै मिटै सब पीरा।
जो सुमिरै हनुमत बलबीरा।। 36

जय जय जय हनुमान गोसाईं।
कृपा करहु गुरुदेव की नाईं।। 37

जो सत बार पाठ कर कोई।
छूटहि बन्दि महा सुख होई।। 38

जो यह पढ़ै हनुमान चालीसा।
होय सिद्धि साखी गौरीसा।। 39

तुलसीदास सदा हरि चेरा।
कीजै नाथ हृदय महं डेरा।। 40

दोहा

पवनतनय संकट हरन, मंगल मूरति रूप।
राम लखन सीता सहित, हृदय बसहु सुर भूप।।

❑

हनुमान चालीसा पाठ व्याख्या

दोहा

श्रीगुरु चरन सरोज रज, निजमन मुकुरु सुधारि।
बरनउं रघुबर बिमल जसु, जो दायक फल चारि।।

मैं गुरु के चरण कमलों की धूल से अपने मन रूपी दर्पण को साफ करता हूँ। फिर मैं भगवान राम की निर्मल, निष्कलंक महिमा का वर्णन करता हूँ, जो जीवन के चार फल-धर्म, अर्थ, काम और मोक्ष प्रदान करने वाली है।

सार

गुरु चरणों में ही दुनिया के सभी सुख मौजूद हैं। उनके चरणों की धूल भी हमारे सभी दुःखों को दूर करने में मदद कर सकती है। अतः गुरु का आशीर्वाद जीवन को सुखमय बनाता है। यह शुभता का आह्वान करता है। किसी भी कार्य का शुभारंभ करने से पहले यदि अपने गुरु का आशीर्वाद मांगने से सभी बाधाएं अपने आप खत्म हो जाती हैं। ऐसा करने से शुरू किया गया कार्य शुभता को प्राप्त होता है। यह हमारी अतिप्राचीन परंपरा है।

संत तुलसीदास जी ने अपनी पुरातन परंपरा का अनुसरण करते हुए हनुमान चालीसा की शुरुआत श्री गुरु का आशीर्वाद मांगकर की। यहां दो शब्द हैं श्री एवं गुरु। उनके अनुसार यहां श्री गुरु स्वरूप है या गुरु श्री द्वारा सशक्त है। 'श्री' शब्द निस्संदेह स्त्रीलिंग शब्द है। अतः यहां श्री शब्द का तात्पर्य माता सीता से है। महंतों, संतों, धर्म-उपदेशक, धर्म-विश्लेषक, विद्वान और बुद्धिजीवी सीता को रामायण में सबसे महत्वपूर्ण गुरु स्वीकार करते हैं। सीता माता को दया और कृपा का प्रतीक माना जाता है। महर्षि वाल्मीकि कृत रामायण में वर्णित है कि सीता की उपस्थिति में राम ने कभी किसी

राक्षस को नहीं मारा। रामायण के कथाकार के अनुसार माता सीता ने उन सभी राक्षसों को क्षमा कर दिया था, जो मारे जाने योग्य थे। माता सीता से सबसे पहले काकासुर क्षमादान प्राप्त किया था।

हनुमान जी की माता सीता से पहली भेंट लंका की अशोक वाटिका में हुई थी। इससे पहले उन्होंने माता सीता को नहीं देखा था। हनुमान माता सीता से मिल कर अत्यंत प्रभावित हुए। इस पहली मुलाकात से हनुमान जी ने बहुत कुछ सीखा। अशोक वाटिका यानी जिसे कोई शोक न हो। और वाटिका यानी उपवन, बगीचा इत्यादि। तो अशोक वाटिका का साधारण अर्थ हुआ - ऐसा उपवन, ऐसा बगीचा जहां किसी तरह का कोई दुःख, संताप, शोक और दुश्मनी नहीं है। अशोक वाटिका में एक वृक्ष के नीचे बैठी माता सीता को देखकर हनुमान समझ गए उनसे बहुत कुछ सीखा जा सकता है। इन्हीं रूपों और गुणों को ध्यान में रखते हुए तुलसीदास ने दिव्य आत्मा रूपी सीता को गुरु मान कर उनसे आशीर्वाद की कामना के साथ हनुमान चालीसा की रचना शुरू की।

तुलसीदास गुरु के चरणों को कमल कहते हैं। कमल को पवित्र फूल माना जाता है। कमल कीचड़ में उगता है। देवी-देवताओं को अर्पित किया जाता है। तो यहां हमें क्या संदेश मिलता है? कमल के माध्यम से हमें शिक्षा मिलती है कि गुरु हमेशा शांत भाव से सभी समस्याओं का समाधान करते हैं। नकारात्मक तथ्यों को दूर करने का मार्ग बताते हैं ताकि हमारे आसपास की ऊर्जा और परिवेश सकारात्मक हो सके।

तुलसीदास गुरु के चरणों की 'सरोज' यानी धूल की कामना करते हैं। उनका मानना है कि गुरु के चरणों की धूल में दिव्य शक्ति होती है। इस धूल में मेरे मन और आँखों को साफ करने की शक्ति है। नेत्रों के साथ मन रूपी दर्पण को साफ कर देने से तुलसीदास अपने आप को राम के साथ देख सकने में कामयाब होंगे।

शैक्षणिक गुरु अक्षर ज्ञान देता और आध्यात्मिक गुरु ईश्वर के दर्शन कराता है। हमें दोनों गुरुओं की सेवा करनी चाहिए। सेवा करने से ही गुरु चरणों से धूल प्राप्त हो सकती है। जब कोई भी व्यक्ति ऐसा करने में सफल

हो जाता है तो वह गुरु प्रेम में आसक्त हो जाता है। यहां 'प्रेम' का अर्थ है 'सेवा' करना। 'सेवा' करने का अर्थ है प्रसन्न करना। 'सेवा' करने का तरीका क्या होगा? तरीका है अपने आध्यात्मिक गुरु के चरणों में बैठना और उन्हें सुनना है। तुलसीदास जी यहां स्पष्ट रूप से यह कहना चाहते हैं कि श्री गुरु के चरणों में बैठकर उनसे ज्ञान प्राप्त किया जाए। यही प्रेम है। यही सेवा है। यही आसक्ति है।

'बरनौ रघुवरा बिमला जसु' में रघुवर का अर्थ है रघु वंश का वंशज। यहां तुलसीदास जी इतिहास के माध्यम से यह बताते है कि राम रघु वंश के हैं और वह भगवान राम की महिमा सुनाने जा रहे हैं। हम सभी जानते हैं कि हनुमान चालीसा में हनुमान जी की महिमा और उनके कार्यों का वर्णन है। फिर यहां राम नाम का उल्लेख तुलसीदास जी क्यों करना चाहते हैं? हकीकत यह है कि में हनुमान चालीसा में भगवान राम की महिमा है। हनुमान के बिना राम और राम के बिना हनुमान का कोई अस्तित्व नहीं है। ठीक वैसे ही जैसे रावण के बिना राम और राम के बिना रावण पर आधारित रामायण की कल्पना नहीं की जा सकती। उसी तरह से चालीसा का गहन अध्ययन करने पर स्पष्ट होता है कि हनुमान जो कुछ करते हैं वह भगवान राम के लिए करते हैं। उनके हर काम में राम छिपे हैं। संत तुलसीदास जी ने हनुमान चालीसा के केंद्र में हनुमान और राम रखा है। पाठक यह जान कर प्रसन्न होते हैं कि राम और हनुमान एक दूसरे की महिमा सुनकर प्रसन्न होते हैं। सरल शब्दों में, राम सबसे अधिक प्रसन्न तब होते हैं जब उनके भक्त हनुमान की महिमा की जाती है और हनुमान सबसे अधिक प्रसन्न होते हैं भगवान राम की महिमा की जाती है।

श्री गुरु के चरणों में मनुष्य को जीवन में चार फलों की प्राप्ति होती है। एक भौतिकवादी भक्त के लिए, चार लक्ष्य धर्म, अर्थ, काम और मोक्ष हैं। मुक्ति के लिए चार लक्ष्य हैं सालोक्य मुक्ति, सामीप्य मुक्ति, सायुज्य मुक्ति और सारूप्य मुक्ति। जो व्यक्ति केवल भक्ति चाहता है उसके लिए चार लक्ष्य हैं - धर्म, ज्ञान, योग और जप।

बुद्धिहीन तनु जानिके, सुमिरौं पवन-कुमार।
बल बुधि बिद्या देहु मोहिं, हरहु कलेस बिकार।।

हे पवनपुत्र हनुमान! मैं स्वयं को बुद्धिहीन जानकर आपका ध्यान करता हूँ। मुझे बल, बुद्धि और ज्ञान प्रदान करें तथा मेरे दुखों और दोषों को दूर करें।

सार

राम के अनन्य भक्त और सेवक हनुमान जी से तुलसीदास जी विनम्र निवेदन करते हैं- "हे पवन कुमार! मैं बुद्धिहीन हूं। आपकी मदद के बिना मैं कुछ भी नहीं कर सकता। मेरी मदद करो। इस समय आपके अलावा मेरा और कोई नहीं है।" एक शिष्य अपने गुरु से यही आग्रह करता है कि गुरु अपनी शरण में लेकर शब्द ज्ञान से परिपूर्ण कर आध्यात्मिक जीवन की ओर अग्रसर करें ताकि वह यानी शिष्य परम तत्व ईश्वर को प्राप्त कर सकें। ठीक वैसे ही तुलसीदास जी

आध्यात्मिक ज्ञान प्राप्त कर अपने जीवन की शुरुआत करना चाहते हैं। आध्यात्म ज्ञान ही मनुष्य-मन की तमाम खामियों को दूर कर सकता है। विवेक और बुद्धि को सशक्त बना सकता है क्योंकि आध्यात्मिक कमजोरी व्यक्ति को दुःख देती है। पीड़ाएं देती है। प्रलोभन देती है। संवेदनहीन बनाती है। ऐसी स्थिति में मनुष्य इनके वशीभूत हो जाते हैं। यहां तुलसीदास आध्यात्मिक स्वीकृति के महत्व को समझाने का प्रयास कर रहे हैं।

वानरों के अति चंचल स्वभाव की तरह ही हम मनुष्यों का मन चंचल होता है। वानरों की चंचलता और मानव-मन की व्याकुलता को क्षण भर के लिए गम्भीर बनाए रखना किसी सामान्य व्यक्ति के वश की बात नहीं। इन दोनों पर वही अपना प्रभुत्व स्थापित कर सकता है, जो दोनों की मानसिकता से परिचित हो।

हनुमान जी ने स्वयं की चंचलता को वश में करना सीख लिया है। वह जान गए हैं कि चंचल स्वभाव किसी को भी विवेकहीन बना देता और इस से वह न केवल अपना अपितु संसार में किसी का भी भला नहीं कर

सकता, तो ऐसी चंचलता का क्या लाभ? अपने आप को इस विद्या में पारंगत हनुमान वानरों के मुखिया बने। वानर समुदाय उनका आदर-सत्कार करता है। सम्पूर्ण गुणों के भंडार है हनुमान। सरल शब्दों में हनुमान जी दुष्ट के साथ दुष्टता और सज्जन के साथ सज्जनता का व्यवहार करने में प्रवीण। इसी गुण की वजह से हनुमान को श्रीराम की सेवा का सौभाग्य मिला।

तुलसीदास अपनी और हमारी कमियों को कालेश और बिकारा कहते हैं। पतंजलि योग सूत्र के अनुसार क्लेश पांच प्रकार के होते हैं। यथा-

- अविद्या यानी बुरा धारणा, अविद्या का अभिप्राय है अज्ञानता। अज्ञानता अच्छे-बुरे में भेद नहीं करती। अतः अज्ञानी लोग अच्छी वस्तुओं में भी खामियां निकालते हैं। इससे बचना चाहिए।
- अस्मिता यानी अहंकार, अज्ञानी मनुष्य अल्पज्ञान प्राप्त कर अपनी अस्मिता खो देता है। तब वह अहंकार से भर जाता है। इससे वह ग़लत मार्ग पर चल पड़ता है और मोक्ष प्राप्त करने में असफल होता है।
- राग यानी लगाव या भोग, अविद्या और अस्मिता की वजह से मनुष्य एक अलग तरह का राग अलापने लगता है। इस राग में भोग-विलास महत्वपूर्ण हो जाता है। वह स्वार्थी बन जाता है।
- द्वेष यानी बुरी भावना, स्वार्थी लोग हमेशा द्वेष भाव से ग्रसित हो जाते हैं। ऐसे लोग किसी का कल्याण करने वाले नहीं होते। उनके मन में हर किसी के लिए बुरी भावना रहती है।
- अभिनिवेश अर्थात भय या असुरक्षा, यही कारण है कि ऐसे मनुष्य अपने आप को हमेशा असुरक्षित महसूस करते हैं। उन्हें डर रहता है कोई-भी, कभी-भी, कहीं-भी नुकसान पहुंचा सकते हैं। तुलसीदास जी इन पांचों क्लेश से मुक्त होने की शिक्षा देते हैं।

क्लेश की भांति तुलसीदास जी विकार के विषय में भी आगाह करते हैं। विकार भी मनुष्य के लिए हानिकारक हैं। विकार छह प्रकार के बताए गए हैं -

- *काम अर्थात वासना या इच्छाएं जो मन में पैदा होती हैं,*
- *क्रोध यानी क्रोध जो कुंठित इच्छाओं से प्रकट होता है,*
- *लोभा यानी लोभ जो अतृप्त इच्छाओं से प्रकट होता है,*
- *मोह अर्थात भ्रम जो अज्ञान से प्रकट होता है,*
- *मद यानी अभिमान जो अहंकार से प्रकट होता है और*
- *मात्सर्य अर्थात ईर्ष्या जो कृतघ्नता से प्रकट होता है।*

इस नश्वर संसार में इन पांच प्रकार के कलेशों और छह प्रकार के विकारों से निपटना आसान नहीं है क्योंकि यह ग्यारह तत्व हर मनुष्य को घेरे रहते हैं। ज्ञान और आत्मविश्वास को भंग करते हैं। आध्यात्मिक ज्ञान को नष्ट करने में सक्षम होते हैं। इनसान का चंचल मन भोग-विलासिता में ही जीवन का आनंद खोजता है। आध्यात्म नियमबद्ध करता जबकि भोग स्वच्छंद विचरण का मार्ग प्रशस्त करता है। अब कौन बताए कि आध्यात्म मनुष्य का चहुंमुखी विकास कर मोक्ष प्राप्ति तक स्वच्छंद बनाता है। इसके लिए हनुमान सर्वश्रेष्ठ विकल्प हैं। ग्यारहवें रुद्र होने के नाते हनुमान इन ग्यारह दोषों को दूर करने में हमारी मदद करने में सबसे सक्षम हैं। वह अपार बल, बुद्धि और ज्ञान के भी प्रतीक हैं। तुलसीदास जी ने संपूर्ण हनुमान चालीसा इस बात की पुष्टि की है। यही कारण है कि तुलसीदास अपने आप को केंद्र में रखकर हम अज्ञानी मनुष्यों को शिक्षित करने का प्रयास करते हैं कि मैं स्वयं हनुमान जी से अपने सभी क्लेश और विकारों को दूर करने का आग्रह कर जीवन को सुखमय बनाने की प्रार्थना कर रहा हूं। जब मुझे इन ग्यारह लोभी तत्वों से मुक्ति मिलेगी तभी तो मैं राम भक्त हनुमान की शिक्षाओं को आप तक पहुंचाने में कामयाब हो पाऊंगा। यही कारण है कि तुलसीदास यहां 'तनु' शब्द का उपयोग करते हैं, जो स्वयं या शरीर का संदर्भ में उल्लिखित है।

❐

चौपाई

जय हनुमान ज्ञान गुन सागर।
जय कपीस तिहुं लोक उजागर।।1।।

ज्ञान और गुण के सागर हनुमान की जय हो। वानरों के राजा की जय हो, जो तीनों लोकों में प्रसिद्ध हैं।

सार

'जय हनुमान ज्ञान गुन सागर' अर्थात ज्ञानियों में सर्वप्रथम गिनने योग्य हैं हनुमान। तो यहां इसका मतलब क्या हुआ? इसका साधारण अर्थ यह हुआ कि तत्कालीन समय में शिक्षा को प्रमुखता दी गई। श्रेष्ठ ज्ञानियों को तत्कालीन समाज में विशेष आदर-सत्कार दिया गया। हनुमान जी ज्ञानियों में अग्रगण्य इसलिए हैं क्योंकि उन्होंने अपने बुद्धि बल से ही सुरसा, लंकिनी आदि विपदाओं को अपने रास्ते से हटाकर अपना मार्ग प्रशस्त किया और श्रीराम का चिर-सहचर बनने का सौभाग्य प्राप्त किया। तुलसीदास जी ने हनुमान चालीसा के माध्यम से हमारी प्राचीन शिक्षा पद्धति का वर्णन किया है। तत्कालीन समय में आर्यावर्त में मानव समुदाय के सभी वर्गों को आगे बढ़ने और पढ़ने के समान अवसर प्राप्त थे। बिना किसी भेदभाव के योग्यता को प्रमुखता दी जाती थी। सामाजिक, आर्थिक, राजनीतिक, धार्मिक, सांस्कृतिक, प्राकृतिक, वानस्पतिक, रासायनिक, प्रशासनिक, सामुद्रिक, सामुदायिक, युद्धक, विज्ञान, ब्रह्माण्ड, अस्त्र-शस्त्र, प्रबंधन, भोजन, व्यंजन, मनोरंजन, स्वास्थ, व्यायाम, छल, और कपट के साथ-साथ 'माया' के निर्माण, संचालन, विध्वंस आदि की शिक्षा और प्रशिक्षण गुरु आश्रम में सभी शिष्यों को दिया जाता था। हनुमान ने इन सभी संकायों में विशेष योग्यता प्राप्त कर सर्वश्रेष्ठ विद्यार्थी का सम्मान प्राप्त किया था जिसे आजतक दूसरा कोई भी विद्यार्थी प्राप्त नहीं कर पाया है। आज हमें अनेक विषयों में स्नातकोत्तर उपाधि वाले व्यक्ति मिल जाएंगे। अनेक भाषाओं के ज्ञाता मिलेंगे। किंतु हनुमान जैसा सर्वगुण संपन्न और महा ज्ञानी व्यक्ति नहीं मिलेगा।

बुद्धिमान व्यक्ति की वाणी से उसके व्यक्तित्व को बताती है। उसके ज्ञान के स्तर का पता चलता है। हनुमान की वाणी से ही राम को ज्ञात हुआ कि हनुमान कितने शक्तिशाली हैं। यह हनुमान के ज्ञान, विवेक और अभय का ही परिणाम है कि राम ने उन्हें न केवल समीप बैठाया बल्कि महत्वपूर्ण कार्य भी सौंपे। तुलसीदास जी ने हनुमान चालीसा के पहले दोहे से ही यह स्पष्ट कर दिया कि हनुमान में निहित ज्ञान और गुणों की गहन ही हमारे सभी दुःखों का निवारण करने में सक्षम हैं।

महर्षि वाल्मीकि कृत रामायण और अन्य ग्रंथों से ज्ञात होता है कि हनुमान व्याकरण के ज्ञाता थे। वह मीमांसा में निपुण थे क्योंकि वह वाक्यों में कोई गलती नहीं करता थे। वह तर्क-विद्या में भी निपुण थे। उनके द्वारा बोले गए शब्दों और वाक्यों में कोई गलती नहीं की। संवाद करते समय हनुमान जी का शरीर शांत रहता है। इतना ही नहीं सुनने वाला भी हनुमान की बातें पूरी तन्मयता से सुन रहा है। इसका मतलब यह हुआ कि हनुमान जी भावपूर्ण, सारपूर्ण, गंभीर और परिस्थितियों के अनुसार ही बोल रहे हैं।

जब हनुमान जी की मुलाकात ऋषिमुख पर्वत के नीचे राम और लक्ष्मण से पहली बार हुई तब हनुमान द्वारा बोले गए शब्दों से ही राम का दिल जीत लिया। यह हनुमान के ज्ञानी होने का सर्वश्रेष्ठ उदाहरण है। विपत्तिग्रस्त राम ने लक्ष्मण ने संयमित होकर हनुमान के संवाद को सुना और दोनों हनुमान के मुरीद हो गए। निश्चित रूप से हनुमान जी की वाकपटुता, वाक्य विन्यास, शब्दों का चयन और संवाद प्रस्तुति की चर्चा राम और लक्ष्मण के बीच हुई होगी तभी तो राम ने लक्ष्मण को बताया कि हनुमान ज्ञान और गुणों के सागर हैं। इसका एक अर्थ यह भी निकलता है कि वनवास काल में राम को हनुमान जैसा कोई व्यक्ति नहीं मिला था जो शब्दों का इतने प्रभावशाली तरीके से इस्तेमाल करता है कि सामने वाला मोहपाश में बांध जाए।

शैक्षिक आश्रम व्यवस्था से परिचित राम ने अनुमान लगाया कि हनुमान को विशिष्ट गुरुजनों का सानिध्य प्राप्त हुआ होगा। राम भली-भांति जानते हैं कि विशिष्ट गुरुजनों का साथ उन शिष्यों को ही मिलता है जो आश्रम के

अन्य शिष्यों से अलग तीक्ष्ण बुद्धि का होता है। हनुमान को विशेषज्ञ गुरुओं के अधीन अध्ययन करने में काफी समय मिला होगा। तुलसीदास हमें बताते हैं कि हनुमान के संवाद की गुणवत्ता उनकी शिक्षा की गुणवत्ता को दर्शाती है। हनुमान अवश्य ही राम से इतने उच्च योग्य रहे होंगे। हनुमान चालीसा में तुलसीदास यह स्पष्ट करते हैं कि हनुमान के भाषण में और उनकी शारीरिक भाषा में एक भी दोष नहीं पाया गया था। हम सभी जानते हैं कि कोई भी व्यक्ति के बोलते समय उसकी शारीरिक भाषा शब्दों के भाव का संकेत देती है। ग्रंथों में वर्णित हनुमान जीवन चरित्र को देखते हुए यह सही होगा कि राम को विश्वास था कि हनुमान को वेदों पर पूर्ण अधिकार था। क्यों? क्योंकि वेदों पर महारत संचार और आत्म-अभिव्यक्ति के विभिन्न पहलुओं में विशेषज्ञता के माध्यम से प्रकट हुई। विषय विशेषज्ञों के एक वर्ग के अनुसार अथर्ववेद में पारंगत व्यक्ति में स्वाभाविक विनम्रता आती है। जानकार लोग कहते हैं कि व्यक्ति के शब्दों और हाव-भाव में नम्रता झलकती है। यही विनम्रता यजुर्वेद पर निपुणता का संकेत देती है। भाषाविदों के अनुसार किसी की शब्दावली में भव्यता और प्रचुर अध्ययन द्वारा प्रदत्त एक महान शक्ति। ऋग्वेद के विशेषज्ञ बताते हैं कि ऋग्वेद के विद्वान को केवल एक बार सुनने पर चीजों को शब्दशः प्रस्तुत करने की शक्ति देती है। सामवेद पर महारत व्यक्ति की आवाज में आकर्षण, कोमलता और माधुर्य जोड़ती है। वाणी में वाक्पटुता पचे हुए ज्ञान से प्राप्त शक्ति है। यही सब विशिष्ट तथ्य वेदों के आधुनिक विशेषज्ञ बताते हैं।

हनुमान दिल जीत सकते हैं। यह बात राम को समझ आ गई थी। तभी तो राम ने हनुमान के कुछ शब्दों को सुनकर समझ लिया था यदि कोई क्रूर शत्रु हाथ में शस्त्र थामे हनुमान के संवाद सुन ले तो वह अपने हथियार छोड़ उनके समक्ष नतमस्तक हो जाएगा। तुलसीदास जी के मुताबिक ज्ञान मनुष्य को परिष्कृत करता है और सौम्य बनाता है।

हनुमान जिज्ञासु हैं। इस संबंध में एक कथा प्रचलित है कि हनुमान ने बचपन में ब्रह्मांड के सर्वश्रेष्ठ शिक्षक से ज्ञान प्राप्त करने की इच्छा व्यक्त की।

उनके पिता केसरी बालक हनुमान की इस जिज्ञासा से प्रभावित हुए। एक छोटा बालक ब्रह्माण्ड के विषय में जानने को उत्सुक हैं। उन्हेंने सूर्य देवता की ओर संकेत किया। जब हनुमान विद्यालय में प्रवेश के लिए सूर्य देव के पास गए, तो सूर्य ने कक्षा में जगह की कमी का कारण बताकर उन्हें प्रवेश देने से मना कर दिया। सूर्य की परिक्रमा करने वाले रथ पर पहले से ही 60 लाख ऋषि-मुनि बैठे हुए थे। कोई भी हनुमान को रोक नहीं सका। हनुमान ने अपने शिक्षक को समझाया कि वास्तव में उन्हें बैठने के लिए जगह की आवश्यकता नहीं है। उसे बस उसकी अनुमति की आवश्यकता थी। सूर्या ने आश्चर्यचकित हो कर बालक हनुमान की ओर देखा और फिर उत्साही छात्र को खुशी-खुशी अनुमति दे दी।

कथा के अनुसार तत्कालीन समय में आज की भांति एक उपग्रह में सभी शिष्यों को बैठाकर सूर्य पर शोध अध्ययन किया जा रहा था। इसके लिए उड़ान विद्यालय पृथ्वी की कक्षा के चारों ओर तैरने रहा था। इस उड़ान विद्यालय में हनुमान भी थे। हनुमान उड़ान विद्यालय से बाहर निकल कर, उनके समानांतर अपने शिक्षक के सामने उड़ने लगे। रथ की दिशा के आधार पर हनुमान को कभी आगे और कभी पीछे की ओर उड़ना पड़ता था। लगातार असुविधाओं का सामना करने के बावजूद, हनुमान ने दी जा रही शिक्षाओं पर ध्यान दिया और स्पंज की तरह हर शब्द को आत्मसात कर लिया। सूर्य की केवल साठ परिक्रमा में ही हनुमान ने सभी वेदों को आत्मसात किया और वेदों की सभी सहायक विद्याओं में पारंगत हो गए। इसके साथ-साथ हनुमान ने केवल नौ दिनों में नौ व्याकरणों को सीख लिया। व्याकरण के सभी नियमों में भी समझ लिया। यह हनुमान की ज्ञान पिपासा थी कि उन्होंने अन्य सहपाठियों से बहुत पहले ज्ञान प्राप्त कर लिया था। विचार कीजिए। क्या हनुमान सूर्य पर शोध एवं अनुसंधान करने वाले पहले व्यक्ति नहीं हैं? क्या हनुमान पहले अंतरिक्ष यात्री नहीं हैं? यदि ऐसा नहीं है तो नासा के वैज्ञानिकों ने कैसे अंतरिक्ष में शोध अनुसंधान शुरू कर दिया। अंतरिक्ष में यात्री भेजने का विचार उनके पास कहां से आया? सूर्य को समझने की जिज्ञासा कहां

से पैदा हुई? यह सब हनुमान के कारण हुआ और आज नासा सहित सभी वैज्ञानिक हनुमान की शिक्षाओं और ज्ञान के बलबूते पर वाहवाही बटोरने में लगे हुए हैं।

इसी वजह से हनुमान को सबसे अधिक ज्ञानियों में शुमार किया जाता है। वह महान विद्वानों में भी सबसे अधिक विद्वान थे। हनुमान ज्ञान के सभी गुणों के अवतार भी थे। वह ज्ञान सागर नहीं बल्कि सद्गुणों के सागर भी थे। जय हनुमान ज्ञान गुण सागर जय कपीस तिहू लोक उजागर में कपि शब्द का अर्थ वानर या बंदर है। विनम्र थे। उनकी विनम्रता ने राम का दिल चुरा लिया।

एक रोचक प्रसंग है। ऐसा माना जाता है कि भगवान विष्णु ने राम के रूप में अवतार लेने से पहले ही सभी देवताओं को आदेश दिया कि वह सब वानर के रूप में पृथ्वी पर जन्म लें। विष्णु जी के आदेश को सुनकर भगवान शिव भी वानर के रूप में प्रकट होने के लिए अत्यंत उत्सुक हो गए। भगवान शिव ने अपनी पत्नी सती को समझाया कि वह राम की सेवा करने के अवसर की प्रतीक्षा कर रहे थे। शिव ने एक ऐसा रूप लेने की कल्पना की जो मानव रूप से कम हो। शिव को वानर रूप सबसे उपयुक्त लगा। एक इंसान दूसरे इंसान को छोटी-मोटी सेवा में लगाने में झिझक सकता है, लेकिन एक बंदर की सेवा निःसंकोच स्वीकार्य होगी। इस प्रकार भगवान शिव ने वानर का रूप चुना राम लीला में अपना योगदान देने के लिए। वह अपनी सेवा पर ध्यान केंद्रित करना चाहते थे और अपनी पत्नी की उपस्थिति से विचलित नहीं होना चाहते थे, इसलिए उन्होंने उस भूमिका में ब्रह्मचारी बने रहने का फैसला किया। इस अवतार में अपने पति की सहायता नहीं करने से सती दुखी और निराश हो गयीं। तभी उसके मन में अचानक एक विचार आया जो उन दोनों को संतुष्ट कर देता। उन्होंने भगवान शिव को प्रस्ताव दिया कि वह बंदर की पूंछ के रूप में अवतार ले सकती हैं। शिव सहमत हुए और इस प्रकार हनुमान का जन्म हुआ जो रुद्र और शक्ति एक साथ संयुक्त थे।

जय कपीस तिहुं लोक उजागर पंक्ति को तुलसीदास जी ने क्यों लिखा? इस विषय में एक प्रसंग वैदिक काल की कथाओं में मिलता है। विषय

विस्तार को ध्यान में रखते हुए कथा सार यहां प्रस्तुत है। कथा के अनुसार- इंद्र ने ब्रह्मांड से गायब दो आकाशगंगाओं की खोज की। उन्होंने भगवान विष्णु को सूचित किया। दो आकाशगंगा के गायब होने की वजह जानने को इंद्र और विष्णु ब्रह्मा जी के पास गए। ब्रह्मा ने उन्हें बताया कि कैसे उनके हाथ से कमण्डलु गिर गया था और भविष्य की घटनाएँ भी बिखर गयीं थीं।

ब्रह्मा ने स्मरण करते हुए उन्होंने बताया-"कालान्त नाम का एक राक्षस भी ईवर के अंदर जमा हो गया था। अब वो गायब है।"

कालान्त का जन्म ब्रह्मा के जीवन के अंत में 33 वर्ष बाद होना था। उसके पास आकाशगंगाओं, ग्रहों और तारों सहित सभी ब्रह्मांडों को खाने की शक्ति थी। वह आदित्यों को भी निगल सकता था। भगवान विष्णु और भगवान ब्रह्मा सोच रहे थे कि क्या किया जाए। भगवान विष्णु हनुमान को याद किया। हनुमान एक ऐसे व्यक्ति थे जो निश्चित रूप से दुनिया को बचा सकते थे।

हमेशा की तरह, भगवान विष्णु ने हनुमान को अपने स्वामी भगवान राम का ध्यान करते हुए पाया। आपातकालीन स्थिति होने के कारण, उन्होंने उन्हें ब्रह्मांड के सामने आने वाली स्थिति से अवगत कराया। हालात इतने ख़राब थे कि कालान्त ने काल चक्र को भी निगल लिया था। एक मिनट भी बर्बाद किए बिना, हनुमान को पता था कि उन्हें क्या करना है और वह कालान्त की खोज में निकल पड़े। सभी देवताओं ने हनुमान को आशीर्वाद दिया और उन्हें कालान्त पर विजय पाने की शक्ति दी। हनुमान ने पहले उन्हें कमंडलु में वापस जाने और सही समय आने पर आने के लिए मनाने की कोशिश की। कलांत ने साफ इंकार कर दिया। उन्होंने हनुमान को द्वंद्व युद्ध के लिए ललकारा। युद्ध के समय परीलोक में पहुंच गए। एक राक्षस ने रानी की बेटी का अपहरण कर लिया था।

संकट में पड़ी लड़की को बचाने के लिए हनुमान राक्षस के पास गए। राक्षस ने एक पिशाच द्वारा उस पर दिए गए श्राप के बारे में हनुमान को बताया। श्राप को मिटाने के लिए उसे स्वर्गदूतों की रानी से एक विशेष मोती

की आवश्यकता थी। मोती की चमक उसे मुक्त करने के लिए पर्याप्त थी। लेकिन रानी ने अपना मोती देने से इनकार कर दिया और राक्षस के पास उसकी बेटी का अपहरण करने के अलावा कोई विकल्प नहीं बचा। हनुमान को पता चला कि मोती चल लोक में सुरक्षित हिरासत में है। हनुमान भी वहाँ पहुँचे लेकिन ग्रह पर बौनों ने कब्ज़ा कर लिया था। हनुमान ने बौनों से युद्ध किया और चल लोक को उसके मूल राजा को लौटा दिया, जिसने ख़ुशी से हनुमान को चल लोक दे दिया। हनुमान ने बौनों को उनके ग्रहों पर छोड़ दिया, लेकिन जल्दी में होने के कारण, वह पानी के नीचे गलत ग्रह पर पहुंच गए। उसने उस ग्रह के राजा को भी बचाया, जिसने उसे एक कम्पास, एक दिशा सूचक दिया था। हनुमान काल चक्र से बाहर आएंगे और अपने ब्रह्मांड में वापस जाएंगे। वापस आकर उन्होंने कलांत का पीछा किया। उसके साथ युद्ध में शामिल हो गये। कालान्त एंटीमैटर होने के कारण हनुमान ने सोचा कि इसे निगल जाओ। अपने पेट में गोता लगाते हुए उसे हराने के लिए एक नई रणनीति का पता चला। उन्होंने कालान्त आकाशगंगाओं और ग्रहों को अनुमति दी जो गायब हो गए थे। उन्होंने अरुण देव को भी पाया और उनसे काल चक्र को दक्षिणावर्त दिशा में घुमाने का अनुरोध किया। आश्चर्य की बात नहीं, सब कुछ वापस अपनी जगह पर गिरने लगा। कालान्त को छोड़कर बाकी सभी के पेट में तेज दर्द होने लगा और उन्होंने हनुमान को उल्टी कर दी। तब भगवान विष्णु और भगवान ब्रह्मा ने कालान्त को समझाया कि यदि वह सूर्य देव को छिपाकर रखेगा तो वह भी समय से पहले मर जाएगा। हर चीज़ अपने समय पर होनी चाहिए. कालान्त को काफी कष्ट सहना पड़ा था इसलिए वह उनके तर्क को समझ गया और कमंडलु में वापस जाने के लिए सहमत हो गया। इससे पहले, उन्होंने सूर्य देव, आकाशगंगाओं, ग्रहों और सितारों को मुक्त कर दिया और सामान्य स्थिति बहाल हो गई। हनुमान ने एक बार फिर दुनिया को बचाया था। जया कपिसा तिहु लोक उजागर था इस्तेमाल किया गया।

❐

राम दूत अतुलित बल धामा।
अंजनि-पुत्र पवनसुत नामा।।2।।

आप भगवान राम के दूत हैं, अपार शक्ति के भंडार हैं और अंजनी के पुत्र और वायुदेव के पुत्र केरूप में जाने जाते हैं।

सार

प्राचीन काल से लेखकों में एक विशिष्ट परंपरा रही है कि वह अपने नायक या प्रमुख पात्र का चरित्र चित्रण अत्यंत गरिमापूर्ण तरीके से करते हैं। नायक के बाल्यकाल से लेकर ग्रंथ की समाप्ति तक लेखक नायक के प्रत्येक पहलू को उजागर करने के लिए विशेष शब्दों का समायोजन करते हैं। तुलसीदास जी भी इसका अपवाद नहीं हैं। उन्होंने हनुमान के बल (बाहुबल, बुद्धि बल चातुर्य बल, प्रबंधन आदि सभी) साधारण स्वीकार नहीं किया है अपितु अति साधारण बताया है। इसके लिए वह 'अतुलित बल धामा' वाक्य विन्यास करते हैं। अतुलित यानी जिसकी तुलना ही नहीं की जा सकती और धामा यानी भंडार। हनुमान साधारण नहीं बल्कि असाधारण बलबान हैं। यह है हनुमान जी का वास्तविक स्वरूप। हनुमान चालीसा में तुलसीदास जी के इस कथन की पुष्टि भी होती है।

बचपन में ही हनुमान की मां अंजना ने उन्हें एक रहस्य बताया था। जो हनुमान को ताउम्र स्मरण रहा। जिस क्षण वह अपने गुरु से मिलेगा, उसे हड्डी पिघला देने वाला अनुभव होगा। ब्रह्मा ने उन्हें बचपन में इस शर्त के साथ उपहार दिया था कि यह एक के अलावा किसी को दिखाई नहीं देगा। ब्रह्मा जी ने कहा था कि जो यह मणि देखेगा वही हनुमान का स्वामी होगा। जब राम ने उनसे उस आभूषण के बारे में पूछा, तो ब्रह्मा जी के कथन की

पुष्टि हुई। राम उनके शाश्वत स्वामी थे। हनुमान राम के शाश्वत सेवक थे। जिस क्षण हनुमान पहली बार भगवान राम के सामने आए, उनके शाश्वत गुरु की पहली नज़र ने उन्हें आश्वस्त किया कि यह उनका शाश्वत आश्रय है। उसके शरीर की हर हड्डी पिघलने लगी थी। हनुमान एक भिखारी संन्यासी के वेश में थे। राम ने उनसे पूछा कि एक भिखारी ने अपने गले में हीरे का हार क्यों पहना हुआ है। यह सुनकर हनुमान उस प्रश्न से स्तब्ध रह गए। वह अदृश्य हार था। यह हार हनुमान ने बचपन से पहना हुआ था। वह आज तक किसी को दिखाई नहीं दिया था। राम ने हनुमान से अपना परिचय देने को कहा। हनुमान ने उत्तर दिया कि वह सुग्रीव का सेवक है। यह सुनकर राम आहत हुए कि हनुमान सुग्रीव के सेवक हैं। आहत राम आहत लक्ष्मण को बातचीत जारी रखने की अनुमति देकर पीछे हट गए। जैसे ही हनुमान ने राम को पीछे हटते देखा, उन्हें पता चल गया कि उन्होंने पहली ही मुलाकात में गंभीर गलती की है। अब से राम उसके हर कार्य की गहनता से जांच करेंगे। उन्हें आशा थी कि वह एक बार फिर राम का विश्वास जीत लेंगे।

राम पहली बार सुग्रीव से मिले। सुग्रीव ने राम का स्वागत किया। सुग्रीव ने राम को एक पेड़ की शाखा पर बैठने का अनुरोध किया। सुग्रीव राम के साथ उसी शाखा पर बैठे। इसका मतलब यह हुआ कि सुग्रीव स्वयं को राम के बराबर मानते हैं। सुग्रीव ने लक्ष्मण को बैठने की जगह नहीं दी। लक्ष्मण खड़े रहे। यह देख हनुमान को बुरा लगा। वह राम का विश्वास जीतने का कोई भी अवसर खोना नहीं चाहते थे। हनुमान तुरंत चंदन के पेड़ की एक शाखा लाए और लक्ष्मण को देते हुए उस पर बैठने का आग्रह किया। हनुमान स्वयं लक्ष्मण के समीप भूमि पर बैठ गये। उन्होंने लक्ष्मण के प्रति सम्मान दिखाया और सुग्रीव द्वारा किये गये अपमान को शांत किया। एक तीर से हनुमान ने दो निशाने साध कर राम को प्रभावित किया। राम द्वारा किष्किंधा में वर्षा ऋतु के चार महीनों व्यतीत किए और इस चतुर्मास में हनुमान राम का दिल जीतने में कामयाब रहे। अब हनुमान सुग्रीव दास से राम के दूत बन गए। यह हनुमान की बुद्धि बल का श्रेष्ठ उदाहरण है।

राम का विश्वास जीतने के बाद हनुमान राम के विश्वास पात्र बन गए। राम जिस उद्देश्य के लिए भटकते हुए किष्किंधा क्षेत्र तक पहुंचे थे उसके विषय में सुग्रीव और हनुमान से विस्तार से चर्चा हुई। हनुमान जी ने राम को आश्वस्त किया कि वह माता सीता को खोजने में कोई कोर कसर नहीं छोड़ेंगे। हनुमान के आत्मविश्वास और दृढ़ संकल्प को देखते हुए राम ने हनुमान को अपनी अंगूठी देने का फैसला किया। हनुमान रामदूत बनकर सीता की खोज में लग गए।

राम दूत अतुलित बल धामा कौन हैं? यह सिद्ध करने के लिए तुलसीदास अगली पंक्ति में बताते हैं-अंजनि-पुत्र पवनसुत नामा, यानी यह अंजनी माता और पवन के पुत्र हैं, जिन्हें हम आदर से हनुमान कहते हैं। तुलसीदास जी इस वाक्य विन्यास के माध्यम से हनुमान के जन्म की कथा को इंगित करते हैं।

केसरी और अंजना को शक्तिशाली ऋषि विश्वम्भर के शिष्यों द्वारा बद्री नारायण के दर्शन के लिए आमंत्रित किया गया था। केसरी और अंजना हनुमान को लेकर हिमालय की चल पड़े। एक कठिन यात्रा के बाद वानर परिवार ने बद्रीनाथ की चोटियों तक की यात्रा पूरी कर ऋषि विश्वम्भर के समक्ष उपस्थिति हुए। ऋषि पूरे परिवार को भगवान बद्री नारायण के दर्शन के लिए ले गए।

शिशु हनुमान ने बद्री नारायण को देखते ही उत्साह से दोनों हाथ उठा कर जोर से कहा-'राम'। केसरी ने तुरंत अपने बेटे को समझाया कि यह बद्री नारायण का देवता है। उसी समय एक कर्कश आवाज सुनाई दी। बरसों पुरानी प्रतिज्ञा टूट गई थी। असंभव घटित हो चुका था। वहां उपस्थित किसी को भी इस बात पर कोई यकीन नहीं हो रहा था। ऋषि विश्वंभर आश्चर्यचकित थे। उन्होंने इतने समय से भगवान नारायण के नाम के अलावा कुछ और कहा था। सभी शिष्य इस अप्रत्याशित घटना रहस्य जानने की इच्छा से अपने गुरु के पास एकत्र हुए। शिष्यों को गुरु ने बताया-"राक्षसों के हाथों संत समुदाय को उत्पीड़न से बचाने की चिंता के कारण उन्होंने यह व्रत लिया था।"

इस व्रत की शुरुआत में भगवान ब्रह्मा ने भविष्यवाणी की थी कि जब एक मासूम बच्चे के मुंह से राम का नाम कहा जाएगा। यह राक्षसों के विनाश का कारण बनेगा। उन्होंने आगे बताया-"भगवान ब्रह्मा ने आगे भविष्यवाणी की थी कि भगवान राम और भगवान शिव हनुमान के रूप में नकारात्मक शक्तियों के विनाश करने के लिए अवतरित होंगे।"

तब ऋषि विश्वम्भर ने घोषणा की कि यह बच्चा कोई और नहीं बल्कि भगवान शिव और शक्ति का निवास है। उनके हृदय में सदैव भगवान राम निवास करेंगे और वह मिलकर आसुरी शक्तियों का नाश करेंगे। "सत्यवचन! यही राम हैं।"

❐

महाबीर बिक्रम बजरंगी।
कुमति निवार सुमति के संगी।।3।।

महान योद्धा, वज्र के समान वीर और पराक्रमी, आप बुरे विचारों को दूर करते हैं और शुद्ध मन वालों के साथी हैं।

सार

तुलसीदास जी ने हनुमान के विषय में हमें विस्तार से बताया और अब अगली चौपाई में वह हनुमान जी के साहस और पराक्रम के विषय में जानकारी देते हुए कहते हैं कि हनुमान वज्र के समान वीर एवं पराक्रमी हैं।

वज्र संस्कृत शब्द है जिसके दो अर्थ हैं-आकाशीय बिजली और हीरा। इसके अतिरिक्त वज्र का अर्थ युद्ध में जीता गया शस्त्र भी है। पुराणानुसार भाले के फल के समान एक शस्त्र जो इंद्र का प्रधान शस्त्र कहा गया है। इसकी उत्पत्ति की कथा ब्राह्मण ग्रंथों और पुराणों में लिखी हुई है। ऋग्वेद में उल्लेख है कि दधीचि ऋषि की हड्डी से इंद्र ने राक्षसों का ध्वस किया। ऐतरेय ब्राह्मण में इसका इस प्रकार विवरण है। दधीचि जब तक जीते थे, तब तक असुर उन्हें देखकर भाग जाते थे पर जब वे मर गए, तब असुरों ने उत्पात मचाना आरंभ किया। इंद्र दधीचि ऋषि की खोज में पुष्कर गए। वहाँ पता चला कि दधीचि का देहावसान हो गया। इस पर इंद्र उनकी हड्डी ढूँढने लगे। पुष्कर क्षेत्र में सिर की हड्डी मिली। उसी का वज्र बनाकर इंद्र ने असुरों का संहार किया। भागवत में लिखा है कि इंद्र ने वृत्रासुर का वध करने के लिये दधीचि की हड्डी से वज्र बनवाया था। मत्स्य-पुराण के अनुसार जब विश्वरकर्मा ने सूर्य को भ्रमयंत्र पर चढ़ाकर खरादा था, तब छिलकर जो तेज निकला था, उसी से विष्णु का चक्र, रुद्र का शूल और इंद्र का वज्र बना था। वामनपुराण में लिखा है कि इंद्र जब दिति के गर्भ में घुस गए थे, तब वहाँ उन्हें बालक के पास ही एक मांसपिंड मिला था। इंद्र ने जब उसे हाथ में लेकर दबाया, तब वह लंबा हो गया और उसमें सौ गाँठें दिखाई पड़ीं। वही पीछे कठिन होकर वज्र बन गया। इसी प्रकार और और पुराणों में भी भिन्न भिन्न कथाएँ हैं। पर्यायवाची हैं-ह्लादिनी। कुलिश। शतकोटि। शब। दंभोलि।

दंभ, इत्यादि। इसके अलावा विद्युत् यानी बिजली। बिजली का काम है गिरना या पड़ना।

आज वैज्ञानिकों ने यह सिद्ध कर दिया है कि आकाश से बिजली गिरना बिजली का एक डिस्चार्ज है। बिजली का एक ही झटका उसके आस-पास की हवा को $30,000^0$ सेंटिग्रेट या $54,000^0$ फेरेनाइट तक गर्म कर सकता है। इस अत्यधिक गर्मी के कारण हवा विस्फोटक रूप से तेज़ी से फैलती है। अपने विस्तार से बिजली एक तीव्र झटक देती है जो एक तरंग के रूप में आती है। इसके साथ ही वह एक तेज ध्वनि तरंग में बदल जाती है। जिसे गड़गड़ाहट के रूप में जाना जाता है।

वज्र का एक अर्थ है-हीरा। यह एक प्रकार का लोहा है। फौलाद है यह। वैद्यक के ग्रंथों में वज्रलौह के अनेक भेद कहे गए हैं। यह माला है। वज्र ज्योतिष में बाइस व्यतीपात योगों में से एक है। वज्र योग में जन्म लेने वाला जातक वज्र के समान ही बलवान और शक्तिशाली होता है। वज्रा के सामान ही इनके भुजाओ में अद्भुत शक्ति और बल होती है। यह अनेक प्रकार की विद्याओं में निपुण होते हैं तथा अस्त्र-शस्त्र चलाने में निपुण होते हैं। इन्हें आमतौर पर धन की कमी का सामना नहीं करना पड़ता है। वास्तुविद्या के अनुसार वह स्तंभ यानी खंभा है, जिसका मध्य भाग अष्टकोण हो। यह विष्णु के चरण का एक चिह्न। इसे अभ्रक भी कहते हैं। यह कोलिलाक्ष वृक्ष है। यह श्वेत कुश है। यह काँजी भी है। यह वज्रपुष्प है। यह धात्री है। यह थूहर का पेड़ या सेहूंड है। कृष्ण का एक प्रपौत्र जो अनिरुद्ध के पुत्र थे। विश्वामित्र के एक पुत्र का नाम। बौद्ध मत में चक्राकार चिह्न। बालक या शिशु। आसन की एक मुद्रा या स्थिति। बैठने का एक प्रकार। वज्र-आसन एक बैठने की मुद्रा है। अपनी एड़ियों पर पीठ के बल बैठकर और अपने घुटनों, पैरों और पंजों को एक साथ रखकर शुरुआत करें। पीठ को सीधा रखते हुए अपने हाथों की हथेलियों को अपनी जांघों के ऊपर रखें। अपने नथुनों से धीरे-धीरे सांस लें और इस स्थिति में कम से कम तीन मिनट तक बैठें। एक प्रकार का सैनिक व्यूह। रत्न, मणि आदि छेदने

का एक औजार। वज्रवत् कठोर एवं घातक अस्त्र। कठोर भाषा। वज्र की तरह कठोर भाषा। अकलबीर नाम का पौधा। वज्र के समान कठिन। बहुत कड़ा या मजबूत। अत्यंत दृढ़ और पुष्ट। जैसे यह मसाला जब सूखेगा, तब वज्र हो जायगा। घोर। दारुण। भीषण। जायसी का एक दोहा है-वज्र अगिनि बिरहिनि हिय जारा। सुलगि सुलगि दहि कै भइ छारा। जिसमें अनी या शल्य हो। अनीदार। काँटेदार। वामनपुराण में लिखा है कि इंद्र जब दिति के गर्भ में घुस गए थे, तब वहाँ उन्हें बालक के पास ही एक मांसपिंड मिला था। इंद्र ने जब उसे हाथ में लेकर दबाया, तब वह लंबा हो गया और उसमें सौ गाँठें दिखाई पड़ीं। वही पीछे कठिन होकर वज्र बन गया। इसी प्रकार और और पुराणों में भी भिन्न भिन्न कथाएँ हैं। पौराणिक कथाओं में वज्र में महत्वपूर्ण शक्ति और प्रतीकात्मक है।

"वज्र" शब्द संस्कृत से लिया गया है और इसका अनुवाद "वज्र" या "हीरा" के रूप में किया जा सकता है। यह अविनाशीता, शक्ति और अजेयता का प्रतिनिधित्व करता है। वज्र मुख्य रूप से देवताओं के राजा और वज्र और बिजली के स्वामी भगवान इंद्र से जुड़ा हुआ है। वज्र पीतल या कांसे से बना होता है, जिसके प्रत्येक सिरे पर चार कांटे होते हैं जो मध्य के पांचवें हिस्से के चारों ओर घूमते हुए कमल की कली का आकार बनाते हैं। नौ कांटों वाला वज्र कम ही इस्तेमाल किया जाता है। शरीर को वज्र जैसा बलवान बनाए? व्यायाम करें। नियमित शारीरिक व्यायाम करना शरीर को मजबूत बनाने का सबसे महत्वपूर्ण तरीका है। शारीरिक व्यायाम आपके लिए बल, सामर्थ्य और स्थायित्व को विकसित कर सकता है। वजन ट्रेनिंग, योग, कार्डियो व्यायाम, और कंपाउंड एक्सरसाइजेस जैसे विभिन्न प्रकार के व्यायाम करने का प्रयास करें। एक पौराणिक और अनुष्ठानिक उपकरण है, जो हीरे (अविनाशीता) और वज्र (अप्रतिरोध्य शक्ति) के गुणों का प्रतीक है। इसे एक दिव्य हथियार के रूप में वर्णित किया गया है जिसमें अपार शक्ति और अविनाशीता है। वज्र को अक्सर बीच में एक हैंडल के साथ दो सिर वाले, हीरे के आकार के हथियार के रूप में दर्शाया जाता है।

यह हीरे की अविनाशी प्रकृति और वज्र की अदम्य शक्ति दोनों का प्रतीक है। इन्द्र का प्रसिद्ध आयुध 'वज्र' है, जिसे कि विद्युत्-प्रहार से अभिन्न माना जा सकता है। इन्द्र के वज्र का निर्माण 'त्वष्टा' नामक देवता-विशेष द्वारा किया गया था। वज्र इंद्र के पास मौजूद शक्तिशाली हथियार है। जो बारिश, तूफान और बिजली के देवता हैं। शक्तिशाली भगवान ने सबसे पहले अपने हथियार का इस्तेमाल वृत्र नामक असुर पर किया था, जो ऋग्वेद में सूखे का प्रतीक है। दिव्य शक्तियाँ वो पवित्र शक्तियाँ होती हैं जो किसी भी मनुष्य को अच्छे कार्य करने के लिए प्रेरित करती हैं। इन शक्तियों का साथ किसी को अधिक मिलता है तो किसी को थोड़ा कम। ये शक्तियाँ हमारा साथ भी देती हैं और हमारी सहायता भी करती हैं। वज्र अनिरुद्ध और उनकी दूसरी पत्नी उषा का बड़ा बेटा था। गांधारी के श्राप के कारण हुई भयंकर तबाही के बाद वह यदु वंश का एकमात्र जीवित व्यक्ति था। पांडवों के वनवास से ठीक पहले यादव भ्रातृहत्या के बाद कृष्ण के अनुरोध पर वज्र को इंद्रप्रस्थ का राजा बनाया गया था। वज्र नामक अस्त्र को क्रोधी देवता वज्रपाणि जैसे लोग किसी बाहरी या आंतरिक बाधा को दबाने के लिए गदा की तरह प्रयोग करते हैं और इस प्रकार यह करुणा का एक साधन और ज्ञान की अविनाशी अवस्था की ओर ले जाने वाला एक कुशल साधन है। इंद्र को पापियों और अज्ञानी व्यक्तियों को मारने के लिए वज्र का उपयोग करते हुए वर्णित किया गया है। ऋग्वेद में कहा गया है कि यह हथियार दिव्य यंत्रों के निर्माता त्वष्ट्र द्वारा इंद्र के लिए बनाया गया था। संबंधित कहानी में बताया गया है कि इंद्र ने अपने हाथ में पकड़े वज्र का उपयोग करके असुर वृत्र का वध किया, जिसने एक सर्प का रूप धारण कर लिया था।

युद्ध में असाधारण वीरता दिखाने वाले को युद्धवीर कहा जाता है। जो व्यक्ति अत्यंत करुणा दिखाकर दूसरों को क्षमा करने का साहस रखता है, उसे दयावीर कहा जाता है। दान देने का साहस व्यक्ति को दानवीर बनाता है। बड़ी-बड़ी बाधाओं के बावजूद धर्म के मार्ग पर बने रहने का साहस

व्यक्ति को धर्मवीर बनाता है। और आसक्ति को त्यागने का साहस रखने वाले को त्यागवीर कहा जाता है। वीरता के इन उपप्रकारों में से प्रत्येक के लिए अत्यधिक साहस और संकल्प की आवश्यकता होती है। इस प्रकार के साहस में से एक को भी दुनिया द्वारा सराहा और पूजा जाता है।

जब हनुमान लंका में थे तो उन्होंने अकेले ही पूरी लंका सेना से युद्ध किया। रावण ने हनुमान को खत्म करने के लिए राक्षसों की भीड़ भेजी, लेकिन उनमें से कोई भी जीवित नहीं लौटा। उन्होंने अपने कुछ सर्वश्रेष्ठ लोगों को भेजा जिनमें जंबुमाली और उनके अपने बेटे अक्षय कुमार जैसे नायक शामिल थे। लेकिन वह सभी कब्र में समा गये। एक पूरी सेना के खिलाफ अकेले खड़े होने के लिए बहुत साहस और आत्मविश्वास की आवश्यकता होती है और वह भी अपने ही देश में बिना किसी सहयोगी के। हनुमान इतिहास के सबसे महान रणवीर थे। उन्होंने किसी व्यक्तिगत लाभ के लिए नहीं बल्कि दूसरों की मदद के लिए लड़ाई लड़ी। आपको हनुमान की एक भी कहानी नहीं मिलेगी जहां उन्होंने अपने लिए लड़ाई लड़ी हो।

हनुमान ने करुणा का जीवन जीया और कठिनाइयों के बावजूद दूसरों की सेवा करने के लिए खुद को समर्पित कर दिया। वह करुणामय जीवन जीने वाले एक आदर्श दयावीर थे। आज भी जब हम खुद को निराश और खोया हुआ पाते हैं, तो हम हनुमान की ओर रुख करते हैं। यह अच्छी तरह से जानते हुए कि उनकी करुणा सर्वव्यापी और अंतहीन है। इस दुनिया में बहुत से दानी लोग हैं। लेकिन वे दान में अपनी संपत्ति का केवल एक टुकड़ा ही देते हैं। लेकिन जो स्वयं दान करता है वह सबसे बड़ा दानवीर होता है। हनुमान अपने आप को उन लोगों के लिए पूरी तरह समर्पित कर देते हैं जो ईमानदारी से उनके हृदय को छू लेते हैं। एक बार जब हनुमान इस निर्णय पर पहुंचे कि राम उनके प्रति समर्पण के योग्य हैं, तो उन्होंने अपने मन, शरीर और शब्दों से पूरी तरह से भगवान राम के प्रति समर्पण कर दिया।

वानर सेना इस बात पर चर्चा कर रही थी कि 800 मील लंबे समुद्र को कौन पार करेगा? अंगद ने दावा किया-"मैं आसानी से समुद्र पार करके

लंका तक पहुंच सकता हूं।" अंगद ने उत्साह में अपनी बात कह तो दी किन्तु उसे यकीन नहीं था कि वह वापस आएगा या नहीं। अंगद को लंका के घातक आकर्षणों और प्रलोभनों के बारे में पता था। वह आत्म-नियंत्रण में अपनी सीमाओं और कमजोरियों को भी जानता था। उसे संदेह हुआ क्या वह लंका में प्रलोभनों का विरोध कर सकेगा और वापस आ सकेगा?

हनुमान ने लंका पहुंचने के लिए न केवल 800 मील का महासागर पार किया, बल्कि लंका के अंदर मौजूद प्रलोभनों के सागर को भी पार किया। वह एक वास्तविक धर्मवीर थे जिनमें जीवन के उच्च लक्ष्यों से ध्यान भटकाने के लिए बाधाओं के रूप में छिपे महान प्रलोभनों के बावजूद धर्म के मार्ग पर बने रहने का साहस था।

हनुमान अपने युग के सबसे शक्तिशाली और सक्षम व्यक्ति थे। उन्होंने भगवान राम के आजीवन अनुयायी बने रहने के लिए प्रसिद्धि और अनुयायी के प्रति अपना लगाव त्याग दिया। हनुमान सचमुच महावीर हैं। महावीर विक्रम बजरंगी।

हनुमान का अन्नप्राशन संस्कार हुआ। हनुमान ने पहले कुछ दाने खाए। उनकी भूख बढ़ गई। एक दिन वह भूख से करवटें बदल रहा था। नारद मुनि प्रकट हुए। उसे कुछ फल दिये। पर भूख नहीं मिटी। अंत में, नारद मुनि ने सूर्य की ओर इशारा किया। हनुमान ने सूर्य को कोई बड़ा फल समझकर एक छलांग लगा दी। एक बंदर के बच्चे को सूर्य की ओर बढ़ते देख घबराकर ग्रहों ने उसके पथ से दूर रहने के लिए अपनी कक्षाएँ बदलनी शुरू कर दीं। शुक्र, बुद्ध और बृहस्पति ग्रह अलग हो गए और उनकी स्थिति में अचानक बदलाव से पृथ्वी पर जबरदस्त अशांति पैदा हुई क्योंकि यह ग्रह ज्योतिषीय गणनाओं को प्रभावित करते हैं जो लोगों के जीवन को प्रभावित करते हैं। जब भगवान सूर्य ने आने वाली विपत्ति के छोटे समूह को देखा, तो उन्होंने अपने दोस्तों, काल, वरुण और अग्नि को रक्षा के लिए चिल्लाया। काल सबसे पहले पहुंचे। हनुमान पर हमला किया। एक तीव्र युद्ध हुआ। काल ने खुद को विशाल आकार में विस्तारित

किया और हनुमान ने तुरंत खुद को विस्तारित करके उसके बराबर कर लिया। तब हनुमान ने काल को चुनौती दी। उन्होंने कहा कि विस्तार तो कोई भी आसानी से कर सकता है, लेकिन सिकुड़ना केवल महान ही कर सकते हैं। हनुमान ने खुद को छोटा करना शुरू कर दिया काल अहंकार के जाल में फंस गया और उसने खुद को हनुमान से भी ज्यादा छोटा कर लिया। फिर हनुमान अपने मूल आकार में आ गए और उन्होंने काल को तभी जाने दिया जब उन्होंने उनसे विनती की और वादा किया उसके मामलों में हस्तक्षेप न करें। फिर अग्नि का उग्र आक्रमण हुआ। कोई भी नुकसान पहुंचाने में असमर्थ अग्नि को एहसास हुआ कि यह कोई और नहीं बल्कि रुद्र अवतार था। वह एक तरफ हट गया और उसकी जगह वरुणा की बर्फीली ठंडी मिसाइलों ने ले ली। उनमें से कोई भी हनुमान की सूर्य की ओर प्रगति को नुकसान नहीं पहुँचा सकता था या परेशान भी नहीं कर सकता था। काल, अग्नि और वरुण ने हार मान ली और सिर झुकाकर चले गये। नारद मुनि थोड़ी दूर से मुस्कुराये। वह देवताओं के अहंकार को विफल होते देख प्रसन्न हुए क्योंकि वे पहले रुद्र के इस वानर अवतार का मज़ाक उड़ा रहे थे। हनुमान सूर्य से केवल कुछ इंच की दूरी पर थे। राहु को दूसरी दिशा से सूर्य की ओर आ रहा था। अब दो दावेदार सूरज को निगलने के लिए दौड़ रहे थे। सूरज फँसा हुआ और डरा हुआ था। राहु को आसानी से हराकर, हनुमान खतरनाक ढंग से सूर्य की ओर बढ़े। अंतिम उपाय के रूप में, सूर्य देव ने हनुमान को उनके करीब आने के गंभीर परिणामों के बारे में चेतावनी देने की कोशिश की। जब हनुमान ने उनकी चेतावनियों को नजरअंदाज कर दिया, तो उन्होंने अपना गुस्सा बढ़ा दिया। गर्मी इतनी प्रचंड हो गई कि संपूर्ण ब्रह्मांड से पसीना निकलने लगा। पृथ्वी के निवासियों को इस बात का कोई अंदाज़ा नहीं था कि अब अचानक असहनीय गर्मी क्यों बढ़ गई है। भूख की पीड़ा सहन करने में असमर्थ हनुमान ने सूर्य को पकड़ लिया। जब पूरी दुनिया अंधकार में डूबी हुई थी।

हनुमान को उनकी गलती के लिए दंडित करने और उन्हें आकाश से

सूर्य को छीनने से रोकने के लिए देवताओं के राजा इंद्र ने हस्तक्षेप किया और हनुमान पर वज्र से प्रहार किया। यह वज्र हनुमान की ठोड़ी पर लगा और वह मृत अवस्था में धरती पर गिर पड़े और उनका जबड़ा टूट गया। छोटे बंदर का दुस्साहस देखकर इंद्र का सिर चकरा गया, जिसका मुंह सूर्य से सूजा हुआ था। क्रोध में आकर उसने अपना वज्र अस्त्र सीधे हनुमान के चेहरे पर फेंक दिया। वज्र का प्रहार सीधा हनुमान पर हुआ और उसका जबड़ा तोड़ दिया। प्रहार इतना तीव्र था कि हनुमान पीछे की ओर धकेल दिए गए और बेहोश होकर गिर पड़े। उसका मुँह उसकी ठुड्डी पर अनायास ही खुल गया।

हनुमान को उनके पिता ने अपने गिरते हुए हनुमान को पकड़ा और एक गुफा में सुरक्षित स्थान पर ले गये। वह अपने बेटे पर अनुचित हमले से क्रोधित हो गए। उन्होंने दुनिया से सारी हवा वापस ले ली। प्राण वायु की कमी से दुनिया में हाहाकार मच गया। हनुमान के पिता वायु को प्रसन्न करने के लिए भगवान ब्रह्मा सहित सभी देवता वायु के सामने उपस्थित हुए। घायल पुत्र के लिए क्षमा मांगी। उन्होंने बच्चे को पुनर्जीवित किया और उसे अनंत आशीर्वाद दिए जिससे बच्चा शक्तिशाली, अपराजेय और सचमुच अमर हो गया। तब एक और वरदान हनुमान को मिला। उसका शरीर इंद्र के वज्र के समान मजबूत हो जाएगा। इस वरदान के साथ ही हनुमान को एक नया नाम मिला बजरंगी। यानी जिसका शरीर वज्र के समान मजबूत हो। वह महावीर विक्रम बजरंगी।

सुग्रीव के सेवक हनुमान बिना निमंत्रण के ही बन गए। सूर्य देव ने हनुमान सुग्रीव की रक्षा के लिए नियुक्त किया था। सुग्रीव और बाली दोनों भाई थे। बाली हर दिन अपने भाई के सिर पर 12 बार लात मारता था। सुग्रीव ऋषिमुख नामक पर्वत पर रहता था। जिस पर शाप के कारण बाली अपना पैर नहीं रख सकता था। ऋषि मतंग पहाड़ पर कदम रखे बिना हवाई मार्ग से उन पर हमला करने में कामयाब रहे। बाली को चार महासागरों से ऋषिमुख पर्वत तक पहुंचने के लिए छलांग लगानी पड़ती थी। अपने

अगले गंतव्य पर जाने से पहले अपने असहाय भाई के सिर पर लात मारनी पड़ती थी। हनुमान सुग्रीव के जीवन में आने से समीकरण बदल गए। अगली बार जब बाली ने सुग्रीव के सिर पर लात मारने का प्रयास किया, तो हनुमान ने हवा में ही उसके पैर पकड़ लिए। उन्होंने बालि को पर्वत छूने के प्रयास में उसके पैरों को नीचे खींच लिया, जिससे मतंग ऋषि का श्राप तुरंत प्रभाव में आ गया और बाली का अत्याचार हमेशा के लिए समाप्त हो गया।

बाली ने हनुमान से विनती की कि वह उसे छोड़ दे। वादा किया कि वह सुग्रीव को फिर कभी परेशान नहीं करेगा। बाली ने एक अविस्मरणीय सबक सीखा और सुग्रीव को दर्द से राहत मिली। उन्होंने अपने नवनिर्वाचित संरक्षक-सह-मार्गदर्शक के प्रति आभार व्यक्त किया। इस प्रकार, जिस क्षण से हनुमान ने रामायण में प्रवेश किया, उन्होंने उन लोगों को नष्ट करने की घोषणा की जो बुरे दिमाग से अधर्म का समर्थन करते हैं, जबकि वे उन लोगों के साथ खड़े थे जो सकारात्मक, उत्थानशील धार्मिक विचारों को आश्रय देते हैं, इस प्रकार उन्हें बुराई का विनाशक और साथी माना जाता है।

❐

कंचन बरन बिराज सुबेसा।
कानन कुण्डल कुँचित केसा।।4।।

तुम्हारा शरीर सुनहरे रंग का है, और तुम सुंदर रूप से सजी हुई हो। तुम कानों में कुण्डल पहनती हो और तुम्हारे बाल घुंघराले हैं।

सार

हनुमान की मां अंजना ने उनका नाम सुंदर रखा। सुंदर नाम रखने के पीछे कारण यह था कि मां अंजना चाहती थीं कि उनका बच्चा बाहरी सुंदरता के साथ आंतरिक रूप से सुंदर हो। सूर्य के प्रकाश का प्रभाव हनुमान के शरीर पर पड़ा। हनुमान के शरीर पर सूर्य की सुनहरी आभा थी। यही वजह है कि उन्हें कंचना बरन के नाम से जाना जाता है। ऐसा माना जाता है कि हनुमान का सुनहरा रंग तब और बढ़ गया जब उन्होंने माता सीता की खोज में दक्षिण की यात्रा शुरू की।

रात के अंधेरे को दूर कर दिया और इससे भी महत्वपूर्ण बात यह है कि अज्ञानता का अंधेरा। इस प्रकार हनुमान वानर सेना के लिए मार्गदर्शक शक्ति बन गए जो सीता की खोज में दक्षिणी क्षेत्र की खोज कर रही थी। यह उनके कंचना बरना की व्याख्या करता है सुनहरे रंग का शरीर।

जब हनुमान ने लंका में रावण के महल में प्रवेश किया, तो उन्होंने सब कुछ खोजा और अंत में शाही शयनकक्ष में प्रवेश किया। साधारण बिस्तरों के समुद्र में हनुमान ने कमरे के मध्य में सफेद छतरी के साथ भव्य पत्थर से जड़ा हुआ विशाल सुनहरा बिस्तर देखा। इसमें एक नरम भेड़ की खाल और रेशम की चादर थी और बिस्तर की चौकी के स्थान पर चार महिलाएँ बड़े रेशम के पंखे लहरा रही थीं, जो दिव्य धूप से सुगंध प्रसारित करने में मदद करते थे। सैकड़ों महिलाओं के बीच बिस्तर पर गहरी नींद में सोया हुआ व्यक्ति था-लंकाधिपति शक्तिशाली रावण। बिस्तर के बगल में लगे सुनहरे लैंप की तेज रोशनी ने उसके जवां शरीर को सुनहरी चमक प्रदान कर दी। रावण भरे हुए आकाश में चंद्रमा के समान था।

लंका के अशोक वन का अनोखा दृश्य देखकर हनुमान आश्चर्यचकित

हो गए। फिर सीता को पाकर हनुमान बहुत प्रसन्न हुए। वह उसकी पूँछ को चूमते हुए इधर-उधर उछलने लगा, उछलने लगा, हँसने लगा और गाने लगा।

वानर बालक का जन्म उसके दोनों कानों में बालियों के साथ हुआ था। लेकिन वह सब नहीं था। वे बालियाँ उन पाँच धातुओं से बनी थीं जिन्हें बाली ने अपनी माँ को खिलाया था। धातु मिश्रण को सुंदर बालियों में बदल दिया गया था जो बच्चे के कानों को सुशोभित कर रहे थे। तब से, बाल हनुमान कई गुणों के लिए प्रसिद्ध थे, लेकिन उनमें से जो सबसे खास था वह था उनकी रहस्यमयी बालियां। कानन कुंडला कुंचिता केसा।

अपने हाथ में इस सबसे घातक तरल हथियार के साथ, वली अपने कक्ष से बाहर चला गया। अपनी सबसे भरोसेमंद नौकरानी को बुलाकर, उन्होंने उसे गर्भवती अंजना को पिलाने के निर्देश के साथ तरल पदार्थ सौंप दिया, जो एक वानर महिला थी और वानर सेना के एक वर्ग के प्रमुख केसरी की पत्नी थी। नौकरानी अंजना के शयनकक्ष में चली गई और बड़े विश्वास के साथ, गर्भवती महिला को जहर की पेशकश की और उसे आश्वासन दिया कि यह सब उसके गर्भ में बच्चे के स्वास्थ्य और त्वरित विकास के लिए है। अंजना ने कृतज्ञतापूर्वक वह द्रव्य स्वीकार कर लिया। नौकरानी ने तब तक इंतजार किया जब तक अंजना ने पूरी औषधि नहीं पी ली। जब उसने खुद महिला को तरल पदार्थ पीते देखा तो वह खाली बर्तन लेकर चली गई।

❐

हाथ बज्र औ ध्वजा बिराजे।
कांधे मूंज जनेउ साजे।।5।।

आप अपने हाथों में गदा और ध्वज रखते हैं और कंधे पर मुंजा घास से बना पवित्र धागा पहनते हैं।

सार

हनुमान को जन्म देने के कुछ वर्ष बाद श्राप की अवधि पूरी होने पर माता अंजना को अपने दिव्य निवास में लौटना पड़ा। हनुमान अपनी माँ को वापस पाना चाहते थे। हनुमान अपनी मां को वापस लाने की कोशिश करने के लिए स्वर्गलोक की ओर रवाना हुए।

केसरी ने अपनी ओर से भी कुछ प्रयास करने का फैसला किया। वह मतंग ऋषि नामक एक शक्तिशाली ऋषि के पास गये। मतंग ऋषि ने एक यज्ञ शुरू किया जो केसरी को योग के माध्यम से स्वर्ग में ले जाएगा।

हनुमान स्वर्ग पहुंचे जहां उनकी मुलाकात उर्वशी से हुई। उर्वशी ने हनुमान को समझाया कि माँ को वापस ले जाना संभव नहीं है। तब तक अंजना ने पुंजकस्थली के रूप में अपना मूल रूप प्राप्त कर लिया था। हनुमान ने इसके बारे में कुछ भी नहीं सुना था, इसलिए उर्वशी ने सुझाव दिया कि एकमात्र व्यक्ति जो उनकी मदद कर सकता है वह दुर्वासा मुनि हैं जिन्होंने शुरुआत में उसे श्राप दिया था। हनुमान तुरंत यक्षलोक में बंदी बनाए गए दुर्वासा मुनि से मिलने के लिए निकल पड़े। यह एक लंबा प्रसंग है। स्थान अभाव के कारण यहां विस्तार देना संभव नहीं है।

हनुमान जी ने अनेक बाधाओं को पार करते हुए संघर्ष को अपने पक्ष में किया। यक्षों के चंगुल से दुर्वासा मुनि की रिहाई के लिए न केवल देवता आभारी थे। सप्तऋषियों ने भी उनका आभार व्यक्त किया। ऐसे थे दुर्वासा मुनि हनुमान के आभारी हैं कि वह पुंजकस्थली को अनुमति देने के लिए सहमत हुए इंद्र ने स्वयं हनुमान और उनकी मां के साथ पृथ्वी लोक पर किष्किंधा की वापसी यात्रा पर जाने का फैसला किया।

जब वह तीनों अपने रास्ते पर थे, तो उन पर विद्युत्सुर नामक राक्षस ने हमला किया, जिसे रावण ने भेजा था। वह रावण के सबसे शक्तिशाली राक्षसों में से एक था। इंद्र ने हनुमान को सलाह दी कि वह अपनी मां के साथ आगे बढ़ें जबकि वह उस राक्षस की देखभाल करेंगे। लेकिन हनुमान एक अच्छी लड़ाई से मुंह मोड़ने के मूड में नहीं थे। इसके अलावा, संकट के दौरान इंद्र का साथ देना उसका नैतिक कर्तव्य था। विद्युत्सुर ने अनुमान से अधिक तेजी से इंद्र पर हमला किया और परिणामस्वरूप इंद्र का हथियार उसके हाथ से फिसल गया। अत्यंत सतर्क हनुमान वज्र हथियार लेने के लिए कूद पड़े। विद्युत्सुर ने घूमकर हनुमान का सामना किया, जो अब तक युद्ध के लिए खुद को तैयार कर चुके थे, जबकि उनकी पूरी राक्षसी रक्षा कर रही थी। अंजना के रूप में वानर रूप में उनके साथ लौटें। जब इंद्र राक्षस सेना को नष्ट करने में व्यस्त थे, तब हनुमान ने विद्युत्सुर पर हमला करने के लिए ऊंची छलांग लगाई। सेना ने हमला कर दिया।

हनुमान ने अपने दाहिने हाथ की एक तेज चाल से तेज धार वाले वज्र हथियार से विद्युत्सुर का गला काट दिया। कुछ ही देर में राक्षसों के पास जो कुछ बचा था वह शवों का ढेर था। हनुमान ने इंद्र को लौटाने के लिए वज्र बढ़ाया। जब इंद्र ने इसे वापस लेने के लिए अपना हाथ बढ़ाया, तो एक जोरदार आकाशीय घोषणा हुई कि वज्र अब हनुमान का है। जिन्होंने स्वर्गलोक को राक्षसों से बचाया था और इंद्र को इसे उन्हें अपने पास रखने देना चाहिए। इंद्र ने ख़ुशी से हनुमान को विजय ध्वज के साथ वज्र अस्त्र उपहार में दिया और जीवन में हर युद्ध में सदैव विजयी रहने का आशीर्वाद दिया। इंद्र ने यह भी घोषणा की कि उस दिन से हनुमान को वज्रधारी और ध्वजाधारी के रूप में जाना जाएगा। हत्था बज्र औ ध्वजा बिराजै शाब्दिक अनुवाद यह है कि हनुमान अपने हाथों में वज्र और ध्वज धारण करते हैं। वज्र का अर्थ है वज्र, भगवान इंद्र का एक हथियार, और ध्वज का अर्थ है झंडा। वज्र और ध्वज भी केवल भौतिक वस्तुओं के बजाय हनुमान के हाथों की रेखाओं का उल्लेख करते हैं जिन्हें वे ले जाते थे। उनकी हथेलियों

पर वज्र और ध्वज की रेखाएं क्रमशः अपार शक्ति और प्रसिद्धि का प्रतीक हैं।

अपने निर्वासन के दौरान पांडवों ने कई जंगलों की यात्रा की। कई ऋषियों से मुलाकात की। ये बहुत दुख के समय थे, अपनी सारी संपत्ति खो दी थी और बहुत अपमानित होना पड़ा था। ऐसे निराशाजनक समय के दौरान, पांडव भाइयों ने अपने दर्द से निपटने में मदद के लिए ऋषियों से ज्ञान मांगा। ऋषियों ने अतीत में राजाओं के बारे में विभिन्न इतिहास सुनाए जिन्होंने जीवन में चुनौतियों का सम्मान के साथ सामना किया। ऐसे ही एक को दीर्घायु का आशीर्वाद मिला। मार्केंडेय ऋषि ने उस समय के बारे में बताया, अर्जुन ने महान ऋषि मार्केंडेय से बातचीत की, जिन्होंने भगवान राम की कहानी बताई और कैसे उन्होंने अपनी पत्नी को बचाने के लिए समुद्र पर पुल बनाने के लिए बंदरों की सेना की मदद ली।

अर्जुन की मदद की, एक संदेह ने उसे परेशान कर दिया। हालाँकि उन्होंने मार्केंडेय ऋषि से राम के संघर्ष और दृढ़ संकल्प की कहानी नहीं पूछी, लेकिन वे इस पर विचार करते रहे। जब वह एक झील के किनारे खड़ा अपने संदेह के बारे में सोच रहा था कि राम इतने शक्तिशाली धनुर्धर थे तो उन्हें एक पुल बनाने के लिए बंदरों की सेना का उपयोग करने की आवश्यकता क्यों पड़ी जो आसानी से तीरों का उपयोग करके बनाया जा सकता था, एक बूढ़ा बंदर आया और खड़ा हो गया उसके बाद। जैसे कि अर्जुन के विचारों को आगे बढ़ाते हुए, बंदर ने कहा कि बाणों के पुल के लिए बंदरों की सेना का वजन झेलना असंभव होगा। अर्जुन ने असहमति जताई और तर्क दिया कि एक विशेषज्ञ धनुर्धर अपने तीरों से कोई भी लक्ष्य हासिल कर सकता है। दरअसल, उन्होंने घमंड किया था कि उनके जैसा एक छोटे समय का तीरंदाज़ भी उस उपलब्धि को आसानी से हासिल कर सकता था। बूढ़े वानर ने अर्जुन को झील पर तीरों का एक पुल बनाने की चुनौती दी, जो उसके कमजोर वजन को संभाल सके। एक मिनट के भीतर, अर्जुन ने बाणों का एक पुल बनाया। उन्होंने कहा यदि बंदर के वजन से यह

पुल ढह गया तो वह अपनी जान दे देंगे। बंदर ने उस पर कदम रखने की भी जहमत नहीं उठाई, बल्कि अपनी पूँछ उस पर गिरा दी और पुल ढह गया।

बूढ़े बंदर ने अर्जुन से अधिक ध्यान के साथ फिर से प्रयास करने का आग्रह किया। अर्जुन ने एक मजबूत पुल बनाया और इस बार यह बंदर का वजन सहन कर गया। लेकिन जब बंदर बीच में पहुंचा तो वह गिर गया। निराश होकर अर्जुन अपना जीवन समाप्त करने के लिए तैयार थे। तभी, एक बूढ़ा ब्राह्मण प्रकट हुआ और उसे चिता में कूदने से रोका। उन्होंने उन दोनों से कहा कि दो लोगों के बीच किसी भी संघर्ष के लिए एक तटस्थ गवाह की आवश्यकता होती है। यदि उन्होंने एक बार कोशिश की तो ब्राह्मण गवाह बनने के लिए तैयार हो गए।

एक बार फिर से अधिक से अधिक के साथ एक पुल, अर्जुन ने एकाग्रता बनाई। बंदर उस पर चला गया लेकिन कुछ नहीं हुआ। वह उस पर कूद पड़ा और फिर भी कुछ नहीं हुआ। बूढ़े बंदर ने अपना भेष त्याग दिया और अपना असली हनुमान रूप धारण कर लिया। अपने आप को विशाल आकार में फैलाकर वह पुल पर कूदने लगा, फिर भी कुछ नहीं हुआ। वह दोनों चौंक गये। पुल इतना वजन कैसे सह सकता है? तब उन्हें पता चला कि वह बूढ़ा ब्राह्मण कोई और नहीं, बल्कि उनके पूज्य भगवान हनुमान हैं। अर्जुन ने उन्हें कृष्ण के रूप में देखा और हनुमान ने उन्हें राम के रूप में देखा। भगवान के चरणों ने उन्हें कभी भी घमंड न करने का वचन दिया। तब भगवान ने अपने दोनों भक्तों को आशीर्वाद दिया और इच्छा व्यक्त की कि वह दोनों कौरवों के खिलाफ आगामी युद्ध के लिए एकजुट हों। भगवान ने हनुमान को अर्जुन के रथ के ध्वज पर बैठने का निर्देश दिया। अर्जुन के ध्वज पर हनुमान की उपस्थिति शुभता की घोषणा करेगी और उनकी आसन्न जीत की घोषणा के रूप में काम करेगी। हनुमान ही थे जिन्होंने रावण के विरुद्ध युद्ध में भगवान राम की विजय पताका थामी थी, इसलिए अर्जुन की ध्वजा पर उनकी उपस्थिति निश्चित जीत का संकेत देती थी।

हनुमान भगवान के प्रत्येक भक्त के रथ के ध्वज पर बैठते हैं, जो भ्रामक

ताकतों के खिलाफ उनकी जीत का संकेत देते हैं। इस प्रकार हनुमान ध्वज विराजे हैं, जो विजय ध्वज पर बैठते हैं या जो विजय ध्वज को धारण करते हैं। हनुमान को युद्ध रथ पर रखने की प्रथा त्रेता युग में युद्ध के दौरान भगवान श्री राम द्वारा स्थापित की गई थी, जब इंद्र ने श्री राम के लिए एक रथ भेजा था। श्री राम ने रथ का सम्मान करने के लिए उसकी परिक्रमा की। फिर हनुमान को अपने साथ बैठाया। अपने स्वयं के निजी सहायक के रूप में। हाथ बज्र औ ध्वजा बिराजै

सबसे पहले उन्हें अंगवाहन ऋषि के संरक्षण में रखा गया। वहां सीखने के थोड़े समय के बाद, उनके पिता केसरी को लगा कि अगर उन्हें अधिक अनुभव दिया जाए तो वे बेहतर करेंगे और पवन देवता से परामर्श करने के बाद, उन्होंने हनुमान को सूर्य देव से सीखने के लिए भेजने का फैसला किया। जब वे सूर्य के संरक्षण में थे, भगवान राम ऋषि वशिष्ठ के संरक्षण में थे। एक दिन कुछ दिलचस्प हुआ। हनुमान सूर्य ग्रह पर धनुर्विद्या सीख रहे थे और राम पृथ्वी पर वशिष्ठ के आश्रम में धनुर्विद्या सीख रहे थे। हनुमान ने पृथ्वी की ओर और राम ने आकाश की ओर तीर चलाया। दोनों बाण हवा में टकराए और भयंकर ध्वनि उत्पन्न हुई जो पूरे ब्रह्मांड में गूंज उठी। सीखने के माध्यम से यह उनका पहला जुड़ाव था।

इसके बाद हनुमान संगीत कौशल हासिल करने के लिए नारद मुनि के संरक्षण में चले गए। नारद मुनि ने उन्हें गायन और वाद्ययंत्र बजाना सिखाया। हनुमान हर चीज में इतने निपुण हो गए कि उनके शिक्षक भी उनसे बहुत प्रभावित हुए। एक बार नारद मुनि ने उनकी विद्या की परीक्षा लेने के लिए उनसे एक खास गाना गाने को कहा। हनुमान ने इसे इतनी मधुरता से गाया कि इससे नारद मुनि का हृदय पिघल गया। हनुमान से मंत्रमुग्ध होकर नारद मुनि ने अपनी आंखें बंद कर लीं और उन्हें पता ही नहीं चला कि कब उनकी वीणा उनके हाथ से छूटकर जमीन पर गिर गई। आश्चर्यजनक रूप से, हनुमान के गायन का प्रभाव केवल सजीव प्राणियों पर ही नहीं, बल्कि पत्थरों और चट्टानों जैसी निर्जीव वस्तुओं पर भी पड़ा।

गीत के आनंद में कठोर पत्थर पिघल गये। नारद मुनि की वीणा भी उन पिघले हुए पत्थरों में से एक पर गिरी।

जब हनुमान ने गाना बंद किया, तो हर चीज ने अपना मूल आकार ले लिया और पिघले पत्थरों ने अपनी कठोरता वापस पा ली। दुर्भाग्य से, वीणा अब कठोर पत्थर में फंस गयी। नारद मुनि ने हनुमान से अपनी वीणा छुड़ाने के लिए फिर से गाने का अनुरोध किया। हनुमान ने आज्ञा मानने से इंकार कर दिया और इधर-उधर भागने लगे। असहाय नारद मुनि उस शरारती लड़के को पकड़ने की कोशिश में उसके पीछे दौड़े। काफी दौड़ने के बाद, हनुमान मूल स्थान पर लौट आए और गाना गाया। जल्द ही वीणा छूट गई और फिर से नारद मुनि के हाथों में आ गई। जब उन्होंने हनुमान से पूछा कि उन्होंने उन्हें क्यों परेशान किया है, तो हनुमान ने बहुत दिलचस्प जवाब दिया। उन्होंने खुलासा किया कि वह चाहते थे कि उनके गुरु के चरणों की धूल हर जगह गिरे और इसे पवित्र किया जाए। ऐसा करने की यह हनुमान की शैली थी।

जनेऊ, वैदिक ग्रंथों के ज्ञान का प्रतिनिधित्व करता है। ब्राह्मणों द्वारा पहना जाने वाला एक पवित्र धागा जनेऊ धारण करना विद्यार्थी होने का सूचक है। हनुमान एक शाश्वत छात्र रहे, जो हमेशा कई शिक्षकों से सुनने और सीखने में लीन रहते थे। इस प्रकार एक पवित्र धागा हमेशा उनके कंधों पर रहता है, जो एक छात्र के रूप में उनकी शाश्वत भूमिका की घोषणा करता है जो हमेशा सीखने के लिए उत्सुक रहता है। काधे मुंज जनेऊ साजै हनुमान के कंधे पर जनेऊ का अर्थ यह भी है कि हनुमान शास्त्रों में पारंगत थे, क्योंकि वे पवित्र थे। धागा समारोह एक व्यक्ति को वैदिक साहित्य के औपचारिक अध्ययन में दीक्षित करता है। एक बार राम ने स्वयं हनुमान को ब्रह्मविद्या का रहस्य समझाया था। श्री राम रहस्य उपनिषद में कहा गया है कि सनक, सनंदन, सनातन और सनत कुमार जैसे महान ऋषियों और संतों ने हनुमान से राम तत्व के छिपे रहस्यों को सीखा था। प्रह्लाद जैसे अन्य ऋषि उनके शिष्य थे। जनेऊ साजे में धागे को हनुमान के आभूषण के रूप में वर्णित किया गया है जो उनके ज्ञान का खजाना था। ❐

शंकर सुवन केसरी नंदन।
तेज प्रताप महा जग वंदन।।6।।

आप भगवान शिव के अवतार और केसरी के पुत्र हैं। आपकी महिमा और पराक्रम पूरे ब्रह्मांड में पूजनीय है।

सार

अनेक पुराणों में हनुमान जी के चरित्र का अनेक रूपों में वर्णन मिलता है। हनुमान जी शंकर- सुवन, पवनतनय, केसरीनन्दन, आञ्जनेय और साक्षात् शंकर के रूप में वर्णित हैं। हनुमान जी के विभिन्न नाम रहस्यपूर्ण प्रसंगों से संबंधित हैं। हनुमान की जन्म-कथा दिव्य एवं रहस्यमयी है।

रुद्रावतार श्रीहनुमान, प्राचीन ग्रंथों में उल्लेख मिलता है कि एक बार भगवान शंकर भगवती सती के साथ कैलास पर्वत पर विराजमान थे। प्रसंगवश भगवान शंकर ने सती से कहा-"प्रिये! जिनके नामों को रट-रटकर मैं गदगद होता रहता हूँ। वह मेरे ही प्रभु अवतार धारण कर के संसार में आ रहे हैं। सभी देवता उनके साथ अवतार ग्रहण करके उनकी सेवा का सुयोग प्राप्त करना चाहते हैं। तब मैं ही उससे क्यों वंचित रहूँ? मैं भी वहीं चलूँ और उनकी सेवा करके अपनी युग-युग की लालसा पूर्ण करूँ।" भगवान शंकर की यह बात सुनकर सती ने सोचकर कहा–"प्रभो! भगवान का अवतार इस बार रावण को मारने के लिये हो रहा है। रावण आपका अनन्य भक्त है। यहाँ तक कि उसने अपने सिरों को काटकर आपको समर्पित किया है। ऐसी स्थिति में आप उसको मारने के काम में कैसे सहयोग दे सकते हैं?" यह सुनकर भगवान शंकर हँसने लगे। हंसते-हंसते उन्होंने कहा-"देवि! जैसे रावण ने मेरी भक्ति की है, वैसे ही उसने मेरे एक अंश की अवहेलना भी तो की है। तुम जानती ही हो कि मैं ग्यारह स्वरूपों में रहता हूँ। जब उसने अपने दस सिर अर्पित कर मेरी पूजा की थी, तब उसने मेरे एक अंश को बिना पूजा किये ही छोड़ दिया था। अब मैं उसी अंश से उसके विरुद्ध युद्ध करके अपने प्रभुकी सेवा कर सकता हूँ। मैंने वायु देवता के द्वारा अंजना के गर्भ से

अवतार लेने का निश्चय किया है।" यह सुनकर भगवती सती प्रसन्न हो गयीं।

एक अन्य कथा में वर्णन मिलता है-मोहिनी रूप दर्शन से स्खलित हुए शम्भु वीर्य के विषयमें भगवान् विष्णु विचार करने लगे कि इस शम्भु-सम्भूत शुक्र का क्या उपयोग किया जाय? कुछ सोच-विचार कर उन दोनों (विष्णु और शम्भु) ने मुनियों का रूप धारण किया और उस वीर्य को पत्र-द्रोण में लेकर वन-ही-वन आगे बढ़े। कुछ दूर जाने पर उन लोगों ने एक कन्या देखी। जो घोर तपस्या में निरत थी। वह उसके पास जाकर बोले-"तपस्विनी कन्या! यह क्या कर रही हो? बिना दीक्षा लिये तुम्हारी तपस्या सफल नहीं हो सकती। अतः शीघ्र ही किसी योग्य मुनि से दीक्षा ले लो।" तपोनिष्ठ कन्या अंजना ने उन दोनों मुनियों की बात सुनकर मन में विचार किया-"ये तो सर्वकालद्रष्टा हैं। मेरे भूतकाल की बात को सत्य-सत्य कह रहे हैं। अतः क्यों न इन्हीं से मंत्र-दीक्षा ले ली जाय।" यह सोचकर अंजना बोली-"मुनिवर! आप योग्य एवं समर्थ हैं। मैं दीक्षित होने के लिये और कहाँ भटकूँगी? आप लोग ही मुझे मन्त्र-दीक्षा दे दें।"

तब मुनि रूपधारी विष्णु ने अंजना को मन्त्र-दीक्षा दी। दीक्षा देते समय उन्होंने शम्भु-वीर्य को मन्त्र से अभिमन्त्रित कर कान द्वारा अंजना के गर्भ में स्थापित कर दिया। उस शम्भु-शुक्र से उद्भूत हनुमान जी अंजनी नन्दन शंकर सुवन कहलाये। 'पवनतनय' श्रीहनुमान, अप्सराओं में परम रूपवती पुंजिकस्थला नाम की एक लोक विख्यात अप्सरा थी। इसी ने ऋषि के शाप से कामरूपिणी वानरी होकर पृथ्वी पर जन्म ग्रहण किया था। वही कपि श्रेष्ठ केसरी की भार्या होकर 'अंजना' नाम से विख्यात हुई। पर्वत श्रेष्ठ सुमेरु पर केसरी राज्य शासन करते थे। अंजना उसकी एक प्रियतमा पत्नी थी। वानरपति केसरी और अंजना दोनों एक दिन मनुष्य का वेष धारणकर पर्वत-शिखर पर विहार कर रहे थे। अंजना का मनोहर रूप देखकर पवन देव मोहित हो गये और उन्होंने उसका आलिङ्गन किया। साधु चरित्रा अंजना ने आश्चर्यचकित होकर कहा-"कौन दुरात्मा मेरा पतिव्रत्य-धर्म नष्ट करने को तैयार हुआ है? मैं अभी शाप देकर उसे भस्म कर दूँगी।"

सती-साध्वी अंजना की यह बात सुनकर पवन देव ने कहा-"सुश्रोणि! मैंने तुम्हारा पतिव्रत्य नष्ट नहीं किया है। यदि तुम्हें कुछ भी संदेह हो तो उसे दूर कर दो। मैंने मानसिक संस्पर्श किया है। उससे तुम्हें एक पुत्र होगा, जो शक्ति एवं पराक्रममें मेरे समान होगा। भगवान का सेवक होगा और बल-बुद्धि में अनुपमेय होगा। मैं उसकी रक्षा करूँगा।" इस प्रकार भगवान शंकर ने अंशरूप से वायु का माध्यम लेकर अंजना के गर्भ से पुत्र उत्पन्न किया। जो भविष्य में शंकर सुवन, पवनपुत्र, केसरीनन्दन, आंजनेय आदि कहलाया। वह ही श्रीहनुमान अपनी अद्वितीय सेवा-चर्या से भगवान श्रीराम के अभिन्न अङ्ग बन गये।

एक और कथानक मिलता है। अंजना पहाड़ों की एक गुफा में ध्यान कर रही थी। जब वह ध्यान में लीन थी। कोई और उसकी खूबसूरती का ध्यान कर रहा था। शम्बासाधना नाम का राक्षस पिछले कुछ दिनों से वासना से ग्रस्त होकर उस पर नजर रख रहा था। जब वह उसके पास आया, तो अंजना घबरा गई और उसके चंगुल से बचने के लिए भाग गई। वह किसी तरह शक्तिशाली ऋषियों के एक गाँव में पहुँची। जब उसने उन्हें एक राक्षस द्वारा पीछा किये जाने की अपनी परेशानी बताई। ऋषियों ने उत्तर दिया कि एकमात्र व्यक्ति जो उसकी रक्षा कर सकता था वह वानर सरदार केसरी था। और कैसा संयोग है! जैसे ही उन्होंने उसका नाम बताया, केसरी आ गये। जल्द ही शम्बासाधना और केसरी के बीच भयानक युद्ध शुरू हो गया। दोनों इतने शक्तिशाली और कुशल थे कि कोई भी बढ़त हासिल करने में सक्षम नहीं था। फिर शम्बासाधना ने रूप बदलना शुरू कर दिया। उसने एक विशाल हाथी का रूप धारण करके केसरी पर आक्रमण किया। बदले में केसरी ने अपना आकार नाटकीय रूप से कम कर लिया और आक्रमण जारी रखा। वह विशाल हाथी के सिर पर बैठ गया और उसके सिर पर अपनी मुट्ठियों से वार करने लगा। शम्बासाधना का बहुत खून बह रहा था लेकिन उसके थकने या धीमा होने का कोई संकेत नहीं था।

जैसे ही केसरी को चिंता होने लगी, अंजना ने दैवीय मदद के लिए

प्रार्थना की जो एक स्वप्न के रूप में सामने आई-राक्षस को मारने का एकमात्र तरीका उसके अपने रक्त का उपयोग करना था। वह इसके अलावा हर चीज़ से प्रतिरक्षित था। उसने राक्षस के खून में एक तीर डुबोया जो चारों तरफ फैल गया था। एक हाथ में तीर पकड़कर, दूसरे हाथ से उसने धनुष पकड़ा, केसरी की ओर बढ़ी और दोनों को उसकी दिशा में फेंक दिया। केसरी ने उसके इरादे को समझते हुए आगे बढ़कर दोनों को हवा में ही पकड़ लिया। वह घूमा, धनुष पर तीर चढ़ाया और एक ही गति में तीर चला दिया। जैसे ही केसरी जमीन पर उतरे, तीर आगे चला गया और राक्षस के शरीर में घुस गया, जिससे वह तुरंत मर गया।

जिन ऋषियों ने इस वीरतापूर्ण कार्य को देखा, उन्होंने केसरी और अंजना की सराहना की और उन्हें बहुत आशीर्वाद दिया। उन्होंने घोषणा की कि ईश्वर ने उन्हें एक साथ आने की इच्छा जताई है। दरअसल, उन्होंने भविष्यवाणी की थी कि इस विवाह से पैदा होने वाला बच्चा स्वयं भगवान शिव का अवतार होगा और राक्षसी शक्तियों के विनाश का कारण बनेगा। इस प्रकार, महान ऋषियों के आशीर्वाद से, केसरी और अंजना खुशी-खुशी विवाह में प्रवेश कर गये।

इतनी सारी भविष्यवाणियों और आशीर्वादों के बावजूद, वानर दंपत्ति को कोई संतान नहीं हो सकी। उन्होंने मतंग ऋषि के पास जाने और उनका आशीर्वाद लेने का फैसला किया। यह जंगलों और पहाड़ों के माध्यम से एक लंबी और कठिन यात्रा थी, जो उन्होंने नंगे पैर किया। अंजना ने इस पूरी यात्रा को बिना किसी रुकावट के तय करने की भी कसम खाई। केसरी ने उसे रोकने की कोशिश की लेकिन उसके दृढ़ संकल्प को देखते हुए उसने हार मान ली और उसकी मदद करने की पूरी कोशिश करने का फैसला किया। जैसे ही वे चलने लगे. उनके रास्ते में कांटों और कंकड़ों ने स्वागत किया और जल्द ही उनके पैर फफोले, घाव और कट से दुखने लगे। बहरहाल, उनका संकल्प इतना दृढ़ था कि वे चलते रहे।

रावण के जासूसों ने उसे ऋषियों की भविष्यवाणी और पैदा होने वाले

चिंताजनक बच्चे की पूरी रिपोर्ट दी और भविष्य में उसके लिए परेशानी का कारण बनने की भविष्यवाणी की। उन्होंने वानर जोड़े को उनकी यात्रा पूरी करने से रोकने के लिए मायावी राक्षस को भेजकर समस्या को पनपने से पहले ही खत्म करने का फैसला किया। खतरनाक दिखने वाले भैंसे का रूप धारण कर मायावी आई और उनका रास्ता रोक दिया। अंजना को गुब्बारे वाले राक्षस की बिल्कुल भी चिंता नहीं थी। वह चलती रही, केसरी को बहुत झटका लगा, सीधे आगे शक्तिशाली दानव से जा टकराई। वह आगे बढ़ा और सही समय पर राक्षसी को उसके रास्ते से हटाने में कामयाब रहा। केसरी के साथ इस प्रत्यक्ष अनुभव से, मायावी को एहसास हुआ कि इस शक्तिशाली वानर के खिलाफ जीतने की कोई संभावना नहीं है और वह अपनी जान बचाने के लिए भाग गया।

अंततः थका हुआ जोड़ा मतंग ऋषि के आश्रम तक पहुंचने में कामयाब रहा। अंजना के पैर पूरी तरह जख्मी थे और खून बह रहा था। जैसे ही वह उन्हें देखने के लिए बैठी, एक प्यारा सा बच्चा दौड़ता हुआ आया और उसके घावों को बहुत धीरे से सहलाया। बच्चा इतना सुंदर था कि अंजना मंत्रमुग्ध हो गई। यहाँ तक कि मतंग ऋषि भी आश्चर्यचकित थे। उन्होंने आश्रम के आसपास कहीं भी इतना सुन्दर बालक नहीं देखा था। जब उन्होंने ध्यान से देखा तो उन्हें एहसास हुआ कि वह बच्चा कोई और नहीं बल्कि स्वयं भगवान शिव थे जो अपनी भावी मां की सेवा करने आए थे। कुछ देर तक अंजना की सेवा करने के बाद बच्चा गायब हो गया।

कैलाश पर वापस लौटते हुए भगवान शिव ने पार्वती के साथ अपनी माँ की सेवा करने के अपने आनंदमय अनुभव को साझा किया। आश्रम में वापस आकर, मतंग ऋषि ने अंजना को अपना आशीर्वाद दिया और उसे शिव मंत्र भी दिया। जब उन्होंने शिव मंत्र का जाप करना शुरू किया, तो वायु को संकेत मिला कि यह भगवान शिव की ऊर्जा जमा करने का समय है। सप्तऋषियों से शिव ऊर्जा लेकर वायु अंजना के पास पहुंची और उस शक्ति को उसके गर्भ में स्थापित कर दिया। उसी क्षण से अंजना सूर्य के

समान देदीप्यमान हो गयी। केसरी समझ गये कि उनके गर्भ में कोई दिव्य बालक आया है।

जब रावण ने यह समाचार सुना तो वह घबरा गया और तुरंत अपने मित्र बाली के पास गया और उसे अंजना के गर्भ से आने वाले खतरे के बारे में चेतावनी दी। प्रारंभ में बाली ने अंजना के गर्भ में पल रहे बच्चे को खतरा नहीं माना। लेकिन जब रावण ने उसे केसरी के पराक्रमी कारनामों के बारे में याद दिलाया, तो बाली को डर हुआ कि केसरी का होने वाला बच्चा युद्ध और ताकत में उससे आगे निकल सकता है। केसरी को वश में रखना लगभग असंभव था। और यदि उसका पुत्र अधिक शक्तिशाली पैदा होता, तो निश्चित रूप से वली को अपना सिंहासन खोने की बहुत अधिक संभावना थी। रावण के समझाने और उकसाने पर बाली कोई रास्ता निकालने के लिए तैयार हो गया। बाली की सहायता के लिए रावण ने उसे एक रहस्यमय बाण सौंपा। एक ऐसा तीर जिसे सूक्ष्म से सूक्ष्म लक्ष्य पर भी साधा जा सकता है और वह कभी चूकेगा नहीं इसका निशान।

तब वालि ने किष्किंधा के राजा के रूप में अपने राज्याभिषेक के उत्सव समारोह के बहाने अंजना और केसरी को अपने महल में आमंत्रित किया। वे निमंत्रण को अस्वीकार नहीं कर सके और समारोह में शामिल हो गये। वली एक आदर्श मेजबान था और अपने दयालु आतिथ्य से उसने उन्हें महल के अतिथि गृह में आरामदायक महसूस कराया। आधी रात को जब सारी किष्किंधा सो रही थी, वालि ने रहस्यवादी को छोड़ दिया। तीर सोती हुई अंजना के भ्रूण पर निशाना साधता है। तीर महल के गलियारों से गुज़रता हुआ, सोती हुई अंजना के कमरे में घुस गया और उसके गर्भ में घुसकर उसके गर्भ में पल रहे बच्चे को नष्ट कर दिया। अत्यधिक पीड़ा और पीड़ा में अंजना मदद के लिए चिल्लाई। केसरी अपनी पत्नी के पास पहुंचे और उन्हें एहसास हुआ कि एक रहस्यमय हथियार ने उनकी पत्नी पर हमला किया था और भ्रूण को नष्ट कर रहा था। बाहरी रूप से कुछ भी दिखाई नहीं दे रहा था। लेकिन उन्हें ऐसे रहस्यमय हथियारों के अस्तित्व

के बारे में पता था जो मंत्रों की शक्ति पर काम करते थे और अपना लक्ष्य नहीं चूकते थे।

अत्यधिक दर्द और असहायता महसूस करते हुए, अंजना ने शिव मंत्र का जाप करना शुरू कर दिया। जैसे ही उसने जप करना शुरू किया। भगवान शिव तुरंत प्रकट हुए और तीर के प्रभाव को निष्क्रिय कर दिया। फिर उन्होंने बच्चे को पुनर्जीवित किया और उसे बाहरी ताकतों के सभी प्रकार के हमलों से सुरक्षित रहने का आशीर्वाद दिया। इस बात से राहत महसूस हुई कि उनका बच्चा बच गया और पूरी घटना से हिल गए। केसरी और अंजना अपने क्षेत्र की सुरक्षा में पहुंचने के लिए आधी रात में महल से भाग गए।

अंततः जो बच्चा पैदा हुआ वह स्वयं शिव का अवतार था। कुछ स्थानों पर इसका उल्लेख शंकर स्वयं के रूप में किया गया है। वह बालक भी केसरी का पुत्र था इसलिए उसे केसरी नंदन कहा जाता है। निस्संदेह, वह पवन देवता के पुत्र भी हैं और इस प्रकार उन्हें पवन सुत के नाम से भी जाना जाता है। लेकिन इससे भी अधिक, वह भगवान राम के प्रिय बच्चे हैं और राम दुलारे के नाम से जाने जाते हैं। एक व्यक्ति इतने सारे लोगों की संतान कैसे हो सकता है? हनुमान इन सभी व्यक्तित्वों से विभिन्न स्तरों पर जुड़े हुए हैं।

केसरी का सुमेरु पर शासन, महाकपित्व एवं परोक्ष-पितृत्व किसी और ही अध्यात्म-तथ्य की ओर संकेत करते हैं। स्वर्ण-कान्तियुक्त सुमेरु पर्वत देवभूमि है, जिसके मध्य में ब्रह्मलोक है एवं उसके चारों ओर यथास्थान अन्य देवों के हैं। देवलोक पर एवं ब्रह्मा इन्द्रादि देवों पर देवों के देव परमात्माका ही शासन हो सकता है। सामान्य वानराधिपतिका नहीं। केसरी का अर्थ है- 'के-ब्रह्मणि सरणशीलः, अर्थात् जो 'के' रूप आनन्द-ब्रह्म में नित्य सरणशील हो। गति-विहार करने वाला हो, उसका नाम 'केसरी' है। इस प्रकार केसरी ब्रह्म का आनन्द-सामर्थ्य है, जो देवों की भूमि को

नियन्त्रित एवं अधिशासित करता है। ब्रह्मका आनन्दांश ही सृष्टिका आधार है।

तैत्तिरीय उपनिषद् के अनुसार आनन्द से ही सभी भूत उत्पन्न होते हैं। उसी में जीवन धारण करते हैं एवं अन्तमें उसी में लीन होते हैं। केनोपनिषद् की यक्ष कथा में यह स्पष्ट हो गया है कि ब्रह्मका वज्र महद्भय के रूप में सतत उठा हुआ है एवं उसी के भय से सभी अग्नि, सूर्य, कालादि देवता निरन्तर क्रियाशील हैं। 'ब्रह्म' ही महाकपि है। 'कपि' शब्द चलनार्थक 'कप्' धातु से बना है। ब्रह्म सर्वव्यापक होने से सर्वत्र पहुँचा हुआ है एवं सम्पूर्ण सृष्टि को चला रहा है। अतः वह 'महाकपि' है।

एक व्यक्ति का अस्तित्व तीन स्तरों पर होता है, आध्यात्मिक, जीवन श्वास। और भौतिक शरीर. आत्मा के सबसे गहरे स्तर पर. हनुमान भगवान शिव के ही अंश थे। उनका भौतिक शरीर केसरी के माध्यम से अंजना के गर्भ से पैदा हुआ था, इस प्रकार वे शारीरिक रूप से केसरी के पुत्र हैं। लेकिन चूंकि शिव की ऊर्जा वायु के माध्यम से प्रसारित किया गया था, उनके शरीर में प्रवाहित होने वाली प्राणवायु पावन का योगदान है और इस प्रकार वह पावन सुता हैं। शंकर स्वयं केसरी नंदन। जब भगवान राम ने रावण पर विजय प्राप्त की और विभीषण को लंका का राजा नियुक्त किया, तो उन्होंने हनुमान से अनुरोध किया कि वे अशोक वाटिका में बंदी बनाई गई माता सीता के साथ यह खुशखबरी साझा करें। हनुमान खुशखबरी देने तुरंत अशोक वाटिका पहुँचे। सीता एक महीने के बाद उसे फिर से देखकर रोमांचित हो गई। बड़े विस्तार से, हनुमान ने माता सीता के साथ युद्ध की घटनाओं को साझा किया और रावण की मृत्यु, राम की जीत और लंका के राजा के रूप में विभीषण की स्थापना की खबर का खुलासा करके अपने कथन का समापन किया। सीता बहुत प्रसन्न हुई। इस समाचार के साथ ग्यारह यातनापूर्ण महीने समाप्त हो गए। वह हनुमान से इतनी प्रसन्न थी कि वह उन्हें उचित पुरस्कार देना चाहती थी। लेकिन अफ़सोस, उस समय उसके पास कुछ भी नहीं था। एकमात्र चीज़ जो वह उसे दे सकती थी वह

थी उसका हार्दिक आशीर्वाद। तीनों लोकों में ऐसा कुछ भी नहीं था जो उस समाचार से मेल खा सके जो हनुमान ने अभी-अभी उसे दिया था।

कृतज्ञता और खुशी के साथ, सीता ने हनुमान को आशीर्वाद दिया कि जिस दिन उन्होंने उन्हें समाचार दिया था वह दिन सप्ताह के अन्य दिनों की तुलना में अधिक विशेष बन जाएगा। इस दिन पूरे ब्रह्मांड में हमेशा के लिए उनकी महिमा और पूजा की जाएगी। उन्होंने हनुमान को आशीर्वाद दिया कि सभी गुण उनके हृदय में निवास करेंगे और भगवान राम हमेशा उन पर कृपा करेंगे उस पर दया करो।

माता सीता के आशीर्वाद और भगवान राम की कृपा से हनुमान तीनों लोकों में प्रसिद्ध हो गए।

अपनी प्रतिभा, शक्ति, कौशल का उपयोग करके और सही चेतना में अनुकरणीय रवैया प्रदर्शित करके, हनुमान ने हमेशा के लिए सीता और राम के दिलों में एक राज्य स्थापित किया और हमेशा के लिए वहां शासन किया। उनके हृदयों के राजा के रूप में इस ऊंचे सिंहासन पर बैठकर, वह तीनों लोकों में फैले भगवान के भक्तों के हृदयों पर शासन करते हैं।

उनकी चमक और चमक को उनके संपर्क में आने वाले सभी लोग तुरंत पहचान लेते हैं और उनकी प्रशंसा करते हैं। माता सीता की कृपा से हनुमान जी के तेज और बल की पूजा पूरी दुनिया करती है। तेज प्रताप महा जग वंदन।

❐

बिद्यावान गुनी अति चातुर।
राम काज करिबे को आतुर।।7।।

आप ज्ञान, गुण और बुद्धि से परिपूर्ण हैं। आप भगवान राम के कार्यों को करने के लिए सदैव तत्पर रहते हैं।

सारा

तुलसीदास ने उन्हें शुद्ध बुद्धि से बना और बुद्धिमान पुरुषों में अग्रणी बताया। श्री राम रक्षा स्तोत्र में उन्हें बुद्धिमानों में सबसे बुद्धिमान बताया गया है।

हनुमान को कुशाग्रबुद्धि वाला कहा जाता है। वह एक पखवाड़े में संपूर्ण वेद सीखने में सक्षम थे। सूर्य देव अपने पसंदीदा शिष्य के चले जाने के विचार से अनिच्छुक थे। इसलिए उन्होंने हनुमान को बार-बार जो कुछ सीखा था उसे भुलाने के लिए कहा ताकि पाठ महीनों तक खिंचता रहे। हनुमान उसकी सरलता और भक्ति से इतने प्रसन्न हुए कि उन्होंने उसे जाने दिया और उसे वरदान दिया कि अब से जो कोई भी हनुमान का नाम लेगा, वह अपना पाठ कभी नहीं भूलेगा! विद्यावान गुणी अति चतुरा अनेक यमराज राम को एक समाचार देने के लिए उनके शिविर की ओर तेजी से बढ़े जिसने उन्हें सचमुच झकझोर कर रख दिया था।

उन्होंने रावण के दुष्ट मस्तिष्क के पाठ का आयोजन किया था और राम के चंडी स्तोत्र को हराने का एक तरीका तैयार किया था, जिसे पूरा करने पर उन्हें लौह-क्लब प्राप्त होगा। किसी भी हार से प्रतिरक्षा। इस समाचार से वानर सेना में घबराहट फैल गई। चंडी स्तोत्र के मात्र उल्लेख से उन्हें आसन्न विनाश का आभास होने लगा। राम ने विभीषण और अन्य सलाहकारों के साथ बैठक की और अपनी रणनीति तय की। बहुत विचार-विमर्श के बाद, राम ने हनुमान को बुलाया और अपना अंतिम फैसला सुनाया-"मैं तुम्हें लंका जाने और इस अनुष्ठान को पूरा होने से रोकने के लिए जो भी आवश्यक हो वह करने की पूरी आजादी देता हूं। कोई भी युक्ति अपनाओ जो तुम्हें पसंद हो, बस इसे रोक दो।"

हनुमान उत्साहित हुए। रावण की योजनाओं को विफल करना हनुमान का मुख्य उद्देश्य था।

हनुमान ने मक्खी का रूप धारण कर रावण के महल में प्रवेश किया। पता लगाया कि समारोह कहां हो रहा है? देवताओं के गुरु बृहस्पति मुख्य पुजारी थे। सुरक्षाकर्मी बृहस्पति पर अपना भाला तान रहे हैं। बृहस्पति दबाव में ही रावण की सहायता कर रहे थे। हनुमान तैयार थे। वह जल्दी से बृहस्पति के पास गया और महत्वपूर्ण शब्दों और पंक्तियों को हटाना शुरू कर दिया ताकि बृहस्पति महत्वपूर्ण पंक्तियों को छोड़ दें। लेकिन वह भयभीत हो गया, बृहस्पति शायद ही ग्रंथों का जिक्र कर रहा था क्योंकि वह स्मृति से पढ़ रहा था।

हनुमान दूसरी योजना पर काम करना शुरू किया। वह एक विशाल नृशंस दिखने वाले राक्षस में बदल गया। बृहस्पति की दृष्टि उस पर पड़ी, वह चिल्ला उठा। उसने सब कुछ छोड़ दिया और अपनी जान बचाने के लिए भागा। इससे पहले कि पहरेदार उनके विकराल रूप को देख पाते, हनुमान तुरंत एक मक्खी के आकार में बदल गए। बृहस्पति पागलों की तरह चिल्ला रहे थे। अनुष्ठान जारी रखने का कोई रास्ता नहीं था। रावण हार मानने वालों में से नहीं था। उन्होंने देवी चंडी को प्रसन्न करने के लिए एक और अग्नि यज्ञ शुरू करने का फैसला किया। उन्होंने अपने सर्वश्रेष्ठ ब्राह्मणों को इकट्ठा किया और कुछ ही समय में समारोह शुरू कर दिया। उनके पास ब्राह्मणों की कमी हो रही थी, फिर भी उन्हें प्रबंध करना था। जल्द ही एक युवा ब्राह्मण सहायता मांगने आया। वृद्ध ब्राह्मण अधिक सहायता पाकर बहुत खुश थे। युवा ब्राह्मण उत्साही और ऊर्जावान था। उन्होंने ईमानदारी से और बिना किसी गलती के उनकी मदद की। प्रसन्न ब्राह्मणों ने उसे वरदान दिया, जिस पर ब्राह्मण ने उत्तर दिया, सबसे अच्छा वरदान अधिक सेवा प्राप्त करना है। ब्राह्मण अब उसके समर्पण से पूरी तरह प्रभावित हो गए और उसकी इच्छा पूरी करने पर जोर देने लगे। झिझकते हुए युवक ने उनसे भजन में दो अक्षर बदलने को कहा। उन्हें 'हा' के स्थान

पर 'का' का उच्चारण करना चाहिए। उन्होंने उन्हें आश्वासन दिया कि इस छोटे से परिवर्तन से उनके स्वामी रावण को बहुत लाभ होगा, युवक को उम्मीद थी कि वे इतने विद्वान नहीं थे कि यह जान सकें कि इस परिवर्तन का क्या मतलब है। केवल एक श्रेष्ठ वैदिक विद्वान ही इसके महत्व को समझ सकेगा। सौभाग्य से, प्रतिस्थापन में कुछ भी गलत न देखकर ब्राह्मण तुरंत सहमत हो गए।

जया त्वं देवी चामुंडे, जया भूतार्थ कारिणी

उन्होंने हारिणी कहने के स्थान पर कारिणी कहा। उन्हें परिवर्तन के विनाशकारी प्रभावों के बारे में कम ही पता था। देवी प्रसन्न होने के बजाय बिल्कुल क्रोधित हो गई। उसने अपनी उग्र आँखों से आस-पास की हर चीज़ को जला डाला। उनकी हिम्मत कैसे हुई उसके क्रोध को भड़काने की! वह उन्हें दिखाएगी कि उसे कितना गुस्सा आ सकता है। यह बलिदान अपेक्षित परिणामों के विपरीत उत्पन्न करने वाली पूर्ण विफलता थी। ब्राह्मण वहाँ से भाग गये।

अपनी जान बचाने के लिए युवक मुस्कुराता हुआ अपने मूल रूप में वापस आ गया। हनुमान। उसे ख़ुशी थी कि वह संस्कृत श्लोकों का महत्व जानता था और विद्वान ब्राह्मणों को चकमा देकर अक्षरों में सटीक परिवर्तन कर सकता था। विद्यावान गुणी अति चतुरा मिशन पूरा हुआ, वह वापस अपने शिविर की ओर उड़ गया।

हनुमान ने अपने ज्ञान का उपयोग समय, स्थान और परिस्थिति के अनुसार सबसे व्यावहारिक तरीके से किया। वह सार और लक्ष्य को ध्यान में रखते हुए ज्ञान के प्रयोग में अत्यंत चतुर और लचीले थे। नतीजा यह हुआ कि वह जो भी हासिल करना चाहते थे उसे हमेशा हासिल करने में कामयाब रहे और वह भी सबसे अनूठे तरीकों से।

उत्सुकता श्रेष्ठ प्रबंध करती है। राम काज का अर्थ है राम की खुशी के लिए काम करना। इसे सेवा या सेवा की भावना कहा जाता है। हनुमान हमेशा राम की सेवा के लिए उत्सुक रहते थे। राम काजा करिबे को आतुरा।

एकमात्र व्यक्ति जिसे राम ने वापस लौटने के लिए नहीं कहा वह हनुमान थे। उन्होंने हनुमान को जाने के लिए नहीं कहा और हनुमान को रुकने के लिए अनुमति की आवश्यकता नहीं थी। दोनों के बीच एक अनकहा समझौता और समझौता हुआ। यह दिल का समझौता था। राम के बिना हनुमान का कोई अस्तित्व नहीं था और राम लगातार हनुमान को देखे बिना नहीं रह पाते थे। हनुमान की सबसे बड़ी संतुष्टि लगातार हर संभव तरीके से राम की सेवा करना था।

❐

प्रभु चरित्र सुनिबे को रसिया।
राम लखन सीता मन बसिया।।8।।

आप भगवान राम के यशस्वी कार्यों को सुनने के शौकीन हैं। आप राम, लक्ष्मण और सीता के हृदय में निवास करते हैं।

सार

सीता की खोज में वानर सेना के रवाना होने से पहले राम उनमें से प्रत्येक से मिले। सैनिक एक-एक करके राम से मिलने के लिए कतार में खड़ी हुई। उत्साह का माहौल था। वानर राम और उनके अपने सगे-संबंधियों के बीच हृदयस्पर्शी आदान-प्रदान को देखने के लिए आगे-आगे झाँकते रहे। उन्हें थपथपाना। उन्हें प्रोत्साहित करना। उन्हें धन्यवाद देना बहुत हृदयस्पर्शी था।

हनुमान राम के सामने थे। राम ने उनकी परीक्षा लेने का फैसला किया। उन्होंने सबसे पहले उनसे पूछा कि वह यह सब करने के बाद कहां गायब हो गए। जबकि हनुमान उस सवाल का जवाब देने के बजाय, तुरंत राम के चरणों में गिर गए और उन्हें कसकर पकड़ लिया। राम ने उनके कंधे पकड़कर उन्हें उठाने की कोशिश की, लेकिन हनुमान ने उनके पैरों को कसकर पकड़ लिया। इस अजीब व्यवहार पर राम को आश्चर्य हुआ, तब हनुमान ने कहा-"मेरे प्रिय भगवान! मुझे हमेशा इसी स्थिति में रहने दो। जब तक मेरे हाथ आपके चरणों में हैं। आपके हाथ मेरे कंधों पर रहेंगे। जब तक मैं आपकी शरण में रहूंगा। आप मुझे सशक्त बनाते रहेंगे। जिस क्षण मैं आपके चरणों को छोड़ूंगा, आप मेरे कंधों को छोड़ देंगे। आपका स्पर्श और आशीर्वाद मेरी ताकत और क्षमताओं का स्रोत है। मैं अपने पूरे जीवन में अपने शाश्वत गुरु की सेवा करने की प्रतीक्षा कर रहा हूं।"

राम ने कहा-"आप आशीर्वाद के बारे में बात कर रहे हैं। लेकिन आप इतनी देर से आए हैं, ठीक अंत में। मेरे पास आपको देने के लिए कोई

आशीर्वाद नहीं बचा है। मेरे सभी आशीर्वाद समाप्त हो गए हैं इसलिए मैं आपको क्या दे सकता हूं अब?"

हनुमान ने तुरंत उत्तर दिया-"हो सकता है कि आपने अपने पास मौजूद बड़ी-बड़ी वस्तुएं दान कर दी हों। हे प्रभु! निश्चित रूप से आपके पास अभी भी एक छोटा लेकिन शक्तिशाली आशीर्वाद है। कुछ लोगों को आपने इसका ज्ञान दिया होगा। धर्मग्रंथों को आशीर्वाद के रूप में आपने दूसरों को ज्ञान या मार्गदर्शन या शक्ति या प्रसिद्धि या यहां तक कि धन भी दिया होगा। मैं ऐसी बड़ी चीजों को आशीर्वाद के रूप में नहीं देख रहा हूं, मुझे केवल आपके पास मौजूद सबसे छोटी चीज में दिलचस्पी है आशीर्वाद के रूप में और मैं वास्तव में खुश रहूँगा।"

राम पूरी तरह से भ्रमित हो गए। राम हनुमान की परीक्षा लेना चाहते थे। पासा पलट चुका था। अब हनुमान राम की परीक्षा ले रहे थे।

राम ने हनुमान से पूछा-"मेरे पास सबसे छोटी चीज़ क्या है?"

हनुमान मुस्कान के साथ बोले-"मेरे प्रिय भगवान! जब आप भगवान परशुराम से मिले थे, तो आपने उन्हें बताया था कि आपके पास सबसे छोटी वस्तु थी उसका नाम राम था। मैं चाहता हूँ कि कृपया मुझे उपहार और आशीर्वाद के रूप में अपना नाम दें। यह बहुत छोटा है। लेकिन उस छोटे से शब्द में पूरे ब्रह्मांड की ताकत समाहित है।"

राम बहुत प्रभावित हुए। हनुमान की भक्ति और उनकी बुद्धि बहुत विशेष थी। वह भगवान के हृदय पर गहरा प्रभाव डालने में सफल रहा। भगवान राम ने हनुमान को गले लगा लिया। उसी क्षण हनुमान के पास राम का नाम था। उन्होंने बड़े चाव से राम नाम का जाप करने और राम कथा सुनने का कोई मौका नहीं छोड़ा। यानी प्रभु चरित्र को सदैव सुनने से मनुष्य का मन रसिक हो जाता है।

हनुमान चरित्रवान, कर्मठ, कुशाग्रबुद्धि, अपारशक्ति और अनन्यभक्ति के स्वामी थे। राम अयोध्या के राजा बने तो माता सीता ने मेहमानों को

दोपहर के भोजन के लिए आमंत्रित किया। जब सभी लोग दोपहर के भोजन के लिए इकट्ठे हुए थे। भगवान शिव ने देखा कि हनुमान गायब थे। उन्होंने राम से उसका पता पूछा। मुस्कुराते हुए राम ने उसे बगीचों में जाँच करने के लिए कहा। हनुमान को देखने की भगवान शिव की उत्सुकता भोजन खाने की उनकी इच्छा से कहीं अधिक थी। वह और पार्वती हनुमान को खोजने के लिए बगीचे में निकले। वहां उन्हें एक बहुत ही अनोखी आवाज सुनाई दी जो ऐसी लग रही थी जैसे कोई खर्राटे ले रहा हो। वह ध्वनि के स्रोत की ओर चले। शिव यह देखकर आश्चर्यचकित रह गए कि यह हनुमान थे, जो दुनिया से बेखबर आम के पेड़ के नीचे शांति से सो रहे थे और खर्राटे ले रहे थे। जिस चीज़ ने उन्हें सबसे ज़्यादा आश्चर्यचकित किया वह थी खर्राटों की आवाज। खर्राटों से राम का पवित्र नाम निकला। हनुमान के मन और चेतना में राम का नाम इस कदर रच-बस गया था कि उनके खर्राटों से भी राम नाम ही निकल रहा था।

जब शिव की नजर हनुमान पर टिकी थी। तब पार्वती ने उस पेड़ की ओर इशारा किया जिसके नीचे हनुमान आराम कर रहे थे। वहां कुछ जादुई हो रहा था। उस पेड़ का हर पत्ता राम के पवित्र नाम के स्पंदनों के साथ लय में हिल रहा था। भगवान शिव ने इसे अपने आराध्य भगवान राम के पवित्र नामों के सबसे दिव्य संकीर्तन के रूप में देखा। अत्यंत प्रसन्नता में वह स्वयं राम का नाम जपते हुए नृत्य करने लगा। अपने पति को परमानंद समाधि में प्रवेश करते देख, पार्वती भी गायन और नृत्य में शामिल हो गईं। दिव्य जोड़े के उत्साहपूर्वक नृत्य करने और राम के नाम का जाप करने के साथ, स्वर्ग के गंधर्व, किन्नर और अप्सराएं भी शामिल हो गईं, जिससे वातावरण दिव्य संगीत और गायन से भर गया।

सीता चिंतित थी कि उसके मेहमान बगीचे से वापस महल में नहीं लौटे थे। उन्होंने लक्ष्मण को वापस बुलाने के लिए भेजा। लक्ष्मण तेजी से बगीचे में चले गए। बगीचे में माहौल इतना उत्सवपूर्ण और भक्ति से सराबोर था कि लक्ष्मण नृत्य और पवित्र नामों के गायन में भाग लेने से खुद को रोक नहीं

सके। जब लक्ष्मण नहीं लौटे तो सीता ने पहले भरत और फिर शत्रुघ्न को भेजा, लेकिन दोनों में से कोई भी मेहमानों के साथ नहीं लौटा। वह सभी कीर्तन उत्सव में सम्मिलित हुए थे। हताश होकर सीता स्वयं राम के साथ उनकी तलाश में निकल पड़ीं। जब वह बगीचे में चली गई, तो पूरे जोरों पर चल रहे नृत्य और गायन उत्सव को देखकर वह पूरी तरह मंत्रमुग्ध हो गई। इस सब शोर-शराबे के बीच, हनुमान आम के पेड़ के नीचे आनंदपूर्वक सो रहे थे और उनके मधुर खर्राटों से राम का नाम गूंज रहा था।

हनुमान के पास जाकर राम धीरे से उनके पास बैठे और बड़े प्यार से उनके सिर को छुआ। हनुमान जाग गये। भगवान शिव, जो हनुमान की भक्ति से इतने प्रेरित थे, ने उनकी अनंत महिमा की। अपने गुरु के सामने महिमा पाकर हनुमान शर्म से लाल हो गये। उनकी बेचैनी को भांपते हुए सीता ने सभी को दोपहर के भोजन के लिए आमंत्रित किया। सब लोग बैठ गये, सीता दोपहर का भोजन परोसने लगी। उसने देखा कि, हमेशा की तरह, हनुमान बैठे नहीं थे बल्कि खुद को किसी सेवा में व्यस्त कर चुके थे। आज उसने उसे मेहमानों के साथ बैठने के लिए मजबूर किया। प्रारंभ में, हनुमान दोपहर के भोजन के लिए राम के साथ बैठने में शर्मिंदा थे। वह हमेशा राम के बचे हुए भोजन को खाना पसंद करते थे। लेकिन एक बार जब उसने खाना शुरू किया तो उसे इतना जोश आ गया कि वह गटक गया। भोजन की पागल मात्रा में कमी। कुछ भी उसे संतुष्ट नहीं कर रहा था। सीता चाहे कितनी भी सेवा करे, वह और अधिक खाता रहा। वह अधिक से अधिक भोजन की तलाश में रहता था। हनुमान की भूख देखकर सभी आश्चर्यचकित थे। तब सीता को एहसास हुआ कि वह हनुमान की अतृप्त भूख को कैसे शांत कर सकती हैं। उसने एक तुलसी का पत्ता रखा जिस पर राम का नाम लिखा था। जैसे ही हनुमान ने पत्ता खाया, उनकी भूख चमत्कारिक ढंग से गायब हो गई। भगवान शिव और पार्वती हनुमान की भक्ति से बहुत आश्चर्यचकित और प्रसन्न हुए। उन्होंने उसे वरदान दिया कि राम के प्रति उसकी भक्ति को सदियों तक महिमामंडित किया जाएगा, कि

भगवान राम के भक्त उसे संकट मोचन या संकटों के विनाशक के रूप में जानेंगे और राम के पवित्र नामों और राम की लीलाओं के प्रति उसका प्रेम असीमित रूप से बढ़ेगा।

सीता और राम के राज्याभिषेक समारोह के बाद सभी महान हस्तियों का आह्वान किया जिन्होंने राम के लिए त्याग किया था। प्रत्येक को प्रतीक के रूप में बहुमूल्य उपहार दिए गए। हनुमान की बारी आई। सीता और राम दोनों को समझ में नहीं आ रहा था कि क्या उपहार दिया जाए। हनुमान का नाम पुकारा गया। राम ने विस्तारपूर्वक हनुमान के कार्यों का वर्णन सभी को सुनाया। अयोध्या के नागरिक हनुमान जी की सेवा सुनकर भावविभोर हो गए। सीता ने उपहार में अपने गले से एक सुंदर हीरे का हार निकाल कर हनुमान को दिया। सभागार में सन्नाटा छा गया।

हनुमान ने सीता के हाथ से लिया। हनुमान ने हार को घुमाया और सभी दिशाओं से देखा। उन्हें कुछ कमी महसूस हुई। हनुमान ने पुनः आश्वस्त होने के लिए हार को फिर से घुमाया। शायद हनुमान जी को जो उम्मीद थी वह उन्हें दिखाई नहीं दिया तब हनुमान ने हार के बीच में लटक रहे बड़े हीरे को पकड़ा और तोड़ दिया। हनुमान ने सीता का उपहार नष्ट कर दिया था। उसे अपने मुंह में रखकर अपने दांतों दो टुकड़ों में तोड़ दिया। उसने दोनों हिस्सों का अवलोकन किया। इसके हनुमान ने उस हार को पत्थर को तोड़ना शुरू कर दिया। ध्यान से देखा। निराशा हुई। अंततः हनुमान ने पूरा हार फर्श पर फेंक दिया।

इस बंदर के व्यवहार से अयोध्या के नागरिकों में आक्रोश फैल गया। अनेक आवाजें और प्रश्न उठे। भरे सभागार में सीता के उपहार अपमान? सभी सवालों के जवाब में हनुमान ने इतना ही कहा-"मै रत्नों में राम और सीता को ही ढूंढ रहा था। वह अंदर या बाहर किसी भी पत्थर में नहीं मिले इसलिए फेंक दिया।"

एक ने कहा-"हनुमान को सबसे पहले अपने दिल में देखना चाहिए कि राम और सीता उनके दिल में मौजूद हैं या नहीं।"

अगले ही पल हर जगह खून बिखरा हुआ था। हनुमान अपना हृदय प्रकट करते हुए सभागार के मध्य में अपनी छाती फाड़कर खड़े हो गये। उनकी छाती में सीता और राम की एक दीप्तिमान और सुंदर छवि थी। वह न केवल उनके हृदय में निवास करते थे बल्कि वह भी उनके हृदय में निवास करते थे। इसीलिए तुलसीदास जी ने लिखा-राम लखन सीता मन बसिया।

हनुमान हमें अपने हृदय में ईश्वर की उपस्थिति स्थापित करना सीखाते हैं। हम भगवान की स्तुति सुनने लगें तो वह हमारे कानों के माध्यम से प्रवेश कर सकते हैं।

❐

सूक्ष्म रूप धरि सियहिं दिखावा।
बिकट रूप धरि लंक जरावा।।9।।

आपने सीता के सामने प्रकट होने के लिए छोटा रूप धारण किया और लंका को जलाने के लिए भयानक रूप धारण किया।

सार

हनुमान छोटे-बड़े रूप धारण करने में माहिर थे। हम सभी जानते हैं कि लंका जाते समय जरूरत के मुताबिक हनुमान ने सात बार छोटे रूप धारण किये थे। छोटे रूप में ही उन्होंने सीता से संपर्क किया था।

अशोक वाटिका रावण का पसंदीदा उद्यान था। रावण ने सुंदर फूलों वाले बगीचे में सीता को रखना उचित समझा। हनुमान बहुत छोटा रूप धारण कर इस बगीचे में कूदे। वह बगीचे में इधर से उधर घूमने लगे। अशोक वाटिका एक सघन वन की भांति था। सैंकड़ों किस्म के पेड़ थे। इस सीन वन में किसी छोटी आकृति को देख पाना मुश्किल था। इसका फायदा हनुमान को मिल रहा था। उन्होंने अपने बुद्धि बल का प्रयोग करते हुए छोटा रूप बनाया ताकि सीता की सुरक्षा में तैनात लगभग सात सौ राक्षसियों की नजर में न आएं और अपना काम सरलता से पूरा कर सकें। इसके अलावा हनुमान जी की दिली इच्छा थी कि सीता उन्हें बेटा कहकर संबोधित करें क्योंकि राम तो हनुमान के आध्यात्मिक पिता बन गए थे तो इस नाते सीता उनकी माता हुई।

अशोक वाटिका का केंद्रीय भाग अत्यंत मनमोहक और सुंदर था। इसके बीच में एक विशाल वृक्ष था। इस विशाल वृक्ष के नीचे एक ऊंचा मंच बना हुआ था। इस मंच पर साधारण वेशभूषा में एक अत्यंत सुंदर महिला बैठी थी। हनुमान का विवेक जागृत हुआ। मन में विचार आया कि हो-न-हो यही माता सीता हैं। उत्साहित भाव से वह पेड़ से नीचे कूदने को आतुर हुए लेकिन अगले ही पल उन्होंने कूदने का विचार त्याग दिया। कारण? राक्षसियों की फौज नीचे टहल रही थी। कुछ देर बाद रावण अपने

दल की महिलाओं के साथ विविध उपहार लेकर बड़ी धूमधाम के साथ बगीचे में दाखिल हुआ। रावण सीता से मिलने आया था। सीता ने एक बार फिर रावण का अपमान किया। रावण इस अपमान को सहन नहीं कर सका। रावण ने सीता पर प्रहार करने का प्रयास किया लेकिन उसकी पत्नी मंदोदरी आगे आ गई। रावण गुस्से में चेतावनी दे कर वहां से चला गया।

त्रिजटा नामक राक्षसी ने अपनी सहयोगियों को अपना दुःस्वप्न बताते हुए कहा-"स्वप्न में मैंने एक वानर लंका को नष्ट कर रहा है। पूरा नगरी आग की लपटों में घिर गया है।" इतना सुनकर राक्षसियाँ डर गईं। उन्होंने हताशा में सीता को अकेला छोड़ दिया।

मौके का फायदा उठाकर हनुमान ने राम कथा कही। हनुमान ने देखा कि उनकी कथा का सीता पर प्रभाव पड़ा है। हनुमान तुरंत सीता के सामने कूद पड़े। सीता ने ऐसे प्यारे छोटे बंदर को देखा, तो उनका मातृ स्नेह उभर आया। सीता ने उसे बेटा कहा। उस सम्बोधन से हनुमान प्रसन्न होकर मुस्कुराने लगे। सूक्ष्म रूप में हनुमान सीता के सामने थे। तुलसीदास जी के शब्दों में- सूक्ष्म रूप धरि सियाही था।

अब हनुमान ने सीता को अपना विराट रूप दिखाया। सीता असमंजस में पड़ गयीं। इस तरह से आकार बदलने का रहस्य हनुमान से पूछा।

हनुमान ने विनम्रता से उत्तर दिया कि वह मूल रूप से भगवान राम की सेवा में हैं। वह किसी भी आकार और किसी भी जिम्मेदारी को ले सकते थे। उत्तर सुनकर सीता बहुत प्रसन्न हुईं।

इसके बाद हनुमान जी ने अशोक वाटिका में उत्पात मचाना शुरू कर दिया। सुबह राक्षसियां जागी। अशोक वाटिका को तहस-नहस देखकर आश्चर्य हुआ। राक्षसियों ने एक बंदर को देखा तो वह घबरा गईं। त्रिजटा का सपना आख़िरकार सच हो गया था। सैनिक बगीचे की ओर बढ़े। बगीचे में क्या हुआ था? यह पता लगाना उनका उद्देश्य था। एक बंदर को देखकर सैनिक उसे पकड़ने को इधर-उधर दौड़ने लगे। सैनिक आते रहे और हनुमान

अशोक वाटिका को पूरी तरह से उजाड़ने में लगे रहे। अनेक सैनिक मारे गए। रावण पुत्र अक्षय कुमार भी मारा गया।

हनुमान को वरदान था कि कोई भी हथियार उन पर काम नहीं करेगा और स्वयं ब्रह्मा ने उन्हें ब्रह्म पाश से छूट दी थी। यह बात रावण नहीं जानता था।

रावण ने अहंकारी बंदर को जीवित पकड़ने का आदेश दिया। इंद्रजीत को भेजा। इंद्रजीत जल्द ही हनुमान को ब्रह्म पाश से बांधने में कामयाब रहे। हनुमान जानबूझकर बंधे हुए थे। हनुमान रावण को चेतावनी देना चाहते थे। राजसभा में रावण उत्पाती बंदर को मारना चाहता था। विभीषण ने रावण को सलाह दी कि यह राम का दूत है। दूत को मारना नहीं। तब रावण ने कहा बंदरों को अपनी पूँछ से बेहद लगाव होता है। इस बंदर की पूंछ में आग लगा दो। रहस्यमय ढंग से हनुमान की पूँछ बढ़ती गई। पूंछ में आग लगते ही हनुमान ने खुद को उन रस्सियों से मुक्त कर लिया और राजसभा से बाहर कूद गए। देखते-ही-देखते सोने की लंका जल कर राख हो गई। यानी बिकट रूप धरि लंका जरावा।

❐

भीम रूप धरि असुर संहारे।
रामचन्द्र के काज संवारे।।10।।

आपने राक्षसों का नाश करने के लिए विशाल रूप धारण किया और भगवान राम के कार्यों को पूरा किया।

सार

महाभारत के भीम के विषय में सभी जानते हैं। तुलसीदास जी ने हनुमान जी की शक्ति को समझाने के लिए भीम का उल्लेख किया है। भीम की तरह हनुमान ने राक्षसों को परास्त किया और रामचन्द्र के कार्य में सहयोग दिया।

महाभारत काल में भी हनुमान जी ने अपने अतुल्य साहस का परिचय दिया। उल्लेख मिलता है कि भीम एक साधारण से दिखने वाले वानर की शक्ति से हतप्रभ थे। उसे एहसास हुआ कि यह कोई दिव्य प्राणी होना चाहिए। हाथ जोड़कर अनुरोध किया कि वह बताएं कि वह वास्तव में कौन हैं। बुजुर्ग बंदर मुस्कुराया। फिर हनुमान जी ने अपना वास्तविक रूप धारण कर भीम भगवान राम के शक्तिशाली सेवक और दूत के रूप में अपना परिचय दिया। भीम ने प्रसन्न होकर हनुमान को गले लगा लिया।

हनुमान ने पांडवों को आगामी युद्ध में भीम की मदद करने का वादा किया। उन्होंने भीम को गदा युद्ध और कुश्ती की कला सिखाई। उसने उससे यह भी वादा किया कि युद्ध के दौरान, वह अर्जुन के ध्वज पर मौजूद रहेगा और अपनी आवाज़ जोड़कर भीम के युद्ध के नारे की तीव्रता को बढ़ा देगा। इस प्रकार शत्रु के निकट आने से पहले ही भीम का भीषण युद्ध घोष सुनकर उसका हृदय विदीर्ण हो जाता था। संभवतः इसी वजह से तुलसीदास जी ने कहा भीम रूप धारी असुर सहारे।

हनुमान का संपूर्ण जीवन त्याग का जीवन था। उनका जीवन सेवा का जीवन था। हनुमान के जीवन का प्राथमिक और एकमात्र लक्ष्य अपनी सर्वोत्तम क्षमता से राम और उनके भक्तों की उत्साहपूर्वक सेवा करना था।

राम के हर मिशन को हनुमान ने बहुत ही अद्भुत ढंग से पूरा किया और इसी तरह से रामचन्द्र के काजा साँवरे।

हनुमान ने सुग्रीव और राम, दोनों पक्षों से व्यक्तिगत रूप से बात की और उन्हें अपने लक्ष्यों को प्राप्त करने और एक-दूसरे की समस्याओं को हल करने के लिए सहयोग करने के लिए राजी किया। यह समझते हुए कि सुग्रीव का वानर मन अप्रत्याशित है और कभी भी बदल सकता है। उन्होंने अग्नि यज्ञ में मित्रता और समर्पण की शपथ दिलाकर उनकी मित्रता पर मुहर लगा दी। उन्होंने सुग्रीव को पूरी वानर सेना एकत्र करने के लिए प्रेरित किया। हनुमान ने यह सुनिश्चित किया कि विशाल वानर सेना सही समय पर पहुंचे।

हनुमान ने केवल पांच दिनों में 80 मील चौड़ा और 800 मील लंबा पत्थरों का पुल बनाने में भी महत्वपूर्ण भूमिका निभाई। वह यह सुनिश्चित करने के लिए कि इंजीनियरों को पुल बनाने के लिए पत्थरों की आपूर्ति में कभी कमी न हो, दूर-दूर से बड़े-बड़े पत्थर, चट्टानें और यहां तक कि पहाड़ भी ले आए। युद्ध के दौरान कई बार जब अजेय रहस्यमय हथियारों का इस्तेमाल किया गया तो हनुमान ने राम और लक्ष्मण सहित सभी की जान बचाई।

राम के लिए हनुमान ही सब कुछ थे। वह एक दूत, एक मंत्री, एक मित्र, एक सेवक, एक सलाहकार, एक लेखक सेनापति था और यहां तक कि जरूरत पड़ने पर राम के लिए एक वाहन के रूप में भी काम करता था। हनुमान ने जो कुछ भी किया, अपनी जान जोखिम में डालकर पूरी निष्ठा से किया। उन्होंने कभी कोई बहाना नहीं बनाया और प्रतिबद्धताएं पूरी कीं, चाहे कीमत कुछ भी हो। जब तक उनका मिशन पूरा नहीं हो गया, भोजन और नींद का उनके लिए कोई महत्व नहीं था। उनके लिए, भगवान राम का मिशन हमेशा सर्वोपरि था। वह ब्राह्मणों में सर्वश्रेष्ठ था। आवश्यकता पड़ने पर वह युद्ध में हथियार चलाने में सर्वश्रेष्ठ क्षत्रिय बन जाता था। वह वैश्यों में सर्वश्रेष्ठ था क्योंकि एक वैश्य ऋण देता है और अपने ऋण के नीचे व्यक्ति

को डाल देता है; उन्होंने स्वयं राम को अपने कर्ज तले दबा लिया। शूद्र का धर्म सेवा है, हनुमान से बेहतर इसका पालन कौन कर सकता है? उन्होंने लॉर्ड रैन के हर मिशन को पूरा किया एक अनुकरणीय ब्राह्मण, क्षत्रिय, वैश्य और शूद्र के रूप में उन्हें जिस भी वर्ण की आवश्यकता थी।

❏

लाय सजीवन लखन जियाये।
श्री रघुबीर हरषि उर लाये।।11।।

आप संजीवनी बूटी लाए और लक्ष्मण को पुनर्जीवित किया, जिसके लिए भगवान राम ने आपको खुशी से गले लगा लिया।

सार

इंद्रजीत ने युद्ध के मैदान में प्रवेश किया था। वह शक्तिशाली था। वह कुशल योद्धा था। वह चतुर था। युद्ध कौशल में परांगत। इंद्रजीत अदृश्य मोड में काम करता था। उसके पास खुद को काफी समय तक छुपाए रखने की रहस्यमय क्षमता थी।

इंद्रजीत से लड़ना रावण की सेना के अन्य सभी राक्षसों से लड़ने जितना आसान नहीं था। जिस आसानी से उसने तीर चलाए, उससे बंदरों को पता चल गया कि उनके पास कोई मौका नहीं है। इंद्रजीत के एक तीर का निशान लक्ष्मण की छाती पर लगा। यह तीर उसे किसी और ने नहीं बल्कि भगवान ब्रह्मा ने दिया था। दिव्य बाण ने लक्ष्मण को मूर्छित कर दिया। भाइयों को गिरते देख वानर सेना में भारी हंगामा मच गया, जिससे वे दहशत में आ गए।

लक्ष्मण के गिरते ही वानर सेना अलग-अलग दिशाओं में बिखरने लगे। कुछ अपनी जान बचाने के लिए, कुछ आशा खो बैठे। इसका फायदा उठा कर इंद्रजीत ने तीव्र प्रहार किया। उसने हजारों की संख्या में भ्रमित बंदरों को मार डाला। इसी बीच जाम्बवंत घटनास्थल पर पहुंच गये। उन्हें लक्ष्मण के गिरने की सूचना मिली थी। जैसे ही उन्होंने गिरे हुए नायक को देखा उनका पहला सवाल था, "क्या हनुमान जीवित हैं?"

जाम्बवान को हनुमान की क्षमताओं पर इतना भरोसा था। हनुमान घटनास्थल पर पहुंचे। जाम्बवान हनुमान को एक तरफ ले गए और उनके साथ एक कार्य योजना साझा की। उन्होंने उसे चार जड़ी-बूटियों के नाम बताए जो केवल हिमालय पर्वत में उपलब्ध थीं। जाम्बवंत ने प्रत्येक

जड़ी-बूटी के नाम और उसके औषधीय गुणों के बारे में बताया। पहली थी- मृत-संजीवनी, जो मृत व्यक्ति को फिर से जीवित कर सकती थी। दूसरा सैल्य-करणी था, जो अंतर्निहित हथियारों को निकाल सकता था और घावों को तुरंत ठीक कर सकता था। तीसरा थी - सुवर्ण-करणी, जिसने शरीर के रंग को उसकी मूल बनावट में बहाल कर दिया और समधनी, जो टूटी हुई हड्डियों और कटे हुए अंगों को जोड़ सकती है।

हनुमान को अगले दिन सूर्योदय से पहले जड़ी-बूटियाँ लानी थीं। अन्यथा लक्ष्मण के लिए सूर्योदय नहीं होता। हनुमान बड़ी तेजी से हवाई मार्ग से हिमालय पर्वत की ओर बढ़े। जंगल के मध्य एक पहाड़ी पर एक मनमोहक आश्रम था। कुछ ऋषि मुनि बड़ी तीव्रता से अग्नि यज्ञ कर रहे थे। कुछ ने हनुमान को नीचे उतरने और ऋषियों से मिलने के लिए मजबूर किया। उनके अवतरण का एक कारण व्यक्तिगत था और दूसरा पेशेवर। व्यक्तिगत मोर्चे पर इसकी वजह उनकी प्यास थी। युद्ध के दौरान उन्हें कई दिनों तक पानी पीने का मौका नहीं मिला था। उसे अब पानी की सख्त जरूरत थी और आश्रम के बगल में एक चमचमाती नदी बह रही थी। दूसरा कारण यह था कि उसे अपने मार्ग की पुनः पुष्टि करनी थी। जाम्बवान ने उसे द्रोणाचल नाम दिया था, जो हिमालय पर्वतमाला का वह विशिष्ट क्षेत्र था जहाँ से जड़ी-बूटियाँ प्राप्त की जाती थीं। निश्चित रूप से इन ऋषियों को पता होगा कि क्या वह सही दिशा में उड़ रहा था।

जब वह द्रोणाचल पर्वत पर पहुंचे। पहाड़ पर लाखों जड़ी-बूटियाँ थीं। वह यह कैसे समझ पाया कि वे कौन सी चार जड़ी-बूटियाँ थीं जो जाम्बवान उससे मंगवाना चाहते थे? उन्होंने पूरे द्रोणाचल पर्वत को उठा लिया। उसने दक्षिणी क्षेत्रों की ओर बढ़ते हुए एक छलांग लगाई।

हनुमान ने खुद को भगवान राम का सेवक होने का परिचय दिया। भरत अपने भाई के एक सहयोगी से मिलकर अत्यंत प्रसन्न हुए। जिनसे वे 13 वर्षों से नहीं मिले थे। भरत ने हनुमान से उनके भाइयों और उनके ठिकानों के बारे में असंख्य प्रश्न पूछना शुरू कर दिया। हनुमान ने उन्हें समझाया

कि अब उनके पास उनके प्रश्नों का उत्तर देने के लिए पर्याप्त समय नहीं है क्योंकि लक्ष्मण का जीवन खतरे में है और इससे पहले कि बहुत देर हो जाए, उन्हें तुरंत पर्वत लेकर लौटना होगा। भरत ने समय की कमी के कारण हनुमान की परेशानी को समझा। उन्हें लगा कि कैकेयी के पुत्र के रूप में जन्म लेकर उन्होंने पहले ही अयोध्या में सभी को काफी दुख पहुँचाया है। इसलिए वह सचमुच हनुमान को खींचकर अयोध्या से सुमित्रा के महल में ले गया। हनुमान अयोध्या से बाहर चले गए। द्रोणाचल पर्वत उठाकर उसने तीर चलाया आकाश, नए उत्साह के साथ दक्षिण की ओर बढ़ रहा है और ऊपर दृढ़ निश्चय।

हनुमान युद्ध के मैदान के करीब पहुंचे, विभिन्न जड़ी-बूटियों की सुगंध हवा में तेजी से फैलने लगी। जैसे ही सुगंध लक्ष्मण की नाक में पड़ी, उन्हें होश आ गया।

केवल लक्ष्मण के साथ युद्ध के मैदान में मारे गए सभी वानर मानो गहरी नींद से जाग उठे। जो वानर सेना में उत्सव का कारण था। वही राक्षस सेना में निराशा का कारण बन गया। ऐसा इसलिए था क्योंकि रावण ने मृत राक्षसों के शवों को समुद्र में फेंक दिया था ताकि दुश्मनों को कभी भी उसके नुकसान का अनुमान न लगे और उन्हें हमेशा यह पता न चले कि उसकी कितनी सेना अभी भी महल की सुरक्षा में जीवित है। वह सभी मृत बंदरों के पुनर्जीवित होने को देखकर मूर्खतापूर्ण लग रही थी। अपने भाई को पुनः जीवित देखकर राम बहुत प्रसन्न हुए और बड़े प्रेम से उन्होंने अपने भाई को गले लगा लिया।

❐

रघुपति कीन्ही बहुत बड़ाई।
तुम मम प्रिय भरतहि सम भाई।।12।।

भगवान राम ने आपकी बहुत प्रशंसा की और कहा कि आप उन्हें अपने भाई भरत के समान प्रिय हैं।

सार

कुश की बेटी और राम की पोती हेमा के स्वयंवर समारोह के दौरान अयोध्या को बहुत धूमधाम से सजाया गया था। यह घटनाक्रम राम के अयोध्या वापस आने के बाद का है। चित्रागंदा ने भरी सभा के ठीक सामने मोहनास्त्र छोड़ कर दुल्हन का अपहरण कर लिया। जिसने अस्थायी रूप से बेहोश कर दिया। चित्रागंदा गायब हो गई। उनके होश में आने पर सेना के सबसे शक्तिशाली योद्धाओं ने चित्रागंधा का पीछा किया। युवा राजकुमार ने पूरी अयोध्या सेना को परास्त कर दिया। वायवस्त्र का उपयोग करते हुए उन्होंने एक बवंडर प्रभाव पैदा किया। सैकड़ों सैनिक हवा में उड़ गए।

उसी समय राजा उग्रबाहु का भी प्रवेश हुआ। उग्रबाहु ने लव को हथियारहीन कर दिया और बहुत जल्द ही लव को युद्ध के मैदान में बेहोश छोड़ दिया गया। लव के बेहोश होने के साथ पूरी अयोध्या सेना टूट गई।

कुशा ने हस्तक्षेप किया और स्थिति को नियंत्रित किया। कुछ ही देर में दोनों पिता-पुत्र को बंदी बना लिया गया। इसके बाद कुशा ने अपना ध्यान अपने बेहोश भाई की ओर लगाया। मामला भगवान राम तक पहुंच गया। जिन्होंने एक आश्चर्यजनक कदम उठाते हुए अपने मित्र उग्रबाहु को कैद से मुक्त कर दिया और उसे गर्मजोशी से गले लगा लिया। कुशा को उसकी बहादुरी के लिए पुरस्कृत करने के लिए राम ने उसे एक दिव्य कंगन दिया जो उसे अगस्त्य मुनि द्वारा उपहार में दिया गया था। कुशा अपने पिता से वह उपहार पाकर बहुत प्रसन्न हुआ।

उसने वह कंगन पहना। उसकी चमक कई गुना बढ़ गई। कुशा ने तुरंत कंगन के स्रोत के बारे में और जानना चाहा। अगस्त्य मुनि भी वहां मौजूद थे।

अगस्त्य ऋषि ने बताया-"ये कंगन समुद्र देवता वरुण से एक उपकार के बदले में दिया था। बहुत समय पहले की बात है राक्षसों की एक भीड़ ने समुद्र तल पर आश्रय लिया था। इंद्र ने उन्हें ढूंढने की कितनी भी कोशिश की वे समुद्र के विशाल विस्तार में अप्राप्य रहे। जब अगस्त्य मुनि ने पूरे समुद्र का पानी पी लिया तो वे उजागर हो गए। अंततः देवताओं द्वारा उनका वध कर दिया गया। अगस्त्य ने समुद्र के जल को एक अन्य माध्यम से लौटा दिया और इस प्रकार समुद्र पुनः स्थापित हो गया। कृतज्ञता के प्रतीक के रूप में समुद्र देवता ने ऋषि को यह अमूल्य कंगन उपहार के रूप में दिया।"

अगस्त्य ने इसे राम को उपहार में दिया था। राम ने इसे कुशा को उसकी वीरता की सराहना के प्रतीक के रूप में उपहार में दिया था। लावा के पुनरुद्धार को लेकर सवाल बना रहा।

अगस्त्य ऋषि ने तुरंत सुझाव दिया - हनुमान को मुद्गल ऋषि के आश्रम से मृत-संजीवनी बूटी लाने के लिए भेजा जाए। मृत-संजीवनी जड़ी-बूटियों को हनुमान भली-भांति पहचानना सीख चुके थे। जड़ी-बूटियाँ आते ही लावा अचेतन अवस्था से जाग उठा। लावा को पुनर्जीवित करने में मदद करने के लिए राम हनुमान के इतने आभारी थे। प्रतीक के रूप में राम ने एक और कंगन भेंट किया।

लंका युद्ध से ठीक पहले राम की वानर सेना से गंभीर चर्चा हुई थी।

राम ने कहा-"यदि कोई हमारी सेवा में अपना जीवन समर्पित करने के विचार से आता है तो राम योग्यता या अयोग्यता पर विचार किए बिना तुरंत उसे स्वीकार कर लेंगे। यदि रावण आता भी तो वह उसके सभी दुष्कर्मों को नजरअंदाज कर उसे आश्रय देता था।"

सुग्रीव ने शरण ली तो उन्हें किष्किंधा प्राप्त हुआ। भरत ने शरण ली तो उन्होंने अयोध्या प्राप्त मिली। विभीषण ने शरण ली तो वह युद्ध के बाद लंकाधिपति बना।

किसी ने पूछा-"अगर रावण इस समय उनकी शरण में आता तो आप क्या करते?"

राम का तुरंत उत्तर दिया-हम उन्हें अयोध्या का राजा बना देते।"

सभी सुनकर हैरान हुए। एक दूसरे का मुंह ताकते रहे लेकिन किसी में साहस नहीं था कि वह राम से पूछें कि वह ऐसा क्यों करते।

एक बंदर ने भरत के विषय में सवाल किया-भरत को राजगद्दी कहां की मिलेगी?"

राम ने कहा- "भरत को वैकुंठ का राजा बनाया जाएगा।" वानर राम के बारे में प्रश्न पूछना चाहते थे लेकिन उस सवाल से पहले यह सवाल खड़ा हो गया कि राम से क्या पूछा जाए?

राम वानरों के दिल की बात जान गए। उन्होंने वानरों की ओर देखा और बोले- "मैं तीनों राज्यों, अयोध्या में घूमूंगा।"

हनुमान सबसे अधिक समर्पित आत्माओं में से एक थे उन्हें एक पद या राज्य से वंचित कर दिया गया था।

राम ने हनुमान से पूछा- "हे हनुमान! जो भी मेरी शरण में आया, उसने मुझ से राज्य प्राप्त किया है। मैं तुम्हें उचित उपहार नहीं दे सका। जिन लोगों ने भी भाग्य प्राप्त किया है, उन्होंने आपकी कृपा से ही इसे प्राप्त किया है। आपको स्वयं कुछ भी प्राप्त नहीं हुआ है। मैं वास्तव में आपको आशीर्वाद देना चाहता हूं और ईमानदारी से आपकी इच्छाओं को पूरा करना चाहता हूं। लंका, और वैकुंठ और उन सभी की सेवा करो।"

हनुमान खूब मुस्कुराये। उस मुस्कुराहट के पीछे क्या राज था?

उन्होंने राम से कहा-"जिन अन्य लोगों का मैंने पक्ष लिया उन्होंने केवल एक ही राज्य पर राज किया है। वहीं मैंने दो राज्यों पर राज किया है।"

यह सुनकर राम और सभी बंदरों को सुखद आश्चर्य हुआ। बिना किसी को पता चले हनुमान ने एक नहीं बल्कि दो राज्यों पर राज कैसे हासिल कर लिया?

राम ने पूछा-"आपने किन दो राज्यों पर संप्रभुता प्राप्त है।"

हनुमान नीचे झुके और भगवान राम के दोनों कमल चरणों में अपना सिर छुआ और बोले-"मैं काफी भाग्यशाली हूं कि मुझे इन दो राज्यों पर

शासन प्राप्त हुआ।"

हनुमान के प्रेमपूर्ण उत्तर से राम इतने प्रसन्न हुए कि उन्होंने उन्हें बड़े प्रेम से गले लगा लिया और उनके समर्पण और सेवा भाव की सराहना की।

एक दिन राम और तीनों भाई अपने पांचवें भाई हनुमान के साथ अयोध्या के बगीचों में थे। काफी देर तक चलने के बाद राम को थकान महसूस हुई। उन्होंने बगीचे में ही एक विशाल पेड़ की छाया के नीचे आराम करने का फैसला किया। जैसे ही राम ने अपनी इच्छा व्यक्त की सभी ने हनुमान की ओर देखा और आशा की कि वह राम की सुख-सुविधा के लिए आवश्यक व्यवस्था करेंगे। हनुमान घूम गये और आकाश की ओर देखते रहे। हनुमान के इस तरह निरुत्साहित होने पर, लक्ष्मण ने स्वयं राम के लिए घास पर एक चादर बिछाई और उनके सिर के पास बैठ गए, धीरे से उसे उनकी गोद में रख दिया। तब भरत ने हनुमान की ओर देखा और आशा की कि वे कम से कम अब कुछ कार्रवाई करेंगे। लेकिन हनुमान जो कुछ भी हो रहा था उसके प्रति उदासीन लग रहे थे। वह पक्षियों को देखने में व्यस्त था और मन ही मन मुस्कुरा रहा था। भरत तुरंत राम के चरणों में बैठ गए, और धीरे से मालिश करने के लिए अपने कमल के पैर उनकी जांघों पर रख दिए। तब शत्रुघ्न हनुमान की ओर मुड़े और उनसे कुछ सेवा करने की आशा की। लेकिन हनुमान अभी भी बहुत व्यस्त थे, वह गिलहरियों के साथ खेल रहे थे। शत्रुघ्न बैठ गए और राम की भुजाओं की मालिश करने लगे। जैसे ही तीनों भाई राम की अलग-अलग सेवाओं में व्यस्त हो गए, हनुमान तुरंत मोर पंखा लेकर थोड़ी देर में लौटने के लिए दौड़ पड़े। बड़े उत्साह से उन्होंने इसका उपयोग चारों भाइयों को पंखा झलने के लिए किया।

ठंडी ताज़गी भरी हवा ने सभी को बहुत आराम पहुँचाया तभी भाइयों ने हनुमान की मनोदशा को समझा और उनकी मनोदशा यह थी कि जब वे उन चारों भाइयों की सेवा करने का अवसर प्राप्त कर सकते हैं जिनका वे आदर करते हैं तो अकेले राम की सेवा क्यों करें। इसमें कोई आश्चर्य नहीं कि राम उन्हें अपने प्यारे भाइयों के समान प्रिय मानते थे। ❐

सहस बदन तुम्हरो जस गावैं।
अस कहि श्रीपति कण्ठ लगावैं।।13।।

यह कहते हुए कि आपकी महिमा का गायन करने के लिए एक हजार मुख भी पर्याप्त नहीं होंगे, भगवान राम ने आपको गले लगा लिया।

सार

केसरी और अंजना को पता नहीं था कि उनके बेटे हनुमान पर ख़तरा मंडरा रहा है। समसादन का वध केसरी ने किया था। उसी समसादन का एक पुत्र था-वृक्षासुर। उसने अपने पिता की मृत्यु के बारे में सुना। वह उससे बदला लेने के बेचैन हो गया। जब हनुमान का जन्म हुआ उसने दुश्मन के बच्चे को मारना ही मौत का बदला लेना उचित होगा।

वृक्षासुर को वृक्ष का रूप धारण करने का वरदान प्राप्त था। वह एक पेड़ का रूप धर कर हनुमान को मारने का सोचने लगा। उसने अपनी छाया से शत्रु को पकड़ने की विशेष कुशलता प्राप्त थी।

एक दिन हनुमान ने पूरे आकाश को घेर लिया था। वृक्षासुर के लिए यह अपनी छाया पाने का अच्छा अवसर था। उसने तुरंत हनुमान को पकड़ लिया और उसे अपनी ओर खींचने लगा। जैसे ही उन्होंने छाया खींची हनुमान को लगा कि उनकी इच्छा के विरुद्ध कोई शक्ति उन्हें खींच रही है।

हनुमान ने अपने पिता को आवाज दी-"पिता जी! मुझे कोई अदृश्य शक्ति अपनी ओर खींच रही है।"

केसरी ने कहा-"तुम चिंता मत करो। मैं आ रहा हूं।"

केसरी ने हनुमान को पकड़ कर अपनी ओर खींचना शुरू किया। जो उसे वापस खींचने लगे। हनुमान उसे दोनों तरफ से खींचा जा रहा था और उसके लिए शरीर के दोनों तरफ दर्द सहना मुश्किल हो रहा था। हनुमान ने अपना आकार कई गुना कम कर लिया। ऐसा होते ही छाया भी सिकुड़ गई और वृक्षासुर को उसे छोड़ना पड़ा।

हनुमान ने वृक्षासुर को सबक सिखाने का फैसला किया। क्षेत्र का मुआइना कर उस राक्षस वृक्ष को पहचान लिया। हनुमान जैसे ही पेड़ के

पास जाते राक्षस उसकी छाया पकड़ लेता और उसे खा जाता। हनुमान ने अपनी गति से राक्षस को हराने का फैसला कर एक बड़ा पत्थर उठाया और राक्षस की ओर दौड़े। राक्षस को कोई मौका नहीं मिला। राक्षस कुछ समझ पाता उससे पहले ही हनुमान ने उसके मुंह में पत्थर घुसेड़ दिया। हनुमान ने राक्षस के आकार का गलत अनुमान लगाया था। वह पत्थर पेड़ को हनुमान को निगलने से रोकने के लिए पर्याप्त नहीं था। पेड़ ने होश में आकर हनुमान की छाया पकड़ ली और हनुमान सीधे उसके मुँह में चले गये।

हनुमान की पूंछ पेड़ के चारों ओर बंध गई। जिससे राक्षस की उन्हें खाने की योजना रुक गई। पूंछ ने पेड़ को और उखाड़ दिया। राक्षस हनुमान को जितना खींचता उतना ही वह स्वयं उखड़ जाता। अंततः पूरा पेड़ टूट कर जमीन पर गिर गया और हनुमान छूट गए। यह वृक्षासुर का अंत था। उनके पिता की मृत्यु केसरी के हाथों हुई थी और पुत्र की मृत्यु केसरी के पुत्र की पूंछ से हुई थी।

ऐसा माना जाता है कि राक्षस को हनुमान ने नहीं बल्कि हनुमान की पूंछ ने मारा था। हनुमान बहुत पहले जान गए थे कि अन्य बंदरों की तरह उनकी पूँछ उनकी बात नहीं मानती।

हनुमान ने अपने पिता से पूछा-"पिताश्री मेरी पूँछ मेरी ही अवज्ञा क्यों करती है?"

पिता ने बहुमूल्य सलाह दी-"बंदर को हमेशा अपनी पूंछ का सम्मान करना चाहिए। इससे दोस्ती करो।"

उस दिन से हनुमान ने अपनी पूंछ की पूजा करना शुरू कर दिया और इसे अपना सखा भी कहा। पूंछ ने जल्द ही उसके विचारों का जवाब देना शुरू कर दिया।

रावण तक हनुमान के शक्ति की खबरें पहुंच गई थीं। रावण घबराया हुआ था। उसे डर था कि हनुमान की शक्तिशाली शक्ति उसकी मृत्यु की घंटी बजा देगी। हनुमान को मारने के प्रयास में अनेक राक्षस अपनी जान गँवा चुके थे। रावण की हर चाल विफल रही। अब चक्रासुर की बारी थी।

रावण ने चक्रासुर को आदेश दिया-"चक्रासुर! तुम पूरी तैयारी के साथ केसरी के राज्य में प्रवेश करके उसके पुत्र हनुमान पर आक्रमण करो।"

केसरी को रावण की योजना का पता लगते ही केसरी और अंजना ने हनुमान को घर में नजरबंद कर दिया था।

केसरी ने हनुमान को हिदायत दी-"कुछ दिनों की बात है बेटा हनुमान। तुम खेलने के लिए बाहर मत निकालना। तुम्हारे उपर अनेक आक्रमण हो चुके हैं। हम नहीं चाहते कि कोई और संकट पैदा हो।" अंजना ने प्यार से हनुमान का माथा चूमा।

अपने माता-पिता का कहना मानकर हनुमान अपने घर में ही रहे।

चक्रासुर और बवंडर राक्षस ने वानर साम्राज्य में प्रवेश किया। खूब तबाही मचाई। जितना विनाश कर सकते थे किया। केसरी राज्य से बाहर गए थे। हनुमान चुपचाप घर से भाग निकले। चक्रासुर ने हनुमान को देखा। उसने तुरंत बवंडर गति में उन्हें पकड़ लिया। तूफान में और गहरे फँसते गये।

हनुमान ने देखा कि जब राक्षस किसी गड्ढे के ऊपर से गुजरा तो बवंडर उसमें नहीं घुसा। उन्होंने देखा राक्षस जिस दिशा में घूम रहा है वह दक्षिणावर्त है। हनुमान ने घड़ी की विपरीत दिशा में घूमना शुरू कर दिया। जिससे राक्षस को फंसने में मदद मिली। हनुमान नीचे और नीचे तब तक हिलते रहे जब तक कि वह एक गड्ढे में कूद नहीं सका। राक्षस गड्ढे के ऊपर आया हनुमान उसमें कूद पड़ा। बुद्धिमान बालक हनुमान राक्षस की कैद से मुक्त हो गए।

राक्षस हनुमान को इधर-उधर भटकता रहा। मगर वह नहीं मिला। इस बीच राक्षस का सामना हनुमान के मित्र से हो गया। इस मित्र के पास हनुमान द्वारा दिया गया डमरू था। हनुमान को यह खिलौना सुग्रीव और बाली के वानर पिता वृक्षराज से प्राप्त हुआ था। यह एक जादुई था डमरू था। हनुमान को किसी भी आपदा से बचाने के लिए बनाया गया था।

हनुमान ने अपने मित्र को निर्देश दिया था कि जब भी वह मुसीबत में हों तो डमरू बजाया करें। चक्रासुर की परेशानी को भांपते हुए वानर बालक ने डमरू बजाना शुरू कर दिया।

डमरू की विचित्र ध्वनि चक्रासुर के कानों में चुभ गई। चक्रासुर अब यातना सहन नहीं कर सका। वह बस दर्द के मारे गिर पड़ा। जमीन पर तड़पते हुए, वह धीरे-धीरे और दर्दनाक तरीके से मर गया।

हनुमान शिव के अवतार हैं। उन्हें सभी देवताओं से अनेक बार आशीर्वाद मिला है। राम और सीता ने उन्हें आशीर्वाद दिया है। वह इतना शक्तिशाली है कि उसका नाम ही किसी को सभी संभावित आपदाओं से बचाने और नकारात्मक तत्वों को डराने के लिए पर्याप्त है। हजार फनों वाले अनंतशेष सहित हर कोई उनकी महिमा गाता है।

❐

सनकादिक ब्रह्मादि मुनीसा।
नारद सारद सहित अहीसा।।14।।

सनक, महर्षि, ऋषि और ब्रह्मा, नारद, देवता और सरस्वती आदि भी आपकी स्तुति करते हैं।

सार

हनुमान का बचपन वनों में बीता। कहीं सघन वन थे तो कहीं बाग-बगीचे। जहां खतरनाक जानवर घूमा करते थे। बाघ, बाघिन, शेर, सियार, लोमड़ी इत्यादि सहित अनेक प्रकार के पशु-पक्षियों का शोरगुल हमेशा सुनाई देता था। ऐसे प्राकृतिक वातावरण में हनुमान जी का बचपन बीता। हनुमान ऐसे ही खतरनाक जानवरों के साथ खेला करते थे। उन्हें बड़ा आनंद आता था। हनुमान में असाधारण ऊर्जा थी। हनुमान के साथ खेल-खेल में मार खाने के बाद बाघ थक जाते थे। हनुमान उनके उपर बैठ सवारी करते।

बचपन में हनुमान बहुत नटखट थे। सभी के साथ मजाक करना उनकी दिनचर्या थी। एक विशेष ऋषि थे तृणबंधु। उन्हें हनुमान जी ने बहुत सताया था। एक सुबह जब ऋषि अपने घर से निकले तो उन्होंने देखा कि दरवाजे पर एक बाघ बंधा हुआ है। ऋषि के पेट में हलचल हो रही थी। ऋषि घर से बाहर निकलने के लिए पिछले दरवाजे की ओर भागे। दरवाजा खोला। वहां बड़े-बड़े दाँतों वाला एक जंगली हाथी बंधा हुआ था। उनकी समझ नहीं आया कि यह किस की करामात है? जिसके पास ताकत थी जो इन जंगली जानवरों से हाथापाई करने और उन्हें अपने दरवाजे के खंभों से बांधने की हिम्मत है? यह सब हनुमान के लिए ही सबसे आसान काम था। ऋषि अब इसे शरारत को बर्दाश्त नहीं कर सके और उन्होंने हनुमान को श्राप दे दिया कि यह बंदर का बच्चा अपनी सभी शक्तियों को तब तक भूल जाएगा जब तक कोई उसे उनकी याद नहीं दिलाएगा। ऋषि हनुमान के प्रति असीम प्रेम भरा श्राप था। इस श्राप से किसी का भी अहित नहीं हो सकता था। यह कोई क्रोधवश श्राप नहीं था। उसे अधिक शक्तिशाली संतों के साथ खिलवाड़ करने से बचाने की एक पिता जैसी भावना थी।

ऐसे साहसी बालक को देख आस-पास के आश्रमों रहने वाले ऋषि हनुमान जी को बहुत पसंद किया करते थे। हनुमान जी के बचपन ने महर्षियों, ऋषियों और संतों को अपनी ओर आकर्षित किया। ऋषिगण इस छोटे-से बंदर के प्रति अत्यधिक प्रेम महसूस करने से खुद को नहीं रोक सके। हनुमान ने किसी तरह उनके दिलों को इस तरह से छू लिया कि वह समझ ही नहीं सके।

एक दिन हनुमान ध्यान लगा कर बैठे थे। अचानक उन्हें अपने कंधे पर किसी का स्पर्श महसूस हुआ। उन्होंने आँख खोल कर पीछे मुड़कर देखा तो किष्किंधा का राजकुमार बाली खड़ा है। हनुमान को आश्चर्य हुआ। बाली ने हनुमान को युद्ध के लिये संकेत किया। हनुमान युद्ध नहीं ध्यान करना चाहते थे। यह देख बाली ने हनुमान का अपमान करना शुरू कर दिया। हनुमान जी ने बाली के शब्दों को नजर अंदाज कर दिया। हनुमान के साथ-साथ बाली ने राम के लिए भी अपशब्द कहे तो हनुमान ने तिलमिलाते हुए बाली की चुनौती स्वीकार कर ली। अगली सुबह पूरे साम्राज्य के सामने द्वंद्व युद्ध का निर्णय परस्पर सहमति से हुआ। अगली सुबह ब्रह्मा जी उपस्थित हुए और उन्होंने हनुमान से अनुरोध किया की कि वह बाली के खिलाफ लड़ाई में अपनी ऊर्जा का केवल दसवां हिस्सा ही इस्तेमाल करें। ब्रह्माजी के अनुरोध को हनुमान ने स्वीकार कर लिया। हनुमान कुश्ती के मैदान में चले गए। बाली ने हनुमान की आधी ऊर्जा सोखने के लिए अपने पास मौजूद रहस्यवादी रत्नों के हार का उपयोग किया। बाली हनुमान की आधी शक्ति को भी संभालने में असमर्थ था। उसकी नसें फट गईं। शरीर से खून बहने लगा। बाली को असहाय देख ब्रह्मा जी ने बाली को निर्देश दिया कि वह अपनी खींची हुई ऊर्जा को तुरंत छोड़ दे। बाली को कुश्ती न करने की बात कही। अपनी हालत गंभीर होती देख बाली ने अपनी ऊर्जा छोड़ी दी। अब हनुमान बाली से दूर होते चले गए।

थोड़ी ही दूरी बेहोश हो गया। जब बाली की चेतना जागृत हुई वह ब्रह्मा जी के सामने बैठा था। बाली ने उससे पूछा कि वह हनुमान की शक्ति को

अवशोषित करने में असमर्थ क्यों है? ब्रह्मा ने समझाया कि हनुमान उनके ही निर्देशानुसार अपनी नियमित शक्ति का दसवां हिस्सा प्रयोग किया था। हनुमान भगवान शिव के अवतार हैं। एक अवतार के रूप में हनुमान की शक्तियां तुम्हारी तुलना में असीमित रूप से अधिक हैं। यह सुनकर बाली आश्चर्यचकित हो गया।

एक अन्य कथा के अनुसार एक बार केसरी का द्वंद युद्ध एक शिकारी के साथ हुआ। शिकारी ने उसे कुछ ही पल में केसरी को परास्त कर दिया। अंजना को यह देख कर आश्चर्य हुआ। अंजना ने केसरी को शक्तिशाली राक्षसों के साथ कई बार लड़ते देखा था। लेकिन आसानी से पराजित होते हुए नहीं देखा था। उसने अपनी आँखें बंद कर भगवान शिव का ध्यान किया। जब आँखें खोलीं, तो भगवान शिव शिकारी की पोशाक में उसके सामने खड़े हैं। अंजना ने कुछ फूल चरणों में अर्पित कर उसे प्रणाम किया। अपनी मां का अनुकरण करते हुए हनुमान ने भी कुछ फूल एकत्र किए और उन्हें अपने नए शिक्षक भगवान शिव के चरण कमलों में अर्पित किया। केसरी ने अपनी मूर्खता के लिए क्षमा मांगी।

भगवान शिव ने हनुमान को पढ़ाने का प्रस्ताव स्वीकार कर लिया। शिव ने अपनी अंगूठी को बालक हनुमान की जीभ स्पर्श किया तो जादुई तरीके से बालक हनुमान भगवान की स्तुति में प्रार्थना करने लगा। शिव ने गुप्त प्रणव मंत्र हनुमान के दाहिने कान में बोला। हनुमान पूरी तरह से प्रबुद्ध हो गए। शिव ने हनुमान से कहा-"अतिशीघ्र विद्या की देवी देवी सरस्वती उन्हें असीमित बुद्धि प्रदान करेंगी। इतना ही नहीं बल्कि सही समय आने पर संगीत में प्रवीणता प्रदान करेंगी।

कालांतर में हनुमान की बुद्धि और सीखने की क्षमता अविश्वसनीय रूप से बढ़ गई।

सरस्वती के आग्रह पर रात में किष्किंधा पहुंचे। हनुमान ने नारद को गाते और वीणा बजाते सुना। हनुमान की उत्सुकता देख नारद ने उन्हें संगीत

के लिए प्रेरित किया। शीघ्र ही हनुमान गायन, संगीत, तवला, बांसुरी आदि सभी संभावित संगीत वाद्ययंत्रों में पारंगत हो गए।

नारद और हनुमान से संबंधित कथा रोचक और ज्ञानवर्धक है। नारद ने अपने शिष्य की परीक्षा लेने का निर्णय लिया। उन्होंने हनुमान से अपने पसंदीदा गीत को गाने का आदेश दिया। आज्ञाकारी हनुमान गाना शुरू किया। उनकी आवाज सुन नारद मंत्रमुग्ध हो गए। हनुमान के गायन के प्रभाव से पत्थर पिघलकर बहने लगे। गायन बंद होने पर पिघले पत्थर सख्त हो गए। नारद की वीणा इस दौरान नदी में गिर गई। उसे पाने के लिए नारद ने हनुमान से एक बार फिर गाने का अनुरोध किया। अब हनुमान के चेहरे पर शरारत भरी मुस्कान थी। उन्होंने गाने से साफ इनकार कर दिया। नारद के पास यही एकमात्र वीणा थी। हनुमान नारद से दूर जाने लगे और फिर नारद से दूर भागने लगे। उनके पास हनुमान का पीछा करने के अलावा कोई विकल्प नहीं था। हनुमान किष्किंधा शहर में चारों ओर चक्कर लगाने लगे। अंततः हनुमान उसी स्थान पर वापस आ गये जहाँ से वह चले थे। हनुमान ने अपने गुरु के अनुरोध का पालन करते हुए गाना गाया। चट्टान पिघल गयीं। वीणा वापस मिल गई। नारद ने हनुमान से पूछा-"वीणा दिलाने के लिए उन्हें इतना क्यों दौड़ाया?"

हनुमान ने मुस्कराते हुए कहा-"अपने गुरु के चरण कमलों की धूल से पूरी किष्किंधा नगरी को पवित्र करना चाहते थे।"

हांफते हुए नारद उत्तर सुनकर मंत्रमुग्ध हो गये। नारद हनुमान की विनम्रता और रचनात्मक सोच से बहुत प्रभावित हुए।

❐

जम कुबेर दिगपाल जहां ते।
कबि कोबिद कहि सके कहां ते॥15॥

यम, कुबेर और सभी दिशाओं के रक्षक चाहकर भी आपकी पूरी महिमा का वर्णन नहीं कर सकते।

सार

हनुमान के लिए संजीवनी बूटी लाना नहीं था। संभवतः इस बात का अंदाजा नहीं था कि हिमालय पर्वत से वह जड़ी-बूटी आसानी से ले आएंगे। तुलसीदास जी ने यहां यह स्पष्ट करने का प्रयास किया है कि तत्कालीन समय में यम और कुबेर जड़ी-बूटियों की सुरक्षा में तैनात थे ताकि कोई उनका कोई गलत इस्तेमाल नहीं करे। यहां हनुमान जी का सामना यम और कुबेर से हुआ।

एक योद्धा के जीवन में विश्राम नहीं होता। उसे हमेशा सतर्क रहना पड़ता है। युद्ध के लिए तत्पर रहना पड़ता है। लंका से हिमालय तक की लंबी कठिन और थकान भरी यात्रा से हनुमान उबर भी नहीं पाये थे कि एक नई चुनौती मिली। हनुमान अपने अदृश्य शत्रु से द्वंद्व के लिए तैयार हो गए। घना कोहरा या बादलों की अधिकता होने के कारण हनुमान को कोई दिखाई नहीं दे रहा था। जिसने भी उन्हें लात मारी थी वह उस धुंध के पीछे छिपा हुआ था।

धुंध छंटते ही एक डरावना व्यक्ति सामने आया। उसे देख हनुमान बोले- "हे मृत्युदेव! मुझे विश्वास नहीं हो रहा कि यह आप हैं! आप मुझे लात क्यों मारी?"

"हे वायु पुत्र! आप जैसे सज्जन व्यक्ति को अनजाने में लात मारने के लिए मुझे क्षमा करें।" यम ने हाथ जोड़कर कहा। हनुमान शांत रहे। कोई उत्तर नहीं दिया। यम ने अपनी जारी रखते हुए आगे कहा-"मैंने स्वयं आपको वरदान दिया था कि आप कभी भी मृत्यु को स्पर्श नहीं कर पाएंगे। मुझे इस पर्वत पर रुद्र मंत्रों की बेड़ियों से जकड़ दिया और मुझे निर्देश दिया

है कि जो कोई भी इस पर्वत पर कदम रखने की हिम्मत करेगा उसे मार डालूँगा। मैं कितनी भी कोशिश करूँ, इस बंधन से मुक्त नहीं हो पा रही हूँ।"

हनुमान को यम पर दया आ गई। उनके एक स्पर्श से रुद्र मंत्र की बेड़ियाँ टूट गईं और यम मुक्त हो गए। रावण ने ही इन जड़ी-बूटियों की सुरक्षा व्यवस्था की थी। रावण की इस दूरदर्शिता और रणनीति से हनुमान प्रभावित हुए।

यम ने हनुमान को बहुत धन्यवाद देते हुए उन्हें आशीर्वाद दिया। हनुमान ने उसे निर्भयता का आशीर्वाद दिया। यम ने हनुमान से कहा-"जो कोई भी उन्हें याद करेगा उसे कभी भी मृत्यु से डर नहीं लगेगा। जो कोई भी हनुमान का अनुसरण करेगा यम स्वयं उसकी रक्षा करेंगे।"

यम को बचाकर जैसे ही हनुमान लंका जाने के लिए तत्पर हुए उन्हें एक आवाज सुनाई दी। वह ठहर गए।

बहुत धीमी आवाज थी। हनुमान उस ओर बढ़े जहां से आवाज आ रही थी। आवाज स्पष्ट हो गई। यह स्पष्ट आवाज पहाड़ की एक गुफा से आ रही थी। आवाज में हताशा का भाव था। हनुमान ने गुफा में प्रवेश किया। उनका स्वागत हुआ।

गुफा की छत से लटके हुए व्यक्ति ने विनम्रता से निवेदन किया-"कृपया मेरी मदद करो!"

यह रावण द्वारा बंदी बनाया गया एक व्यक्ति था। हनुमान ने छत पर लगी जंजीरों को हटाकर सावधानीपूर्वक उस पीड़ित व्यक्तित्व को नीचे उतारा। हनुमान ने उसे घुमा कर उसका मुंह अपनी ओर किया तो हनुमान जी के मुंह से अचानक निकला-"शनिदेव आप!"

शनि देव ने हाथ जोड़कर हनुमान को बताया-"ज्योतिष विद्वान होने के कारण रावण मेरी दृष्टि की शक्ति को जानता था। वह जानता था कि मैं किसी व्यक्ति पर ढाई वर्ष तक कृपादृष्टि रखता हूं और अगले ढाई वर्ष तक प्रतिकूल दृष्टि रखता हूं। रावण जब मेरे निवास पर आए तब ज्योतिषीय रूप से मैं रावण का पक्ष ले रहा था। रावण ने यह सुनिश्चित करने के लिए मुझे

कैद कर लिया था कि मैं भविष्य में उसे बिल्कुल भी घूरकर न देखूं। यानी प्रतिकूल दृष्टि का प्रश्न ही न रहे। रावण यह सुनिश्चित करना चाहता था कि मैं न केवल उस पर बल्कि लंका में किसी पर भी, यहाँ तक कि लंका में किसी भी वस्तु पर प्रतिकूल दृष्टि न डालूं। इसलिए रावण ने मुझे लंका के किनारे इस गुफा में बाँधक बना दिया। यह गुफा ऐसी है कि यदि कोई बाहर से देखे तो केवल दीवार ही देख सके और कुछ नहीं।"

शनि ने हनुमान के प्रति आभार व्यक्त किया। शनि ने उन्हें आशीर्वाद दिया कि जो कोई भी हनुमान का स्मरण करेगा उस पर कभी भी शनि की दृष्टि से होने वाले कष्टों का प्रभाव नहीं पड़ेगा। इस तरह की अनेक कथाएं प्रचलित हैं।

❑

तुम उपकार सुग्रीवहिं कीन्हा।
राम मिलाय राज पद दीन्हा।।16।।

आपने सुग्रीव को भगवान राम से मिलवाकर उनकी सहायता की, जिन्होंने फिर उन्हें अपना राजपद वापस दिलाने में मदद की।

सार

ऐसा माना जाता है कि त्रेता युग में भगवान ने सूर्य के पुत्र सुग्रीव की मदद की और इंद्र के पुत्र बाली को मार डाला। द्वापर युग में, उन्होंने इंद्र के पुत्र अर्जुन की मदद की और सूर्य के पुत्र कर्ण को मार डाला। द्वापर युग में अर्जुन विनम्र और कर्ण अहंकारी था। त्रेता युग में सुग्रीव विनम्र था जबकि बाली घमंड से भरा हुआ था।

सुग्रीव शारीरिक दृष्टि से तो दुर्बल था। चरित्र की दृष्टि से भी वह दुर्बल था। उसमें साहस नहीं था। उनमें कोई घमंड नहीं था। अहंकार ही उसकी एकमात्र योग्यता थी। कोई अनुग्रह की मांग नहीं कर सकता। यहीं पर सुग्रीव के जीवन में हनुमान का आगमन होता है। हनुमान वह पुण्यात्मा व्यक्ति थे।

हनुमान ने सुग्रीव को भगवान से मिलाया। इस दुनिया में लोगों की तीन श्रेणियां हैं-

1.भौतिकवादी,

2.साधक (आध्यात्मिक पूर्णता का मार्ग असमानता वाले), और

3.सिद्ध (जिन्होंने आध्यात्मिकता का मार्ग पूर्ण कर लिया है)।

भौतिकविदों के ईश्वर तक पहुँचने की संभावना सबसे कम होती है। सुग्रीव ऐसे ही एक भौतिकवादी हैं। हनुमान सिद्ध पुरुष हैं। वह पूर्णता तक पहुँच चुके हैं।

हनुमान ने सूर्य से अपनी शिक्षा पूरी की। वह अपने गुरु दक्षिणा देना चाहते थे। गुरु दक्षिणा भी दान का ही एक रूप है। सूर्य ने दान के रूप में हनुमान से एक वचन मांगा था। वह वचन था-'हनुमान् उनके पुत्र सुग्रीव की देखभाल करें और उनकी सेवा करें।' हनुमान ने तुरंत वचन दे दिया। तब से

हनुमान हर पल सुख-दुख में सुग्रीव के साथ बने रहे। इतना ही नहीं बल्कि उन्होंने राम से भी मित्रता करवाई। यह किसी उपकार से कम नहीं था।

महर्षि वाल्मीकि कृत रामायण का हर पात्र एक संदेश जरूर देता है। हनुमान दूसरों के लिए आशा का प्रतीक हैं। संकट के समय यदि कोई अपना या अपरिचित इतना भर कहा दे कि "चिंता मत करो। हम हैं।" यह सुनकर संकटग्रस्त व्यक्ति का हौसला बढ़ जाता है। फिर हनुमान जी तो आज भी परम पूज्य हैं। हनुमान सुग्रीव और राम के लिए संकटमोचक हैं।

हनुमान केवल सुग्रीव और राम के संकटमोचक ही नहीं बल्कि वह उन सभी की मदद को सदैव तत्पर रहते हैं जो भयग्रस्त हैं। एक समय हनुमान ने डरे हुए वानरों को आश्वासन दिया-"अब इस पर्वत पर बाली से कोई डर नहीं है। जब तक मैं तुम्हारे पक्ष में खड़ा हूं तब तक डरने की कोई बात नहीं है। मतंग ऋषि आपके पक्ष में है। अब इस पर्वत पर बाली से आपको कोई खतरा नहीं हो सकता।"

उन्होंने वानरों को सुझाव दिया कि तुम सभी भेष बदलने की तरकीब का इस्तेमाल करो ताकि इन व्यक्तित्वों के इरादों का पता कर सको। भ्रमणशील संन्यासी का रूप धारण करो। कोई भी धर्मात्मा संभवतः किसी संत आत्मा से अपने इरादे नहीं छिपा सकता। इस माध्यम से मानव मनोविज्ञान का विश्लेषण करके उनके दिमाग को पढ़ने की अपनी विशेषज्ञता का उपयोग करें।

हनुमान स्वयं एक संन्यासी का रूप धारण कर दो अजनबियों की पहचान करने के लिए निकल पड़े। संक्षिप्त बातचीत हुई और हनुमान आसानी से समझ गए कि वह दोनों दुश्मन नहीं बल्कि दोस्त हैं। कौन हैं यह दोनों अजनबी? यह हैं राम और लक्ष्मण। इस घटनाक्रम से अन्य वानरों के आत्मविश्वास में वृद्धि हुई। हनुमान से संक्षिप्त बातचीत से राम को समझ में आ गया कि हनुमान संन्यासी नहीं हो सकते और न ही वह कोई सामान्य व्यक्ति हो सकते हैं। राम पर हनुमान की पहली छाप गहरी पड़ी। राम ने

हनुमान को देख कर लक्ष्मण के कान में कहा-"इन से मिलकर ही मुझे पूरा यकीन हो गया कि सुग्रीव ही सीता को ढूंढने में हमारी मदद करने के लिए सही व्यक्ति हैं।"

हनुमान राम और लक्ष्मण को सुग्रीव के पास ले गए। तीनों की मित्रता करवाई। राम सुग्रीव से मिले। सुग्रीव का हृदय सरल था। वह इतने सरल थे कि राम को अपनी सारी कमियाँ बताने में उन्हें कोई झिझक नहीं होती थी। सुग्रीव अपने नाम को सार्थक करते हैं। सुग्रीव शब्द का अर्थ है - गर्दन। विनम्र व्यक्ति सदैव गर्दन झुकाकर खड़ा रहता है। सुग्रीव का एक विशेष गुण उसकी विनम्रता थी। हनुमान भगवान और भक्त के बीच की कड़ी थे।

लक्ष्मण ने अपनी शंका का निवारण करने के मकसद से एक प्रश्न राम से किया-"माता सीता की खोज के लिए बाली को नहीं बल्कि सुग्रीव को क्यों चुना?"

राम ने लक्ष्मण को उनकी शंका का निवारण करते हुए बताया-"सुग्रीव के पास दो अद्वितीय शक्तियां हैं। एक तो वह दौड़ने में तेज़ है। दूसरा यह कि वह बहुत साधन संपन्न हैं। वह ऋषिमुख पर्वत पर रह सकता है बाली नहीं। यह शक्तियां सीता को खोजने के लिए सही गुण हैं।"

हनुमान ने केवल राम की मदद की बल्कि उन्होंने सुग्रीव को राज्य हासिल करने में भी मदद की। यही कारण है कि तुलसीदास कहते हैं-तुम उपकार सुग्रीवहि कीन्हा राम मिलाय राजपद दीन्हा।

❐

तुम्हरो मंत्र बिभीषन माना।
लंकेश्वर भए सब जग जाना।।17।।

इसी प्रकार आपके उपदेशों का पालन करते हुए विभीषण भी लंका के राजा बन गए।

सार

हनुमान ने सीता की खोज हर जगह ढूढा। घरों के अंदर खोजा। मंदिरों के अंदर ढूंढा।

हनुमान ने लंका के हर घर को एक मंदिर माना। मगर सीता नहीं मिली।

एक घर से हनुमान को पवित्र नाम के जप की आवाज़ सुनाई दी। हनुमान प्रसन्न हुए। विभीषण ने हनुमान का स्वागत किया। हनुमान ने कहा-"जय श्री राम।" विभीषण ने हनुमान से परिचय पूछा। हनुमान ने अपना परिचय दिया-"मैं पवनपुत्र हनुमान हूं। राम का सेवक हूं।"

विभीषण ने हनुमान को राक्षसों के बीच भक्त होने के खतरों के बारे में बताया। पकड़े जाने पर घातक परिणाम के डर से उन्होंने छिपकर अपनी साधना की। हनुमान ने विभिषण से पूछा-"आप लंका छोड़कर भगवान राम की शरण में क्यों नहीं चले जाते?"

विभीषण ने गहरी सांस लेकर कहा-"मैं कैसे अपने भाई को छोड़ सकता हूं? आखिरकार वह मेरा भाई है। लंका ही मेरा घर है।"

हनुमान ने विभीषण को प्यार से समझाया-"यह सब इस पर निर्भर करता है कि आप क्या सोचते हैं कि आप कौन हैं। आपका स्वधर्म क्या है? यदि आप सोचते हैं कि आप रावण के भाई हैं। आपका धर्म लंका में रहना है। रावण का सलाहकार बनना है। यह एक रिश्ते का द्योतक है। इसके विपरीत यदि आप सोचते हैं कि आप मेरे भाई हैं। राम और सीता के परिवार से हैं। तो यह आपका आध्यात्मिक ज्ञान है। अतः आप लंका छोड़ सकते हैं। राम की शरण ले सकते हैं। धर्म सदैव गतिशील है, स्थिर नहीं। यह इस समझ के साथ बदलता है कि आप वास्तव में कौन हैं।"

हनुमान के ज्ञानवर्धक शब्दों को सुनकर विभीषण को अभिभूत हो गया। विभीषण हनुमान से वायदा किया कि वह उनके प्रस्ताव पर विचार करेंगे।

हनुमान के जाने के बाद रावण ने विभीषण के महल में प्रवेश किया। क्रोधवश कहा-"विभीषण! तुम्हारे कारण मुझे लगातार शर्मिंदगी का सामना करना पड़ता है। तुम हमारे सम्मानित राक्षस वंश पर एक कलंक हो।"

विभीषण ने आश्चर्यचकित होकर पूछा-"मैंने ऐसा क्या किया है जो राक्षस वंश अपमानित हुआ है?"

"तुम जो कुछ भी करते हैं वह अक्षम्य है। लगातार राम के नाम का जप करते रहते हो। कौन सा राक्षस ऐसा करता है? तुम एक सच्चे राक्षस के बजाय स्वर्गीय नागरिकों की तरह व्यवहार करने पर क्यों तुले हुए हो?"

"ओह!" विभीषण ने राहत महसूस करते हुए कहा-"तो ये बात है। मैं इसे समझा सकता हूं। मैं भगवान का नाम नहीं जप रहा हूं। मैं वास्तव में आपका नाम जप रहा हूं। 'रा' मेरे आदरणीय बड़े भाई रावण का छोटा रूप है और 'मा' मेरी आदरणीय मंदोदरी भाभी का छोटा रूप। मैं लगातार आपके नाम का जाप कर रहा हूं। रावण मंदोदरी का जाप काफी लंबा है। मैंने इसका एक संक्षिप्त रूप रा-मा का आविष्कार किया है।"

यह सुनकर रावण का क्रोध शांत हो गया। खड़ा-खड़ा मुस्कुराता रहा।

विभीषण इसी अवसर की तलाश में था। उसने तुरंत रावण से कहा-"मैं चाहता हूं कि आप और लंका के प्रत्येक नागरिक अपनी दीवारों को 'राम' से भर दें।"

रावण को विभीषण का यह प्रस्ताव पसंद आ गया। उसने प्रसन्नता पूर्वक आदेश दिया-"तुम लंका हर दीवार पर मेरा नाम लिखवा दो। लंका के हर नागरिक को आज से राम का जाप करने का आदेश पारित कर दो। यह मेरा आदेश है।"

इतना कहकर रावण वहां से चला गया। यह था हनुमान जी के प्रस्ताव का प्रभाव जिसे बुद्धिमान विभीषण ने बखूबी रावण के समक्ष प्रस्तुत कर लंका में राम नाम का जाप करने के लिए मना लिया। हनुमान भक्त तुलसीदास जी ने प्रसन्नतापूर्वक लिखा-तुम्हारो मंत्र बिभीषण मना।

सीता की लंका में उपस्थिति एक अहम सवाल था। लंका में इस विषय पर गंभीरता से विचार हो रहा था। रावण के मंत्री उसके खिलाफ नहीं जा सकते थे। उसके खिलाफ बोल नहीं सकते थे। रावण को चापलूसी पसंद थी। चापलूसों से वह हमेशा घिरा रहता था। रावण को नेक सलाह देने का साहस किसी में नहीं था। विभीषण के अलावा रावण कोई शुभचिंतक नहीं था। सीता को लेकर हुए विचार-विमर्श में सभी सभासदों ने फैसला रावण पर छोड़ दिया था। इस विचार मंथन से विभीषण को स्पष्ट हो गया कि हनुमान की बात मान लेना ही हितकारी है। विभीषण ने फैसला लिया कि वह अपने आध्यात्मिक धर्म, परम धर्म, के साथ जायेंगे।

विभीषण ने रावण को समझाया-"सीता को छोड़ देना ही न्याय पूर्ण निर्णय होगा। दूसरे की पत्नी का अपहरण कर जबरदस्ती करना पाप है। एक राजा को इस तरह का व्यवहार करना शोभा नहीं देता।"

इतना सुनते ही रावण विभीषण को अपनी सभा और लंका से बाहर निकाल दिया। अपमानित होने पर भी विभीषण अत्यंत प्रसन्न था। वह सभा से चला गया। उसका मानना था कि रावण के पैरों का यह प्रहार उसे दूसरे पैरों की जोड़ी तक ले जाएगा।

भौतिकवादी मानसिकता से आध्यात्मिक मानसिकता श्रेष्ठ है। विभीषण अपने चार विश्वस्त मित्रों के साथ लंका छोड़कर समुद्र के पार राम के शिविर में पहुँच कर वानर सेना के रक्षक को सूचित किया कि वह राम की शरण में आए हैं। विभीषण के आगमन से सभी स्तब्ध रह गये।

सुग्रीव शत्रु के भाई को अपने शिविर में शामिल करने के लिए उत्सुक नहीं थे। उन्होंने स्पष्ट रूप से कहा-"हे भगवान, दुश्मन को हमारे शिविर में

प्रवेश करने देना मूर्खतापूर्ण है। वह हमारे सभी सैन्य रहस्य खोल सकता है। हम उस व्यक्ति पर कैसे भरोसा कर सकते हैं जो अपने ही भाई को धोखा दे रहा है?"

राम ने हनुमान की ओर देखा और पूछा-"आप क्या कहते हैं हनुमान? सुग्रीव और मुझे आपकी राय पर भरोसा है इसलिए आप जैसा कहेंगे हम वैसा ही करेंगे।"

हनुमान ने लंका में विभीषण के साथ हुए संवाद के विषय में सभी को बताया। उन्होंने बताया कि विभीषण पूरी लंका में एकमात्र पवित्र व्यक्ति मिले थे। जो सभी बाधाओं के बावजूद भगवान के नामों का जप करते थे।

विभीषण को उम्मीद नहीं थी कि राम उनकी सलाह लेंगे। लक्ष्मण खुलेतौर पर उनके पक्ष में नहीं थे। राम ने कहा-"विभीषण! आप जो कहेंगे हम कोशिश करेंगे।" विभीषण प्रसन्न हो गये।

❐

जुग सहस्र जोजन पर भानु।
लील्यो ताहि मधुर फल जानू।।18।।

हजारों योजन की दूरी पर सूर्य खड़ा था, जिसे आपने एक मीठा फल समझा और निगल लिया।

सार

अंकों का महत्व हम सभी के जीवन में होता है। किसी भी व्यक्ति का संपूर्ण जीवन अंकों पर आधारित होता है। उसी तरह से सारे ब्रह्माण्ड की गणना अंकों में होती रही है। आज भी हो रही है और भविष्य में भी होती रहेगी। तुलसीदास जी को प्राचीन महर्षियों और ऋषियों द्वारा पृथ्वी से सूर्य की दूरी ज्ञात थी। उसी आधार पर उन्होंने इस चौपाई में पृथ्वी से सूर्य की दूरी बता कर उल्लेख किया है कि बाल्यावस्था में हनुमान जी ने 15,36,00,000 किलोमीटर दूर स्थित सूर्य को एक मीठा फल समझकर अपने मुंह में डाल लिया था। आधुनिक खगोलीय वैज्ञानिकों के मुताबिक पृथ्वी और सूर्य के बीच की औसत दूरी करीब 15 करोड़ किलोमीटर है। वर्तमान में खगोलीय वैज्ञानिक पृथ्वी से सूर्य की दूरी 14,96,00,000 किलोमीटर और मील में 92,96,00,000 मील मानते हैं।

प्राचीन काल में हमारे वैज्ञानिक गणना को किलोमीटर या मील में न करके 'योजन' में किया करते थे। आइए समझते हैं कि योजन को किलोमीटर या मील में कैसे परिवर्तित किया जाता है -

गणनाकार मानते हैं कि युग 12000 वर्ष के बराबर होता है। इस आधार पर एक सहस्र 1000 वर्ष का होता है। गणीतज्ञ एक योजन को 8 मील के बराबर मान कर आगे की गणना करते हैं। इसके लिए उन्होंने एक सूत्र विकसित किया। यथा- "युग x सहस्र x योजन = बराबर भानु", भानु सूर्य को कहते हैं। इस सूत्र में अंकों को रखते हैं-"युग 12000 x सहस्र 1000 x योजन 8 = बराबर भानु 96000000 मील", इसका मतलब यह हुआ कि पृथ्वी से सूर्य की दूरी है-96000000 मील।

अब आधुनिक युवाओं की जानकारी के अनुसार गणना करते

हैं क्योंकि आजकल सभी लोग किलोमीटर से दूरी को अच्छी तरह से समझते हैं। आज एक मील को 1.6 किलोमीटर के बराबर माना जाता है। तो 96000000 मील x 1.6 किलोमीटर = 15,36,00,000 किलोमीटर ज्ञात होता है। प्राचीन भारतीय महर्षियों द्वारा ज्ञात की गई दूरी और आधुनिक खगोलीय वैज्ञानिकों द्वारा बताई गई दूरी में आंशिक अंतर है। आंशिक अंतर बहुत अधिक मायने नहीं रखता क्योंकि आज अत्याधुनिक तकनीक के माध्यम से गणना की गई जबकि पुरातन काल में आज जैसे यांत्रिक उपकरण उपलब्ध नहीं थे।

शिशु हनुमान का अन्नप्राशन समारोह का आयोजन किया था। हनुमान ने पहले कुछ दाने खाए तो उनकी भूख सक्रिय हो गई। उसकी माँ ने उसे हर संभव फल खिलाए। बाल हनुमान की भूख शांत नहीं हो रही थी। नारद मुनि ने सूर्य की ओर इशारा किया।

हनुमान सूर्य को कोई बड़ा फल समझकर उसकी ओर लपके। शिशु हनुमान की सूर्य को निगलने के लिए छलांग लगाने की कहानी को अक्सर पेट की भूख के रूप में देखा जाता है। विद्वानगण इसे ज्ञान प्राप्त करने के लिए हृदय की भूख मानते हैं। यह अनंत ज्ञान प्राप्त करने की उनकी उत्सुकता का संकेत है। हनुमान अत्यंत भूखे बालक थे। उसकी भूख आम बच्चों की भूख जैसी नहीं थी। उनकी भूख बौद्धिक भूख थी। जीवन की गहरी सच्चाइयों को समझने की भूख। तुलसीदास जी ने हनुमान जी की ज्ञान पिपासा को एक नया रूप दे कर प्रस्तुत किया है और हनुमान जी के माध्यम से धरती चांद की दूरी को भी स्पष्ट किया है।

❐

प्रभु मुद्रिका मेलि मुख माहीं।
जलधि लांघि गये अचरज नाहीं।।19।।

भगवान राम की अंगूठी अपने मुंह में लेकर, आपने समुद्र को पार कर लिया और यह कोई आश्चर्य की बात नहीं थी।

सार

सुग्रीव ने राम और लक्ष्मण के साथ सीता को खोजने की युक्ति निकालने के लिए विशेष बैठक बुलाई। इस बैठक में किष्किन्धा के सभी विशिष्ट व्यक्तियों को आमंत्रित किया गया था। विचार-विमर्श के बाद यह तय किया गया है वानर सेना को सीता की खोज के लिए अलग-अलग दिशाओं में भेजा जाए। अतः वानरों को अलग-अलग समूहों में बांट दिया गया। प्रत्येक दिशा के संबंध में आवश्यक जानकारी एवं हिदायतें दी गई।

सुग्रीव ने हनुमान को दक्षिण की ओर जाने वाले समूह में शामिल किया गया। इस समूह का नेतृत्व अंगद कर रहे थे। जाम्बवान और अन्य लोग उनकी सहायता के लिए नियुक्त किए गए।

सुग्रीव ने दक्षिण समूह को संबोधित करते हुए हनुमान से कहा- "जाम्बवान ज्ञानी है। आप अंगद की वह शक्ति हैं जो सभी को साथ लेकर चलती हैं। सीता खोज की सफलता आप पर निर्भर है। भूमि पर आपको कोई भी बाधा रोक नहीं सकती है। समुद्र हो या आकाश आप सभी को लांघने में सक्षम हैं। तीनों लोकों में कोई भी आपके कौशल, चतुराई, साहसिक भावना या बुद्धि की बराबरी नहीं कर सकता है। आप सीता को ढूंढ़ने में अवश्य सफल होंगे।"

राम ने एक सोने की अंगूठी हनुमान को दी। हनुमान अंगूठी को अपने दाहिने हाथ की तर्जनी और अंगूठे के बीच पकड़ लिया और श्रद्धापूर्वक उसे अपने सिर से लगाय। हनुमान ने सुरक्षित रूप से अपने कमरबंद में अंगूठी छिपा लिया। राम का आशीर्वाद ले हाथ में अंगूठी लेकर वह खोज अभियान के लिए निकल पड़े। कठिन यात्रा को ध्यान में रखते हुए हनुमान

ने अंगूठी अपने मुंह में सुरक्षित कर ली।

800 मील समुद्र को पार करने पर विचार हुआ। तब जाम्बवान ने हनुमान को उनकी शक्तियों की याद दिलाई। और कोई समुद्र पार करने और वापस आने में सक्षम नहीं था। राम ने अंगूठी केवल हनुमान को दी। इसलिए यदि कोई समुद्र को पार कर सकता था, तो वह हनुमान थे।

हनुमान स्वयं पवनपुत्र हैं। उनमें वायु तत्व शामिल था। छलांग समुद्र के ऊपर थी, इसलिए जल तत्व शामिल था। उन्होंने आकाश मार्ग का उपयोग किया और इस प्रकार आकाश तत्व शामिल हो गया। सीता को ढूंढना था जो भूमि सुता या पृथ्वी की बेटी हैं, इसलिए पृथ्वी तत्व भी शामिल था। हनुमान को पंचतत्व का ज्ञान था। लंका दहन में अग्नि तत्व भी शामिल हो गया।

समुद्र पार करते समय हनुमान को चार बाधाओं का सामना करना पड़ा। पहली बाधा मयनाका नाम का एक सुनहरा पर्वत था। यह समुद्र की गहराई से उत्पन्न हुआ था। उस पर्वत के देवता ने हनुमान को विश्राम के लिए के लिए आमंत्रित किया। हनुमान ने इस निमंत्रण को अस्वीकार कर दिया।

बाधा का नाम था सुरसा। वह लंका के लिए हनुमान की तैयारियों का परीक्षण करने के लिए देवताओं द्वारा भेजा गया था। वह समुद्र से उठी और हनुमान का रास्ता यह कहते हुए रोक दिया कि उसे ब्रह्मा का वरदान है कि जो कोई भी समुद्र के पार से गुजरेगा उसे उसके मुख में प्रवेश करना होगा। सुरसा ने उसकी आगे की गति को रोकने के लिए अपने मुँह का आकार बढ़ाकर प्रतिक्रिया व्यक्त की। इससे हनुमान क्रोधित हो गए और उन्होंने अपना आकार उनसे भी बड़ा मानकर बढ़ा लिया। सुरसा ने उन्हें आकार में हरा दिया और फिर हनुमान और भी बड़े हो गए। उसने एक बार फिर हनुमान को पछाड़ दिया। हनुमान न सिर्फ छोटे हो गए बल्कि अतिलघु यानि बहुत छोटे हो गए। हनुमान बहुत छोटे हो गए और उसके मुख में प्रवेश करके बाहर आ गए, इस प्रकार ब्रह्मा का वरदान पूरा हुआ। सुरसी उसकी

बुद्धिमत्ता से प्रभावित हुई और बदले में उसे विजयी होने का आशीर्वाद दिया।

अचानक वह बड़ी ताकत से समुद्र की ओर खींच लिया गया। वह सिंहिका नाम की राक्षसी के खुले मुँह में जा गिरे। जो अपनी छाया से किसी को भी बंदी बना सकती थी। उसने हनुमान को एक ही घूंट में पूरा निगल लिया। हनुमान ने उसके पेट को अंदर से फाड़ दिया और खूनी पानी से बाहर निकल गए और एक बार फिर आकाश में लंका की ओर बढ़ गए।

हनुमान समुद्र के दूसरी ओर लंका पहुंच गए। लंका के सुरक्षा प्रमुख लंकिनी के रूप में चौथी बाधा को पार करना था। हनुमान ने अंदर जाने की कोशिश की तो उसने उन्हें बलपूर्वक बाहर धकेल दिया। क्रोधित हनुमान ने उसे मुक्का मार दिया। लंकिनी ने अपने झूठे गुरु रावण की सेवा छोड़ दी और अपने सच्चे गुरु राम की सेवा करने लगी। यह यात्रा किसी के लिए भी कठिन थी। हनुमान ने सहजता से अपनी यात्रा पूरी की।

❒

दुर्गम काज जगत के जेते।

सुगम अनुग्रह तुम्हरे तेते।।20।।

आपकी कृपा से संसार के सभी कठिन कार्य सरल हो जाते हैं।

सार

समुद्र लंघने से पहले हनुमान के मन में अनेक प्रश्न थे। हनुमान ने जाम्बवन्त से पूछा-"बताओ! मुझे लंका में जाकर क्या करना होगा? क्या इस समुद्र को यहीं से पी लूँ? लंका को उठाकर त्रिकूट पर्वत सहित समुद्र में फेंक दूँ? दुष्ट रावण को पकड़ कर कीड़े की भाँति पैरों से मसल दूँ? संसार से राक्षसों का नाम ही मिटा दूँ?"

एक बार राम से भी ऐसे ही अनेक प्रश्न हनुमान ने किए थे। "हे प्रभो! आपकी आज्ञा हो तो मैं स्वर्ग अथवा पाताल से अमृत उठा लाऊँ? चन्द्रमा को पकड़ कर भीगे वस्त्र-सा इनके मुख में निचोड़ दूँ? यमराज कुछ गड़बड़ करें तो उन्हें भी पकड़ कर कच्चा चबा जाऊँ? सूर्य को ही पकड़ कर पाताल में क्यों न बंद कर दूँ जिससे उसका सूर्य उदय न हो सके?

कहने का तात्पर्य यह है कि हनुमान असंभव-से-असंमव काम करने में सक्षम थे। यही वजह है कि तुलसीदास जी ने म शब्दों में हनुमान के लिए लिखा है-दुर्गम काज जगत के जेते।

हनुमान ने अशोक वाटिका में सीता को पाया था और उन्हें राम का संदेश दिया था। सीता के आशीर्वाद और अनुमति से, हनुमान लंका शहर का निरीक्षण करने के लिए आगे बढ़े। उन्होंने योगनियों को देखा जो रावण का जयकारा लगा रहीं थीं। गुस्से में दहाड़ते हुए वह योगिनियों को भयभीत करते हुए उनके बीच में कूद पड़े। भयभीत अनुयायियों को शांत करते हुए एक ने हनुमान से पूछा-"हे वानर! आप कौन हैं? और आप यहां कैसे आये?"

हनुमान ने अपना परिचय देते हुए कहा-"मेरा नाम हनुमान है। मैं पवन देवता का पुत्र हूं। मैंने भगवान राम की दासता स्वीकार कर ली है जिनकी

दया से मैं समुद्रों और जंगलों सहित पूरी पृथ्वी को नष्ट कर सकता हूं। मैं यहां माता सीता की खोज में आया हूं, जिन्हें दुष्ट रावण ने बंदी बना लिया है। आप कौन हैं और रावण जैसे पापी की विजय की कामना क्यों कर रहे हैं?"

देवी ने उत्तर दिया-"मैं चंडस्वरूप हिमालय की पुत्री हूं। मुझे पार्वती और काली के नाम से भी जाना जाता है। रावण ने अपनी भक्ति से मुझे जीत लिया है जिसके कारण मैं उसे उसके शत्रुओं से बचाती हूँ। हे वानर! कृपया मुझे अपना वह विशाल रूप दिखाओ जिसके बारे में तुम कुछ समय पहले घमंड कर रहे थे।"

हनुमान ने अनुयायियों को अपना विराट रूप दिखाया। हनुमान का विशाल आकार को देखकर योगनियों का मुंह खुला का खुला रहा। अपना क्रोध दूर करें और मुझे बताएं कि मैं आपके लिए क्या कर सकता हूं। हनुमान ने अपना मूल रूप धारण कर लिया और कहा-"हे दिव्य देवी! मैं आपसे इसी क्षण लंका छोड़ने का अनुरोध करता हूं। आप पापी रावण की विजय क्यों चाहते हैं? यदि वह नहीं मरा तो संपूर्ण ब्रह्मांड में हाहाकार मच जाएगा।"

देवी ने उत्तर दिया,"जिसने सीता का अपमान किया, उसने मेरा भी अपमान किया है। मैं आपके कहे अनुसार लंका छोड़ दूंगी।"

हनुमान ने कहा-"हे पर्वतनंदिनी माहेश्वरी! आपकी पूजा महान त्रिमूर्ति, ब्रह्मा, विष्णु और महेश द्वारा की जाती है। आप महान मायावी ऊर्जा हैं। इस भौतिक संसार को बनाए रखती हैं। राम को विजय का आशीर्वाद दें। रावण को खत्म करने में उनकी सहायता करें"

देवी चंडिका ने राम को आशीर्वाद देते हुए कहा-"राम निश्चित रूप से रावण पर विजय प्राप्त करेंगे। गौरवशाली इक्ष्वाकु वंश के सूर्य के रूप में चमकेंगे। रावण का विनाश करने के लिए उन्हें मेरा पूरा आशीर्वाद है। हे हनुमान! देवता किसी भी व्यक्ति के प्रति कृतज्ञ हैं जो उन्हें प्रसन्न करता है।"

इसके बाद चंडिका लंका से चली गई। हनुमान अशोक वाटिका लौट आए।

हनुमान को अंततः इंद्रजीत ने पकड़ लिया और उनकी पूंछ में आग लगा दी, तो उन्होंने पूरी लंका को जला दिया और देवी को धूप और दीप अर्पित करते हुए उसमें आग लगा दी। अपना काम पूरा करने के बाद हनुमान माता सीता का आशीर्वाद लेने के लिए उनके पास गए। इसके बाद हनुमान ने समुद्र पार कर लिया। राम को सीता का संदेश दिया।

विभीषण ने राम को बताया कि ब्रह्मा जी ने रावण को वरदान दिया था कि उसके अंग कट जाने पर भी तुरंत जुड़ जायेंगे। इस प्रकार उसका शरीर कभी नष्ट नहीं हो सकता। तकनीकी तौर पर उन्होंने रावण की अमरता सुनिश्चित की थी। यह वरदान देते समय ब्रह्मा जी ने उसे एक विशेष बाण भी दिया था। रावण को चेतावनी दी कि उसका जीवन सचमुच इस तीर के भीतर है। यदि यह तीर उसकी नाभि पर मारा गया तो यह तुरंत उसकी सारी शक्ति उसी क्षण नष्ट कर देगा। विभीषण ने बताया कि रावण के अलावा एकमात्र व्यक्ति जो उस तीर के ठिकाने को जानता है और वह है मंदोदरी। मंदोदरी से यह तीर कौन ले सकता है?

इस असंभव को संभव कौन करेगा? हनुमान ने कहा-"वह कोशिश कर सकते हैं।"

राम का आशीर्वाद लेकर हनुमान ने लंका के आंतरिक गर्भगृह की ओर छलांग लगा दी। एक बूढ़ा कमजोर और बुद्धिमान ज्योतिषी के रूप में एक छड़ी की मदद से हनुमान धीरे-धीरे चलने लगे। इस बूढ़े ज्योतिष आचार्य के पास लंका के सभी राक्षस अपने परिवार के सदस्यों भविष्य जानने को आने लगे। यह बूढ़ा ज्योतिषी जो कुछ भी बताता था वह इतना सटीक होता था। जल्द ही यह बात पूरी लंका में फैल गई। मंदोदरी के कानों तक यह बात पहुंच गई। मंदोदरी टूट गयी थी। वह अपने पति की सुरक्षा को लेकर चिंतित थी। उसने लगभग उन सभी को खो दिया था। वह जानना चाहती थी कि क्या ऐसी कोई प्रक्रिया है जो उसकी जीत सुनिश्चित करेगी।

अंततः उन्होंने घोषणा की कि आज प्रलय का दिन है। या तो रावण सदैव राज करेगा या उसकी मृत्यु हो जायेगी। मृत्यु शब्द सुनते ही मंदोदरी की रीढ़ में सिहरन दौड़ गई।

हनुमान ने कहा-"वह इस तीर को किसी को भी न दे। स्वयं ब्रह्मा को भी नहीं।" हनुमान ने मंदोदरी को आश्वस्त कर दिया कि वह उसका शुभचिंतक है। मंदोदरी ने ज्योतिषी से पूछा-"क्या उसके पास उस कांच के खंभे की तुलना में तीर रखने के लिए कोई बेहतर जगह है जिसके भीतर उसने उसे लगाया था। उसने खंभे की ओर इशारा किया। जय श्री राम के तीव्र उद्घोष के साथ गड़गड़ाहट की आवाज के साथ खंभा टुकड़े-टुकड़े हो गया। हैरान मंदोदरी ने हनुमान को हाथ में गुप्त बाण लेकर खिड़की से बाहर कूदते देखा। वह रावण का अंत था।

❑

राम दुआरे तुम रखवारे।
होत न आज्ञा बिनु पैसारे।।21।।

आप भगवान राम के द्वारपाल हैं, और आपकी अनुमति के बिना कोई भी प्रवेश नहीं कर सकता।

सार

राम और लक्ष्मण सहित वानर सेना के नेता विभीषण के आसपास एकत्र हो गए। उन्होंने उनसे आगे की समस्या साझा की। यह एक नहीं बल्कि दोधारी समस्या थी। समस्या का नाम था अहिरावण- महिरावण। यह रावण के दो क्रूर जादूगर मित्र थे। जिन्हें निर्दोष लोगों को अपने भयावह जाल में फंसाने और उन्हें मानव बलि के रूप में चढ़ाने में बहुत आनंद आता था। विभीषण ने वानर सरदारों को चेतावनी दी कि इन दोनों से निपटना इसका मतलब था बहुत सारे विश्वासघात से निपटना। दोनों भाई अपनी इच्छानुसार अपना रूप बदल सकते थे और पलक झपकते ही संभव या असंभव कोई भी चाल चल सकते थे। अब प्राथमिक लक्ष्य यह सुनिश्चित करना था कि राम और लक्ष्मण सुरक्षित रहें। राम और लक्ष्मण की सुरक्षा के लिए सशस्त्र वानर सेना ने गोलाकार परतें बना लीं। बंदरों की संकेंद्रित दीवार के चारों ओर हनुमान ने अपनी पूंछ से एक और मजबूत दीवार बनाई। केवल एक छोटा सा प्रवेश द्वार बचा था जिसके माध्यम से एक ही व्यक्ति अंदर या बाहर जा सकता था। हनुमान स्वयं उसकी रक्षा में खड़े थे। विभीषण दीवार के चारों ओर चक्कर लगाते रहे और हनुमान द्वार पर खड़े रहे। रामा दुआरे तुम रखवारे होत न आज्ञा बिनु पैसारे।

हनुमान भगवान राम के द्वार पर पहरा देते थे और उनकी सहमति के बिना कोई भी प्रवेश नहीं कर सकता था। एक बुजुर्ग राजसी राजा हनुमान के पास पहुंचे। स्वयं को राम और लक्ष्मण के पिता दशरथ के रूप में परिचय दिया। अपने बेटों के साथ कुछ समय बिताने की अनुमति मांगी। हनुमान दशरथ का अनादर भी नहीं करना चाहते थे इसलिए उन्होंने राजा

से विभीषण के आने तक थोड़ा इंतजार करने का अनुरोध किया। दशरथ यह कहकर जल्दी में चले गए कि वह जल्द ही लौटेंगे। भ्रमित हनुमान ने विभीषण को घटना बताई तो उन्होंने हनुमान को चेतावनी दी कि यदि उनके पिता केसरी भी आएं तो विभीषण की स्वीकृति के बिना उन्हें अंदर न आने दें। हनुमान की सतर्कता से विभीषण अत्यंत प्रसन्न हुए।

हनुमान से मिलकर विभीषण ने शिविर का चक्कर लगाना शुरू किया। कुछ ही मिनटों में वह अचानक वापस आ गया। हनुमान को आश्चर्य हुआ। विभीषण ने हनुमान से उन्हें अंदर की स्थिति का निरीक्षण करने के लिए द्वार में प्रवेश करने की अनुमति देने के लिए कहा। हनुमान ने आज्ञा का पालन किया और विभीषण ने तेजी से प्रवेश किया। कुछ देर बाद विभीषण फिर द्वार पर आये। यह कैसे संभव हुआ? जब वह पहले ही अंदर आ चुका था तो फिर बाहर कैसे आ सकता था? हनुमान ने पहले सोचा कि यह धोखेबाज अहिरावण या महिरावण है। जब विभीषण ने उन्हें कुछ ठोस सबूत दिए तो हनुमान यह समझकर घबरा गए कि उन्होंने ही धोखेबाज को अंदर भेजा है। हनुमान और विभीषण अंदर गए और पाया कि अंदर हर एक वानर बेहोश पड़ा था और राम और लक्ष्मण दोनों गायब थे। सवाल यह था कि वे अब कहां थे? खोजना शुरू किया तो हनुमान और विभीषण ने एक गड्ढा देखा। हनुमान ने तुरंत उस गड्ढे में छलांग लगा दी। यह गड्ढा पाताल लोक का रास्ता था।

हनुमान ने स्वयं को एक नियमित बंदर में बदल लिया। वहां हनुमान ने एक महिला को किसी से बात करते हुए सुना कि आज महल के अंदर एक बहुत बड़ा उत्सव है जहाँ राजा देवी महामाया की खुशी के लिए एक मानव बलि देगा। हनुमान ने फौरन बहुत छोटा रूप धारण कर महल में प्रवेश किया।

यहां हनुमान का सामना एक अजीब प्राणी से हुआ। उसका चेहरा वानर जैसा और शरीर मगरमच्छ जैसा था। दोनों में युद्ध हुआ। हनुमान ने उस आधे वानर आधे मगरमच्छ को रस्सियों से बांध दिया और जमीन पर

पटक दिया। तब उस रक्षक ने अपना परिचय हनुमान के पुत्र मकरध्वज के रूप में दिया। यह अप्रत्याशित परिचय ने हनुमान को हतप्रभ कर दिया, जिनकी कभी शादी नहीं हुई थी। उसका ऐसा बेटा कैसे हो सकता है जिसके बारे में वह नहीं जानता? जब पूछताछ की गई। मकरध्वज ने बताया कि जब हनुमान ने लंका को जलाया था और फिर आग बुझाने के लिए अपनी पूंछ समुद्र में डुबोई थी, तो पसीने की एक बूंद समुद्र में गिर गई थी, जिसे एक मादा मगरमच्छ ने निगल लिया था। उस मगरमच्छ से मकरध्वज का जन्म हुआ। हनुमान अपने पुत्र से मिलकर प्रसन्न हुए और मकरध्वज ने उनके पिता को राम को खोजने और सभी को नष्ट करने में मदद करने का वादा किया रावण।

मकरध्वज ने हनुमान को नागकन्या चित्रसेना से मिलने का सुझाव दिया। उसके पास राक्षस भाइयों के कई रहस्य थे और वह निश्चित रूप से हनुमान को समाधान खोजने में मदद कर सकती थी। हनुमान एक छोटे से भौंरे का रूप धारण करके चित्रसेना के कक्ष में प्रवेश कर गए। हनुमान ने चित्रसेना का ध्यान अपनी ओर आकर्षित किया। हनुमान ने उसे अपना मूल रूप दिखाया। प्रारंभ में चित्रसेना को हनुमान पर विश्वास नहीं हुआ। हनुमान ने अपना असली रूप धारण कर लिया था। एक शर्त पर चित्रसेना हनुमान की मदद करने को तैयार हुई। उसकी शर्त यह थी कि राम को उस उपकार के बदले में उससे विवाह करना होगा।

विवश हनुमान उसकी शर्त पर सहमत हो गए। हनुमान ने एक शर्त रख दी कि राम उनसे तभी विवाह करेंगे जब उनका बिस्तर राम का वजन संभाल सकेगा। चित्रसेना ने मान ली।

चित्रसेना ने दुष्ट भाइयों के कुछ गुप्त रहस्य उजागर किये। महिरावण ने एक बार मधुमक्खियों के एक समूह की जान बचाई थी। जब भी कोई भाई युद्ध में मारा जाता, तो मधुमक्खियाँ उड़ जातीं और उसके मुँह में स्वर्गीय अमृत छिड़क देतीं, जो मृतकों को पुनर्जीवित कर सकता था। जब तक ये

मधुमक्खियाँ जीवित रहेंगी, भाई जीवित रहेंगे। हनुमान ध्यान से चित्रसेना की बात सुन रहे थे।

एक महत्वपूर्ण बात चित्रसेना ने हनुमान को बताई- कि दोनों भाइयों का जीवन केवल आंशिक रूप से उनके शरीर में मौजूद है। अहिरावण का जीवन एक बड़े हीरे में संग्रहीत हैं। महिरावण का जीवन पांच दीपकों में संग्रहीत किया गया है। जो पास के पहाड़ में पांच आसन्न गुफाओं में लगातार जल रहे थे।

रहस्य जानने के बाद हनुमान ने फिर भौंरा का रूप धारण किया और मधुमक्खियों के ठिकाने का पता लगाने के लिए निकल पड़े। उन्होंने उस छत्ते की सभी मधुमक्खियों को एक-एक करके मार डाला। केवल एक मधुमक्खी बची। उसने असहाय होकर हनुमान की शरण ली और उन्हें हर संभव तरीके से सहायता करने का वादा किया। हनुमान ने मधुमक्खी को चित्रसेना के पास जाने का निर्देश दिया। हनुमान देवी महामाया यानी कामाक्षी देवी के मंदिर में चले गए। उन्हें पूरी स्थिति समझाई। देवी ने हनुमान को राम और लक्ष्मण की जान बचाने का आशीर्वाद दिया। इसके बाद वह हनुमान गुफा तक पहुंच गए और पांचों गुफाओं में एक-एक करके दीपक बुझाने लगे। वह एक दीपक बुझाते तो पिछला दीपक फिर से जल उठता। सभी पाँचों को एक साथ बुझाना जरूरी था। समस्या यह थी कि गुफाएं पांच अलग-अलग दिशाओं में थीं। हनुमान ने पांच सिरों वाला रूप धारण किया। उत्तर की ओर वराह का मुख, दक्षिण की ओर नरसिम्हा मुख, पश्चिम की ओर गरुड़, पूर्व की ओर हनुमान का मूल चेहरा और ऊपर की ओर हयग्रीव या घोड़े का मुख धारण कर एक ही झटके में पांचों दीपक एक साथ बुझा दिये। ठीक उसी समय लक्ष्मण ने हीरा तोड़ डाला। इस प्रकार दोनों राक्षस भाइयों का स्थायी नाश हो गया। राम और लक्ष्मण के पास लौटकर हनुमान ने उनके पैर छुए और उन्होंने खुशी से उन्हें गले लगा लिया।

चित्रसेना खुश थी। जैसे ही राम पलंग पर बैठे, वह टूट गया। चित्रसेना

इसे हनुमान की चाल समझा। राम ने उसे समझाया कि इस जीवन में उन्होंने एक-पत्नी व्रत लिया है और इस प्रकार वह सीता के अलावा किसी और से विवाह नहीं कर सकते हैं।

राम ने चित्रसेना को आश्वासन दिया कि कृष्ण के रूप में वह निश्चित रूप से उससे विवाह करेंगे। वह सत्यभामा नामक उनकी प्रमुख रानियों में से एक होगी। चित्रसेना मान गई। इसके बाद राम ने मकरध्वज का पाताललोक के राजा के रूप में राज्याभिषेक किया। मकरध्वज ने राज्य की जिम्मेदारियाँ मंत्रियों को सौंप कर अपने पिता की सहायता के लिए उनके साथ चला गया। वानरों ने हनुमान को राम और लक्ष्मण के साथ सुरक्षित वापस आते देखा तो जय-जयकार होने लगी।

❐

सब सुख लहै तुम्हारी सरना।
तुम रच्छक काहू को डर ना।।22।।

आपकी शरण में आने से सभी सुख प्राप्त होते हैं। जब आप रक्षक हैं, तो डर किस बात का है?

सार

हनुमान चालीसा के हर दोहे के पीछे कोई-न-कोई कहानी अवश्य जुड़ी हुई है। कहते हैं कि कान्यकुब्ज के ब्राह्मणों का लगभग 4,400 गाँवों पर कब्ज़ा था। इन ब्राह्मणों दावा था कि उनके पूर्वजों को भगवान राम ने हनुमान को साक्षी मानकर उपहार दिया था। ब्राह्मणों के पास एक भी साक्ष्य नहीं था। इस वजह से राजा कुमारपाल ने उन पर विश्वास नहीं किया। सारे गांवों से ब्राह्मणों को वंचित कर दिया गया।

ब्राह्मणों सबूत कहां से लाएं। यह यक्ष प्रश्न था। एक ही उपाय था कि राम या हनुमान को ढूंढ कर लाया जाए। तीन हजार ब्राह्मण अपने दावे को प्रमाणित करने के लिए पैदल ही दक्षिण की यात्रा पर निकल पड़े।

यात्रा कठिन थी। घने जंगल, नदियां और कठिन इलाकों को फलों को खा कर आगे बढ़ते रहे। एक वक्त ऐसा आया कि सभी का मन और शरीर कमजोर हो गया। वह आगे नहीं बढ़ने में असमर्थ हो गए। असहाय ब्राह्मणों ने राम से सहायता के लिए प्रार्थना की। एक दिन राम की जगह एक बूढ़ा योगी आया। ब्राह्मणों ने उन्हें राम को खोजने के उद्देश्य के बारे में बताया। योगी के आश्वासन से ब्राह्मण प्रसन्न हुए। योगी ने सभी ब्राह्मणों को एक चट्टान को चपटा कर उस पर सुला दिया। जब वे सो रहे थे, हनुमान ने चट्टान उठाई और उन्हें कुछ ही घंटों में उनकी मातृभूमि में वापस ले गए। ब्राह्मण सुबह जागे तो हनुमान ने ब्राह्मणों से कहा-"कान्यकुब्ज वापस जाओ। राजा से कहो कि मैंने उसे तुम्हें जमीन वापस करने का निर्देश दिया है। यदि वह इनकार करता है, तो बाईं थैली से बाल हटा दें। एक बार जब राजा माफी मांगता है और आपकी जमीन वापस करने का वादा करता

है, तो इसका उपयोग करें। निर्देशों का सावधानीपूर्वक पालन करें। आपको अपनी जमीन वापस मिल जाएगी।"

हनुमान ने अपनी दाहिनी बगल से एक बाल निकाला और उसे एक थैली में रख लिया। फिर उन्होंने अपनी बायीं बगल से एक और बाल निकाला और उसे एक अलग थैली में रख दिया। हनुमान ने दोनों थैलियों को पेड़ की छाल से लपेटा और ब्राह्मणों को सौंप दिया।

ब्राह्मण खुद को घर वापस पाकर चौंक गए। उन्होंने हनुमान को हृदय से धन्यवाद दिया।

वह राजा को हनुमान का निर्देश बताने के लिए महल की ओर रवाना हुए। राजा केवल उन पर हँसा और बोला-"आप मुझसे यह विश्वास करने की उम्मीद करते हैं कि आप हनुमान से मिले थे?" उसने उनका उपहास किया। "अब दफा हो जाओ!"

ब्राह्मणों ने बायीं बगल की थैली से बाल निकालकर गिरा दिये। राजा ने और भी अधिक व्यंग्य किया। ब्राह्मण महल से बाहर निकल आए। कुछ कदम चले थे कि अचानक उन ब्राह्मणों ने पीछे मुड़कर देखा कि महल से धुआं उठ रहा है। अगले ही पल महल में आग लग गई। महल में आग लगी थी। आग कहीं और नहीं फैली। राजा को अपनी जान बचाने की कोशिश करते देख ब्राह्मणों को कोई आश्चर्य नहीं हुआ। राजा ने उनसे आग रोकने और ज़मीन लेने की विनती की। ब्राह्मणों ने दूसरी थैली से बाल गिराए और आग गायब हो गई। महल को उसकी मूल स्थिति में बहाल कर दिया।

राजा ने जमीन ब्राह्मणों को लौटाने का आदेश जारी कर दिया कि यह जमीन हमेशा के लिए उन्हीं की है। उनके पास अब इस बात पर विश्वास करने के लिए पर्याप्त सबूत थे। ब्राह्मण केवल हनुमान को उन्हें आश्रय देने और उनका जीवन, उनके घर और खुशियाँ लौटाने के लिए धन्यवाद दे सकते थे। हनुमान ने अपने भक्तों को कभी निराश नहीं किया।

एक और घटना का उल्लेख मिलता है। एक आदमी। रणक्षेत्र में

हर तरफ घूम रहा था। कौन है यह? कोई नहीं जानता। पता चला वह पाताललोक का निवासी है। उम्मीद जताई गई कि यह व्यक्ति रावण का कोई राक्षस होगा। शायद भस्मलोचन नामक भयानक राक्षस को आमंत्रित किया था। अपने भाई कुम्भकर्ण की मृत्यु के बाद रावण विचलित हो गया था। भस्मलोचन आत्मविश्वास के साथ रणक्षेत्र में उपस्थित हुआ। उसकी आंखों पर पट्टी भी बंधी हुई थी। भस्मलोचन अपनी नज़र से जल सकता था। वानर सेना में अचानक हाहाकार मच गया।

राम की सेनपतियों ने विचार किया कि सुरक्षा के लिए क्या-क्या कदम उठाया जाए। तभी भस्मलोचन ने अपनी आंखें खोल लीं। उसकी आँखें अपने पूरे तेज में सूरज की तरह चमक रही थीं। सामूहिक विनाश को देख हनुमान अपनी बुद्धि का इस्तेमाल करते विपरीत दिशा में भागने लगे। यह देख बंदर भयभीत हो गये। किसी को समझ में नहीं आया कि हनुमान विपरीत दिशा में क्यों भाग रहे हैं? हनुमान स्वयं उल्टी दिशा में भाग रहे हैं तो हम वानरों का क्या होगा? कुछ ऐसे ही विचार वानरों के दिमाग में कौंध रहे थे।

सभी हनुमान के अगले कदम के बारे में अधिक उत्सुक थे। हनुमान की फुर्ती से पूँछ को हवा में उछाल और पूंछ पर बंधे लोहे के तख़्ते को भस्मलोचन के सिर पर दे मारा। एक विस्फोट हुआ और भस्मलोचन राख के ढेर में बदल गया। दूर से वानर जिससे लोहे का टुकड़ा समझ रहे थे वह एक दर्पण था। हनुमान ने स्वयं को देखने के लिए भस्मलोचन को दर्पण दिखाया था। ऐसे हैं हमारे रक्षक हनुमान।

❑

आपन तेज सम्हारो आपै।
तीनों लोक हांक तें कांपै।।23।।

आप अपनी अपार शक्ति को नियंत्रित करते हैं, और यहां तक कि तीनों लोक आपकी दहाड़ से कांपते हैं।

सार

हनुमान के जन्म गाथा से यह स्पष्ट होता है कि उनके माता-पिता केसरी और अंजना को ऋषियों ने आशीर्वाद दिया था उनका बालक तीनों लोकों को हिला देगा। इस आशीर्वाद से संबंधित एक कहानी मिलती है। यथा-एक दिन अंजना एकांत पर्वत की एक गुफा में ध्यान कर रही थी। जब उन्होंने अपनी आँखें खोलीं तो देखा सामने एक बेहद डरावना, विशाल राक्षस खड़ा था। वह साहस के साथ खड़ी हुईं और उस राक्षस को धक्का देकर गुफा से बाहर निकल गई। वह सीधे गांव में रहने वाले बुद्धिमान ऋषि के पास पहुंच गयीं।

ऋषि ने बताया- "वह एक शक्तिशाली असुर है - सम्बासाधना। ऐसा प्रतीत होता है जैसे भगवान शिव ने स्वयं उन्हें इस ब्रह्मांड में सब कुछ नष्ट करने की शक्ति दी है। जहां तक मैं जानता हूं, वानर नायक केसरी को छोड़कर किसी में भी उसे नष्ट करने की शक्ति नहीं है। मुझे नहीं पता कि वह इस समय कहां हो सकता है और उसे आपकी सहायता के लिए कैसे मनाऊं।"

अचानक सम्बासाधना ने आश्रम तोड़ दिया। उसे किसी चीज ने इतनी जोर से मारा कि राक्षस बहरा हो गया। असहनीय दर्द के कारण राक्षस गिर पड़ा। ऋषि ने पीछे मुड़कर देखा कि एक मजबूत वानर अपने कूल्हों पर हाथ रखे और चेहरे पर मुस्कुराहट लिए खड़ा है। ऋषि ने आश्चर्य से कहा -"केसरी।" अंजना ने अपनी आँखें खोलीं। सामने केसरी थे।

सम्बासाधना संभला और सामने खड़े केसरी पर झपटा। केसरी की शक्ति दुर्जेय थी। उन दोनों ने एक-दूसरे के शरीर पर से प्रहार किए। लड़ाई

को देखने के लिए सभी ऋषि-मुनियों सहित पूरा गाँव इकट्ठा हो गया। सम्बसाधना एक विशाल हाथी में परिवर्तित हो गया। उसने अपनी पहुंच में आने वाली हर वस्तु को ध्वस्त करना शुरू कर दिया। एक भी घर खड़ा नहीं बचा। ग्रामीणों और ऋषि-मुनियों के डर से केसरी को भी कुछ पता नहीं चल रहा था।

अगले ही पल केसरी ने खुद को छोटा कर लिया। हाथी पर चढ़कर अपनी कसकर बंद मुट्ठी से उसके माथे पर वार करना शुरू कर दिया। केसरी ने भले ही कद छोटा कर लिया था लेकिन केसरी के वार शक्तिशाली थे। हाथी का मस्तक सबसे कमजोर होता है। यह बात केसरी को मालूम था इसलिए केसरी हाथी के मस्तक पर मुक्कों से लगातार वार कर रहा था। सम्बासाधना लहू-लुहान हो गया। वह मरा नहीं। वह अपना सिर हिलाता हुआ भागा। अंततः केसरी ने सम्बाधना का वध कर दिया।

ऋषि-मुनि और ग्रामवासी अपने रक्षक केसरी की जय-जयकार करते हुए खुशी से उछल पड़े। उन्होंने उसे अपने कंधों पर उठा लिया। अंजना की आँखों से आँसू छलक पड़े। यह खुशी के आंसू थे। ऋषियों ने केसरी को अंजना को अपनी पत्नी के रूप में स्वीकार करने का प्रस्ताव रखा।

दोनों ने सहमति दी। ऋषियों ने खुशहाल जोड़े को आशीर्वाद देते हुए कहा-"इस विवाह के माध्यम से एक ऐतिहासिक व्यक्ति का जन्म होगा जो भक्ति की दुनिया में एक क्रांति पैदा करेगा। उसका वैभव इतना तीव्र होगा कि तीनों लोक उसकी शक्ति को देखकर कांप उठेंगे।" इस प्रकार हनुमान का जन्म हुआ।

हनुमान से जुड़ी एक कथा और मिलती है। राम लंका को विजित कर अयोध्या लौट गए थे। वृद्ध हनुमान उसी समुद्र के तट पर ध्यान कर रहे थे जो राम के साथ उनके कई साहसिक कार्यों का साक्षी था। अचानक किसी ने हनुमान को धक्का दिया। हनुमान ने आंखें खोलीं। देखा। एक काली आकृति युद्ध के लिए उकसा रही है। काली आकृति ने चिढ़ाना शुरू कर दिया। उसे मूर्ख बंदर कहा। यह कलियुग उसका युग था। शनि बड़े जोर से

हनुमान को धकेलने लगे। शनि हनुमान की पूंछ की पकड़ में कसकर हवा में उड़ रहे थे। हनुमान क्रोधित हुए और शनि को सीधे समुद्र में ले गये। समुद्र की चट्टानों पर जोर-जोर से पटकने लगे। शनि घायल हो गए।

शनि ने अहंकारपूर्वक कहा-"हनुमान! तुम शारीरिक रूप से शक्तिशाली हो सकते हैं, लेकिन मानसिक रूप से मैं तुमसे बहुत अधिक शक्तिशाली हूं। मानसिक खेल में तुम मुझे पराजित नहीं कर सकते थे।"

हनुमान ने शनि को बताया-"वह एक सामान्य इंसान नहीं हूं। मुझे दिव्य लोगों में गिना जाता था।"

शनि ने उत्तर दिया-"ऐसा नहीं हो सकता। जो कोई भी इस संसार में रहता है वह मेरे अधिकार क्षेत्र में रहता है।" हनुमान को चिढ़ाते हुए शनि ने आगे कहा-"मेरे पसंदीदा निशाने बूढ़े लोग होते हैं जो मृत्यु के समीप होते हैं।"

हनुमान बोले-"ठीक है। मुझे ये दिखाओ कि तुम लोगों के दिमागों को कैसे प्रभावित करते हो?

इतना सुनते ही शनि ने तुरंत हनुमान के सिर पर छलांग लगा दी। जिससे उनके सिर में तेज दर्द होने लगा। हनुमान ने पर्वत को उठाकर अपने सिर पर रख लिया। हनुमान को इसका भार अपने सिर पर महसूस नहीं हुआ। हनुमान के सिर के अंदर शनि को पीठ पर पर्वत का पूरा भार महसूस हो रहा था। हनुमान का सिरदर्द कम नहीं हुआ। हनुमान ने दूसरा पर्वत उठाया और पहले पर्वत के ऊपर रख दिया। शनि की पीठ पर दबाव तेजी से बढ़ गया। शनि जोर-जोर से चिल्लाने लगा। हनुमान तीसरा और फिर चौथा रखा। जैसे ही हनुमान ने सिर पर पाँचवाँ पर्वत रखना चाहा तो शनि जोर-जोर से चिल्लाने लगा।

शनि ने दर्द से कराहते हुए कहा-"हे हनुमान! मुझे जाने दो। मैं तुम्हारी विनती करता हूं।"

हनुमान ने बनावटी आश्चर्य प्रकट करते हुए कहा-"वायदा करो कि अब तुम मेरे शरीर में इतने लंबे समय तक नहीं रहेंगे।"

पांचवां पर्वत उठाने के लिए आगे बढ़ गए। शनि क्रोधित हो गए। फिर शांत हो कर शनि ने घोषणा करते हुए कहा-"हनुमान के घर में प्रवेश करने के बारे में सोचेंगे भी नहीं। इतना ही नहीं मैं तुम्हारा नाम जपने वाले किसी भी व्यक्ति को परेशान भी नहीं करेगा।"

हनुमान ने एक-एक करके सभी पर्वत गिरा दिये। शनि हनुमान के सिर से उड़कर अत्यंत पीड़ा से छटपटाते हुए भूमि पर गिर पड़ा।

दर्द से छटपटाते हुए शनि ने हनुमान से निवेदन किया-"अंग-अंग दुख रहा है। तेल से मालिश कर दो।"

हनुमान बोले-"मैं तो वैरागी हूं। मेरे पास तेल नहीं है।" हनुमान ने शनि को सलाह दी-"तुम उन लोगों से तेल मांग लो जिन्हें तुम परेशान करते हो।"

कहते हैं कि उस दिन के बाद से शनि मंदिर में आने वाला प्रत्येक व्यक्ति अपनी पीड़ा को शांत करने के लिए थोड़ा-सा तेल चढ़ाता है। ❒

भूत पिसाच निकट नहिं आवै।
महाबीर जब नाम सुनावै।।24।।

महावीर का नाम सुनते ही भूत-प्रेत आदि निकट नहीं आते।

सार

त्र्यंबकासुर नामक एक नया राक्षस अपनी शक्तियों में इजाफा कर रहा था। यह सुनकर सभी चिंतित हो गए। हनुमान ने भी देखा कि चार दिव्य दिखने वाले लोग विशेष मंत्रों से पृथ्वी की पूजा कर रहे थे। यह सभी धर्म, अर्थ, काम और मोक्ष के प्रभारी देवता थे। धरती फट गई। इससे पहले कि वे गड्ढे में कूद पाते, उसने ठीक समय पर उन्हें रोक दिया। जब उनसे स्पष्टीकरण मांगा गया तो उन्होंने कहा-"पृथ्वी ग्रह पर रहने का कोई मतलब नहीं है। त्र्यंबकासुर राक्षस ब्रह्मांड के सभी भागों पर कब्जा कर रहा है। बहुत बड़ा अनिष्ट होने वाला है।" उन्होंने हनुमान को समझाया कि इस राक्षस का शरीर इतना विशालकाय है कि वह उस पर भी भारी पड़ रहा है। शिव से उसने वरदान प्राप्त किया है। त्र्यंबकासुर ने सदैव जीवित रहने का वर मांगा तो शिव ने यह वरदान देने से मना कर दिया। एक-एक वरदान मिला।

सबसे पहले उसने ब्रह्मा से भूमि विशेषताएं पूछी। शिव से वरदान देने के लिए कहा कि वह कभी भी किसी भी हथियार या भगवान शिव की देखभाल करने वाले से नहीं मारा जाएगा। फिर वह संपूर्ण ब्रह्मांड के पालनकर्ता की ओर मुड़ गया। उनसे दृश्य और अन्तर्निहित दोनों प्रकार की वस्तुओं को देखने की दृष्टि माँगी। विष्णु ने उसे कहीं भी किसी को भी देखने की क्षमता दी। अब

त्र्यंबकासुर ने स्वर्ग में देवताओं के खिलाफ युद्ध की घोषणा कर दी। तब चार पुरुषार्थ भाग गए। त्र्यंबकासुर ने अपने मंत्री को आदेश दिया-"जाओ! चारों को बंदी बनाकर लाओ।"

त्र्यम्बकासुर का आदेश सुनते ही मंत्री चारों पुरुषार्थों को पकड़ने भागे लेकिन दुर्भाग्यवश हनुमान बीच में आ गये। हनुमान ने अपनी गदा से मंत्री

पर प्रहार किया। वह दूर जा कर गिरा। हनुमान ने चारों को वृक्षों में छिपा दिया। हनुमान ने धर्म को एक बरगद के पेड़ के अंदर सुनहरे पत्तों के अंदर छिपा दिया। काम को कदम्ब के पेड़ के अंदर, मोक्ष को पीपल के पेड़ के अंदर छिपा दिया। हनुमान ने पेड़ों के अंदर छिपे चार पुरुषार्थों की रक्षार्थ जुंबे को बुलाया और हनुमान त्रयंबकासुर राक्षस से निपटने के लिए निकल स्वर्ग की ओर पड़े।

त्रयंबकासुर ने देवता का रूप धारण कर लिया था। स्वर्ग में अजीब स्थिति पैदा हो गई थी।

छंद्म रूप के पास मूल के समान ताकत तो थी मगर बुद्धि नहीं। सभी देवताओं का युद्ध उन्हीं के छंद्म रूप से युद्ध हो रहा था।

हनुमान से मार खाया हुआ त्रयम्बकासुर का मंत्री उसके पास पहुंचा। उस मंत्री ने त्र्यम्बकासुर को बताया कि किस तरह से एक बंदर की होशियारी की वजह से वह चारों पुरुषार्थों को बंदी बनाने में वह असफल रहा। चारों पुरुषार्थों का तत्काल विनाश जरूरी था। उनका खत्म होते ही देवताओं को खत्म किया जा सकता है। त्र्यंबकासुर ने विचार किया कि कैसे चारों पुरुषार्थों को समाप्त किया जाए? विष्णु प्रदत्त शक्ति का उपयोग करके त्र्यम्बकासुर ने पता लगाया कि चारों को हनुमान ने अरण्यवन में छिपा रखा है। त्र्यंबकासुर के वहां पहुंचे उससे पहले ही हनुमान पहुंच गए। उनके बीच आकर खड़े हो गये। त्र्यंबकासुर ने हनुमान का एक प्रतिरूप तैयार किया। लेकिन यह प्रतिरूप काले रंग का था और उसमें वही ताकत थी।

दोनों हनुमानों के बीच युद्ध शुरू हुआ। भयंकर कंपन पैदा हुआ। स्थिति को नियंत्रित करने के लिए त्रिदेव प्रकट हुए। श्याम वर्ण हनुमान के पास असली हनुमान की बुद्धि नहीं थी। तीनों देवता भी भ्रमित हो गए। असली हनुमान ने अपनी बुद्धि का इस्तेमाल करते हुए अपना एक और प्रतिरूप बनाया एकदम त्र्यंबकासुर के नकली काले हनुमान जैसा। इसके बाद दोनों श्याम वर्ण के हनुमान एक में विलीन हो गए और तुरंत एक देवता का रूप धारण कर लिया। तीनों प्रमुख देवताओं ने श्याम वर्ण के हनुमान

को आशीर्वाद दिया कि उनकी इसी रूप में पूजा की जाएगी। भूत-प्रेत, पिशाच और बुरी शक्तियों से परेशान आत्माएं जब श्याम वर्ण हनुमान की पूजा करती हैं तो उन्हें तुरंत ऐसी सभी परेशानियों से मुक्ति मिल जाती है।

हनुमान उन देवताओं के पास लौट आये जो अभी भी राक्षस से भयभीत थे। स्वर्ग में सुरभि नामक एक गाय थी। सुरभि गाय ने हनुमान का अनुरोध स्वीकार करते हुए तीनों देवताओं को अपने शरीर में स्थान दें दिया।

हनुमान ने जाम्बवान से वहाँ भी चार पुरुषार्थ प्राप्त करने का अनुरोध किया। उसी समय। त्र्यंबकासुर वहां पहुंचा और उसने जाम्बवान को चुनौती दी। युद्ध लंबा चला। जाम्बवान द्वारा राक्षस को बांधने के लिए ब्रह्मपाश का उपयोग किया। युद्ध समाप्त हुआ। जाम्बवान चारों पुरुषार्थियों को उस स्थान पर ले गए जहां हनुमान और सुरभि इंतजार कर रहे थे

हनुमान ने सुरभि गाय को मतंग ऋषि के आश्रम में छिपा दिया। त्र्यंबकासुर को चाल समझ में आ गई और उसने गाय का अपहरण कर लिया। वह सुरभि गाय को पाताललोक ले गया। उनकी योजना गोमेध यज्ञ करने की थी। इस यज्ञ में गाय की बलि दी जाती है। यज्ञ पूरा होने से ठीक पहले हनुमान प्रकट हुए और बवंडर मचाकर सब कुछ उड़ा दिया। हनुमान ने पूरे यज्ञ क्षेत्र को नष्ट कर दिया। त्र्यंबकासुर हनुमान पर क्रोधित हुआ। वह हनुमान को मारने के लिए दौड़ा। हनुमान और त्र्यंबकासुर के बीच युद्ध शुरू हो पाता उससे पहले सुरभि उनके बीच आ गयी। हनुमान ने राक्षस को किसी हथियार के बजाए सुरभि के माध्यम से मारने की योजना बनाई। सुरभि निर्दोष और हथियार रहित थी। सुरभि गाय ने अपने सींगों का उपयोग करते हुए राक्षस पर उस समय तक लगातार हमला जारी रखा जब तक कि उसके प्राण नहीं निकल गए।

तब देवता सुरभि से प्रकट हुए। देवताओं ने घोषणा की कि चूँकि उसने एक माँ की तरह उनकी रक्षा की है इसलिए उसे पूरे विश्व में हमेशा एक माँ के रूप में पूजा जाएगा। उन्होंने हनुमान को अंत तक हार न मानने और इस तरह दुनिया को बचाने के लिए बहुत-बहुत आशीर्वाद दिया। ❐

नासै रोग हरे सब पीरा।
जपत निरन्तर हनुमत बीरा।।25।।

वीर हनुमान के नाम के निरंतर जप से सभी रोग मिट जाते हैं और सभी दर्द दूर हो जाते हैं।

सार

रावण खुश होकर अपने आप से बातें करने लगा-"शक्तिशाली वानर कबीले से बदला लेने में अब खूब मजा आएगा। सुमेरु में नदियों के पानी पांच फन वाले सांप पंचफन को तैनात करके मैं सारा पानी ही दूषित कर दिया है। पानी के बिना जीवन संभव नहीं है।...ये आरोप कोई लगा ही नहीं सकता कि रावण ने नदियों में जहर डाल दिया है।...अरे! मेरा नाम दशग्रीव है। दशानन है। मैं भला ऐसी गलती क्यों करूं कि दुनिया वाले मेरे उपर अंगुली उठाएं।...बस बात इतनी-सी है कि जो लोग इन नदियों का पानी पीएंगे उनका दिमाग कमजोर हो जाएगा।...फिर वह रावण गुलाम। अरे उन सभी को सम्मोहित कर अपने नियंत्रण में कर लूंगा।...मैं जानता हूं कि शारीरिक क्रियाएँ पाँच वायु द्वारा नियंत्रित होती हैं। ये हैं - प्राण, अपान, व्यान, समान और उदान। ये श्वास, पाचन, उत्सर्जन आदि पर नियंत्रण रखती हैं। मुझे और क्या चाहिए। वानरों के तन और मन को अपने वश में करके अपनी शक्तियों को और शक्तिशाली बनाउंगा।"

राजा केसरी को इस बात का तो एहसास उनका पानी दूषित हो रहा है लेकिन इसके पीछे कौन है इसका अंदाजा शायद उन्हें नहीं था। उन्होंने पानी की कमी को दूर करने के उद्देश्य से कुएँ खोदवाने शुरू किए। हनुमान ने अपनी पूंछ का उपयोग करके शीघ्र ही सारे राज्य में सैकड़ों कुएं खुदवा दिए। रावण ने सपने में भी यह नहीं सोचा था कि उसकी श्रेष्ठ योजना विफल हो जाएगी। योजना विफल हुई तो हुई साथ ही रावण द्वारा बनाई गई अति गुप्त की सूचना केसरी को मिल गई।

हनुमान को रावण की इस दीर्घकालीन योजना का पता चलते ही उन्होंने अपनी कार्य योजना सिर्फ कुआँ खोदने तक सीमित नहीं रखी।

हनुमान ने इससे आगे की योजना पर काम करना शुरू किया। पंचफन को सजा देने का फैसला लिया। पंचफन भाग गया। वह अगली रात पंचफन फिर से चुपचाप अंदर आया और केसरी को काट लिया। हनुमान ने क्रोध में आकर पंचफन साँप को पकड़ लिया। उसके फन के ऊपर से बहुमूल्य मणियाँ निकाल लीं। साँप के फन पर लगे रत्न उसकी सर्वोच्च महिमा, गौरव और अभिमान माने जाते हैं। उस अभिमान को हनुमान ने तोड़ दिया।

हनुमान का हाथ जैसे ही पांचवें पर गया तभी किसी ने उसे रोका। पंचफन का पांचवां रत्न नष्ट हो जाता तो उसकी मृत्यु हो जाती। पंचफन की मां ने हनुमान से विनती की कि-"हे हनुमान! आप मेरे पुत्र को छोड़ दें। मैं आपको वचन देती हूं कि यदि आपने उसे जाने दिया, तो वह कभी भी किसी भी जीवित प्राणी को परेशान नहीं करेगा। कृपया अपने विशाल हृदय से मेरे बेटे पर दया करें।"

एक मां की पुकार सुनते ही हनुमान ने अपनी पकड़ ढीली कर दी। पंचफन सरक कर बाहर निकल गया। पंचफन ने हनुमान से विनम्रतापूर्वक कहा-"मैं अपनी माँ के वचनों को पूरा करूंगा।" फिर उसने हनुमान के चरणों में गिरकर कहा-"हे पवनपुत्र! मुझे क्षमा करें। मुझे अपने चरणों में स्थान दें। हनुमान ने उसे माफ कर दिया। पंचफन हनुमान का भक्त बन गया।

पंचफान को अपनी गलती पर ग्लानि हुई। उसने हाथ जोड़कर हनुमान से विनम्र निवेदन किया-"मैंने तुम्हारे पिता और तुम्हारे रिश्तेदारों को काटकर घृणित कार्य किया है। इसके विनाशकारी परिणाम होंगे। अगर हमने दो दिनों के भीतर उनका इलाज नहीं किया, तो वे मर जाएंगे।" इतना कहकर पंचफन की आँखों से आंसुओं का झरना बहने लगा। उसने सुझाव देते हुए कहा-"हम सभी राक्षसों के गुरु शुक्राचार्य से अपना संजीवनी मंत्र देने के लिए कह सकते हैं जिसमें सभी को वापस जीवन में लाने की उपचारात्मक शक्तियां हैं।"

पंचफन शुक्राचार्य को करीब से जानता था। वह स्वेच्छा से उनके पास

गया और अनुरोध किया। उसे निराशा ही हाथ लगी। पंचफन ने लौटकर हनुमान से कहा-"तुम्हारे वंश को बचाने के लिए हमें प्रबल द्वीप पर ही उगने वाली वैशाली कर्ण पुष्प नामक एक जड़ी-बूटी लानी होगी। इस द्वीप का रास्ता न केवल खतरनाक है। चुनिंदा लोगों के लिए ही यह जड़ी-बूटी सुलभ है। जो अबोध बालक, ब्रह्मचारी और त्रिदेव होने की तीन कसौटियों पर खरा उतरता है, वही सौ योजन दूर स्थित प्रबल द्वीप में प्रवेश कर सकता है।"

हनुमान जाने के लिए तैयार हो गए। पंचफन ने पहले ही हनुमान को बता दिया था कि लाल रंग के फूलों की रक्षा एक क्रूर ब्रह्मराक्षस द्वारा की गई है। मयासुर ने छद्मवेश में आकर उसका मार्गदर्शन किया। वह नहीं चाहता था कि हनुमान सफल हो। इसलिए मयासुर ने हनुमान को जंगली हंस के पीछा करने के लिए भेज दिया। घंटों चक्कर लगाने के बाद हनुमान अंततः अपने गंतव्य तक पहुँच गए।

ब्रह्मराक्षस सबकुछ निगलने के लिए प्रसिद्ध था। वह दूसरे जन्म में ऋषि थे। उन्हें ब्रह्मराक्षस बनने का श्राप मिला था। श्राप तभी निष्फल होगा जब कोई दिव्य शक्ति उसके मुख में प्रवेश करेगी। हनुमान उनके मुख में प्रवेश कर गये। दिव्य शक्ति होने के नाते हनुमान ने राक्षस को मार डाला और उसे श्राप से मुक्त कर दिया। ऋषि श्राप से मुक्त होने के लिए इतने आभारी थे कि उन्होंने हनुमान को दुर्लभ फूल अर्पित किए। हनुमान वापस घर लौट आए। अपने पिता और सभी बीमार बंदरों के मुँह में फूल की दवा दी। सभी चेतन और स्वस्थ हो गए।

हनुमान शनि को लाने के लिए उनके निवास की ओर जा रहे थे कि रास्ते में हनुमान मंगल ग्रह से टकराए। मंगल को युद्ध देवता माना जाता है। कुश्ती प्रेमी उन्हें कुश्ती के देवता भी मानते हैं। हनुमान ने मंगल पर काबू पा आगे प्रस्थान किया। मंगल को अपनी बांह के नीचे दबाकर शनि को खोजने निकल गए। शनि के क्षेत्र के पास पहुंचे तो सुरक्षाकर्मी ने उसे रोक दिया। उसे अपने रास्ते से हटाया तो अगली बाधा के रूप में रत्ना माई से

भिड़ंत हो गई। उसे हटाकर रास्ता साफ किया तो हनुमान के सामने आई स्वर्णा माई। स्वर्णा माई साढ़े साती के नाम से प्रसिद्ध हैं। उसे भी अपने वश में कर हनुमान शनि के अंतरतम क्षेत्र में पहुँच गये। हनुमान ने धैर्यपूर्वक शनि से अपने साथ लौटने का अनुरोध किया। शनि ने उनके सिर पर हमला किया। दोनों भिड़ गए। असहाय शनि ने क्षमा मांगी। वापस लौटने को तैयार हो गए। सूर्यदेव अपने पुत्र को वापस पाकर बहुत प्रसन्न हुए। शनि ने अपने पिता से क्षमा माँगी।

❐

संकट तें हनुमान छुड़ावै।
मन क्रम बचन ध्यान जो लावै।।26।।

हनुमान उन लोगों को कठिनाइयों से मुक्त करते हैं जो मन, कर्म और वचन से उनका ध्यान करते हैं।

सार

संभासदन नामक राक्षस को केसरी ने मार डाला था।

संभासदन के भाई कुंभसदन ने चिल्लाकर पूछा-"संभासदन कहाँ है?" वह इकट्ठे राक्षसों पर गरज कर कहा-"ओह! क्या तुमने नहीं सुना?" वे विलाप करने लगे। "तुम्हारा भाई संभासदन मर गया है। वानर राजा केसरी ने उसे बेरहमी से मार डाला।" उसके साथी राक्षस अभी भी उसकी मृत्यु पर शोक मना रहे थे। उनकी ऊर्जाएँ ख़त्म हो गई थीं और उनकी प्रेरणा भी अनाथों की तरह जिनकी देखभाल करने वाला कोई नहीं था। "मैं अपने भाई की मौत का बदला लूंगा!" इतना कहकर कुंभसदन लड़खड़ा गया और दर्द से कराहते हुए लगभग बेहोश हो गया।

इधर अंजना बालक हनुमान से उनकी शरारतों से परेशान थी और नाराज भी। हनुमान की शरारतों की शिकायतें लगातार आ रहीं थीं। सभी ऋषि मां अंजना से हनुमान की शिकायत कर रहे थे। हनुमान उन ऋषियों के ध्यान को बाधित करते हैं। कैसे उनके अनुष्ठानों में बाधा डालते हैं। उसने उनके साथ कैसे मज़ाक किया? ऐसी अनेक शिकायतों से अंजना बहुत परेशान रहतीं। परेशान अंजना ने बालक हनुमान की शरारतों को रोकने के लिए उन्हें लोहे की बेड़ियों से बाँध दिया। मां को लगा कि ऐसा करने से हनुमान की शरारतों पर विराम लग जाएगा।

उधर कुंभसदन ने केसरी को ख़त्म करने की योजना बनाने में लग गया। बालक हनुमान को एहसास हुआ कि बुरी ताकतें उनके निर्दोष पिता के खिलाफ साजिश रच रही हैं। बालक हनुमान ने अपनी बेड़ियाँ तोड़ दीं। हनुमान कुम्भसदन के पास पहुंच। हनुमान को अचानक देखकर कुंभसदन

जमीन पर गिर पड़ा। हनुमान ने उन्हें उठने ही नहीं दिया। अन्य राक्षसों को भी बाल हनुमान ने दूर फेंक दिया। कुंभसदन अकेला रह गया। बाल हनुमान ने कुंभसदन को जोर से मुक्का मारा। कुम्भसदन मर गया।

गुहासुर नामक एक राक्षस था। वह छह महीने सोता था और छह महीने जगता था। उसकी एक खासियत थी कि जब वह उठकर जोर से सांस लेता था उसके आसपास के सभी कीड़े-मकोड़े उसकी ओर खिंच जाते हैं और वह उन सभी को निगल जाता है। गुहसुर एक गुफा में शांति से सो रहा था। कोई उसे परेशान करने की हिम्मत नहीं करता था।

एक दिन खेल-खेल में हनुमान अपने मित्रों के साथ उस गुफा के समीप पहुंच गए जहां गुहासुर राक्षस रहता था। हनुमान ने अपने दोस्तों से पूछा- "हम उस बड़ी गुफा से दूर क्यों रहते हैं? वह खेलने के लिए एक अच्छी जगह लगती है।"

एक दोस्त ने कहा-"हम वहां नहीं जा सकते।"

"क्यों नहीं जा सकते?" बाल हनुमान ने उत्सुकता से पूछा।

सभी मित्र एक साथ बोले-"क्योंकि गुहासुर वहां सो रहा है!"

दूसरे मित्र ने बताया-"हम उसकी सांस से खिंच सकते हैं। तो समझो हम 'मर गए।"

पिछली घटना को बताते हुए तीसरे मित्र ने बताया-"उसने हमारे कई दोस्तों को खा लिया।"

हनुमान बोले-"आओ मेरे साथ। मैं देखता हूँ कि गुहासुर क्या कर सकता है।"

उसके सभी दोस्त उसके पीछे-पीछे अंदर चले गये।

गुहासुर सोया हुआ था। सभी बंद उसके उपर कूद-कूद कर खेल रहे थे। गुहासुर जागने को हुआ तो हनुमान ने उसे एक भी सांस लेने से पहले मार देने की योजना बनाई। हनुमान गुहासुर पर कूद पड़े। गुहासुर कुछ प्रतिक्रिया कर पाता उससे पहले हनुमान उस पर फिर से कूद पड़े। हनुमान के अत्यधिक

भार से राक्षस के शरीर से खून बहने लगा। खून ज्यादा बहने से उसकी मृत्यु हो गई। हनुमान के सभी साथी खुशी से नाचने लगे।

हनुमान सिर्फ त्रेता और द्वापरयुग में ही अपने भक्तों के संटक हरने के लिए प्रसिद्ध नहीं थे बल्कि कलियुग में उनकी महत्ता पूर्वकाल जैसी ही थी। मुगल बादशाह अकबर ने तुलसीदास जी की विशेषताओं के बहुत चर्चे सुने थे। एक दिन अकबर ने आदेश दिया-"संत तुलसीदास को तुरंत दरबार में बुलाओ।" वह संत तुलसीदास से मिलने के लिए उत्सुक था।

तुलसीदास मुगल दरबार में आये। उसके दरबार में हर व्यक्ति संत को देखकर खड़ा हो गया। अकबर को आश्चर्य हुआ।

अकबर ने तुलसीदास जी से कहा-"मैंने सुना है कि आपके पास रहस्यमय शक्तियां हैं। मैं देखना चाहता हूं कि आप क्या कर सकते हैं?"

तुलसीदास ने उत्तर दिया, "मेरे पास कोई जादुई शक्ति नहीं है। मैं केवल राम नाम का जाप करता हूं। यही एकमात्र जादू है मेरे पास।"

अकबर को यह सुनते ही गुस्सा आ गया। उसने आदेश दिया-"इसे कालकोठरी में डाल दो!"

कहते हैं कि अकबर के दरबार में बंदरों की बहुत बड़ी संख्या एकत्र हो गई।

अकबर को अंदाज़ा नहीं था कि तुलसीदास जी के राम नाम जपने से इतनी बड़ी संख्या में बंदर एकत्र हो जाएंगे। अकबर को समझ में नहीं आया कि इस विपत्ति से कैसे निपटा जाए? एक मंत्री ने सुझाव दिया कि तुलसीदास जी को कैद से मुक्त कर दो। अकबर ने तुलसीदास जी को मुक्त कर अपने पास बुलाया और कहा-"मुझे इन खतरनाक बंदरों से बचा लो।"

तुलसीदास ने राम नाम जप करना बंद किया। बंदर वहां से चले गए। यह देख मुगल बादशाह अकबर आश्चर्यचकित हुआ। तब उसकी समझ में आया कि राम नाम में कितनी शक्ति है।

❐

सब पर राम तपस्वी राजा।
तिन के काज सकल तुम साजा।।27।।

तपस्वी राजा भगवान राम सबसे श्रेष्ठ हैं और आपने उनके सभी कार्य पूरे कर दिए हैं।

सार

नल और नील ने समुद्र पर पुल बनाया था। वानर सेना पुल से लंका पहुंचने वाली थी कि रावण दो अग्नेयास्त्र से पुल के दोनों छोर नष्ट कर दिए। वानर सेना समुद्र के बीच में फंस गई। स्थिति यह थी कि वानर न तो लंका पहुँच सकते थे और न ही वापस लौट सकते थे। यह अत्यंत मुश्किल भरी स्थिति थी। हनुमान ने विचार किया। उन्होंने अपना आकार बढ़ाया। लंका तक पर अपने हाथों से पुल के छोर लंका की धरती की ओर खिंचा। सेना की लंका की भूमि पर उतरने लगी। इस प्रकार उन्होंने राम का कोई भी कार्य अधूरा या असफल नहीं रहने दिया।

अयोध्या में एक बार ऐसी स्थिति पैदा हो गई सभी हनुमान से पूरी तरह असंतुष्ट हो गए। सभी ने उनकी सेवाएं समाप्त करने का फैसला किया। सीता और भरत भी हनुमान को महल से बाहर रखने के इस प्रस्ताव पर सहमत हो गए थे। हनुमान को एक पक्ष के लिए अयोध्या से बाहर भेजा दिया गया।

राम के लिए आवश्यक कार्यों की जो सूची बनाई गई थी उसे सीता ने औपचारिकता पूरी करने के लिए राम को सूची सौंपी। राम ने सूची देखी। अपना सिर हिलाया। सभी खुश हुए कि चलो वह हनुमान की छाया से बचकर राम की सेवा कर सकेंगे।

हनुमान वापस लौटे तो उन्हें पता चला कि राम की सेवा का बंटवारा हो गया है और सेवादारों की सूची में हनुमान का नाम शामिल नहीं है। उन्हें आश्चर्य हुआ। इस सूची को राम की स्वीकृति प्राप्त थी।

उन्होंने दावा किया कि सूची में एक सेवा शामिल नहीं थी।

एक सेवादार ने दूसरे से पूछा-"क्या चूक हो गई? कौन-सी सेवा रह गई सूचीबद्ध करने से?"

दूसरे सेवादार ने हंसते हुए कहा-"अरे भाई! कोई सेवा नहीं छूटी सूचीबद्ध करने से। ये हनुमान की कोई चाल है। उसका नाम सेवादारों में है नहीं इसलिए वह बौखलाया हुआ है।"

पहले सेवादार ने गहरी सांस लेकर कहा-"मैं नहीं मानता। हनुमान ने पूरी सूची पढ़ी है और फिर वो प्रभु श्रीराम का बहुत पुराना सेवादार है। कुछ-न-कुछ तो छूटा है।"

"क्या छूटा है वो ये बताने से रहा।"

"हो सकता है तुम्हारी बात सही हो।...इसका भी समाधान है। माता सीता स्वयं हनुमान के दावे की बात प्रभु श्रीराम को बताएं और हनुमान को सभी सभा में अपना दावा सिद्ध करने को कहें।"

"हां! यही सही रहेगा।"

दोनों सेवादार माता सीता के पास गए और सारा घटनाक्रम बताया। सीता भी उन दोनों की बात से सहमत हो गई। तीनों राम के पास पहुंचे। हनुमान को राजसभा में बुलाया गया।

सीता ने हनुमान से पूछा-"बताओ कौन-सी सेवा सूचीबद्ध नहीं है?"

"चुटकी सेवा।" हनुमान ने सीधे-स्वभाव उत्तर दिया।

'चुटकी सेवा'? यह सुनकर राजसभा में उपस्थित सभी स्तब्ध रह गए। यह कौन-सी सेवा है। हर कोई एक-दूसरे से पूछ रहा था कि यह कौन-सी सेवा है?

सीता ने हल्के गुस्से में कहा-"ऐसी कोई सेवा नहीं होती। तुम कुछ भी बोले जा रहे हो।"

हाथ जोड़कर हनुमान ने विनम्रतापूर्वक कहा-"माते! जब भी प्रभु श्रीराम जम्हाई लेते थे तो वह अपनी उंगलियां चटका लेते थे। इस अत्यंत महत्वपूर्ण सेवा के लिए किसी को नियुक्त नहीं किया गया।"

किसी के पास कोई जवाब नहीं था। राम ने हनुमान के कथन की पुष्टि की तो राजसभा में निराशा छा गई। सीता अवाक रह गयीं। उनकी योजना विफल हो गई। ❐

और मनोरथ जो कोई लावै।
सोई अमित जीवन फल पावै।।28।।

जो कोई भी अपनी इच्छाएं आपके पास लाता है, हनुमान, उसे जीवन के असीम फल मिलते हैं।

सार

जब एक भक्त ने हनुमान से पूछा,"क्या हमें इच्छाएं रखनी चाहिए या हमें इच्छा रहित होना चाहिए?" हनुमान ने सुखद उत्तर दिया। उन्होंने कहा, "मुझे यह पसंद नहीं है कि कोई मेरे भगवान राम से कुछ भी मांगे। इसलिए मैं चाहता हूं कि कोई भी भगवान राम से कुछ न मांगे।" तो भक्त ने फिर पूछा, "क्या इसका मतलब यह है कि हमें कोई इच्छा नहीं रखनी चाहिए?"

हनुमान ने उत्तर दिया, "नहीं, नहीं! कृपया इच्छाएं रखें। क्योंकि मैं हर इच्छा को पूरा करने की जिम्मेदारी लेता हूं। एक भक्त की इच्छा को पूरा करना मेरा व्रत है ताकि मेरे स्वामी राम को इसके लिए परेशान न होना पड़े।"

हनुमान लंका की मनोहारी अशोक वाटिका में थे। सीता से भेंट करने की तरकीब सोच रहे थे। रावण की सुरक्षा व्यवस्था को कैसे भेदा जाए इसी पर हनुमान मंथन कर रहे थे। अंततः हनुमान ने लघु रूप धारण किया। धीरे-से सीता के सामने उतरे। एक अजनबी को सामने पाकर सीता थोड़ी असहज हुईं। हनुमान ने सीता को विश्वास दिलाया कि वह राम सेवक हैं। तब सीता ने हनुमान काफी देर तक एक-दूसरे से बातचीत की। हनुमान ने सीता के लिए राम द्वारा दी गई अंगूठी निकाली तो सीता और भी अभिभूत हो गईं। उनकी आंखों से आंसू बह निकले।

हनुमान ने सीता से कहा-"हे माता सीता! आप मेरी पीठ पर बैठ जाएं। मैं आपको लंका से बाहर निकालने में सक्षम हूं।"

सीता ने उससे कहा-"बेटा! तुम मुझ तक पहुंचने के लिए समुद्र पार करने में कामयाब रहे जो किसी भी तरह से आसान काम नहीं है। तो निश्चित

रूप से तुम शक्तिशाली और बुद्धिमान हो। लेकिन मुझे संदेह है। मैं उलझन में हूं। तुम्हारा असली आकार क्या है?"

हनुमान सीता के सामने बहुत छोटे रूप में प्रकट हुए थे। सीता सोच भी नहीं सकती थीं कि वह उन्हें कैसे वापस ले जा सकते हैं?

हनुमान ने कहा- "मैं बहुत छोटा हूं, मां। लेकिन भगवान राम की कृपा से जरूरत पड़ने पर मैं बहुत बड़ा हो सकता हूं। भगवान की शक्ति इतनी महान है कि मैं उनकी शरण लेकर बड़ा भी हो सकता हूं। लेकिन मेरा वास्तविक आकार छोटा है।"

हनुमान के उत्तर से सीता प्रभावित हुई।

यह राम के वनवास का अंतिम दिन था। भरत के साथ भाई शत्रुघ्न, उनके मंत्री, अयोध्या के नागरिक सभी उनके आसपास मौजूद थे। राम के आने में विलंब होने पर भरत ने अग्नि की चिता में कूदने का मन बना लिया था। हनुमान को राम के आगमन की सूचना देने को पहले ही भेज दिया गया था।

यह कुदरत का करिश्मा था या भाग्य की नियति कि कुछ समय पूर्व हनुमान सीता को आत्महत्या से बचाने को एक वृक्ष पर बैठे थे और आज भारत का जीवन बचाने के लिए पेड़ पर बैठे हुए हैं।

हनुमान ने अपनी मधुर आवाज में राम लीला आरंभ की और राम के ऋषि भारद्वाज आश्रम तक पहुंचने की कथा सुनाई। भरत ने यह सन्देश सुना। राम अयोध्या के समीप पहुंच गए हैं। भरत के हृदय में चेतना और उत्साह का संचार हुआ। उन्होंने जीवन समाप्त करने का विचार त्याग दिया। ❐

चारों जुग परताप तुम्हारा।
है परसिद्ध जगत उजियारा।।29।।

आपकी महिमा चारों युगों में प्रसिद्ध है और आपकी कीर्ति सम्पूर्ण जगत को प्रकाशित करती है।

सार

हनुमान का चरित्र अद्भुत है। उन्हें पुरुषोत्तम की पदवी से विभूषित किया है। वह अजर, अमर हैं। कहते हैं जहाँ-जहाँ राम-कथा होती है, वहाँ-वहाँ हनुमान जी सदैव उपस्थित रहते हैं। वह प्रभु श्रीरामके अंतरंग पार्षद हैं। राम के चरणों तक पहुँचाने का अधिकार केवल हनुमान जी को ही है।

तेज, धैर्य, यश, दक्षता, शक्ति, विनय, नीति, पुरुषार्थ, पराक्रम और बुद्धि यह सब गुण हनुमान में नित्य स्थित हैं। वह वानरेन्द्र हैं। धीर्य, गम्भीरता, प्रत्युत्पन्नमतित्व, सुशीलता, वीरता, श्रद्धा, नम्रता, निरभिमानिता आदि अनेक गुणों से सम्पन्न हनुमान को महर्षि वाल्मीकि और तुलसीदास ने विशुद्ध रूप से इनका उल्लेख किया है। उनमें सभी कार्यों को सम्पन्न करनेकी क्षमता है। इनकी उपलब्धियाँ विस्मयकारी हैं। इनके द्वारा सम्पादित कार्य अनेक पक्षीय तथा चकित कर देनेवाले हैं।

भारत के असंख्य अखाड़ों के अधिष्ठाता देवता नैष्ठिक ब्रह्मचारी श्रीहनुमानके चरितकी चरम पवित्रताके भी अनेक उदाहरण रामायण में प्राप्त होते हैं।

प्राचीन शास्त्रों सात चिरंजीवियों का उल्लेख मिलता हैं। जिन्हें हमेशा जीवित रहने का वरदान मिला है। ये हैं-अश्वत्थामा, व्यास, कृपाचार्य, मार्कंडेय, बाली, विभीषण और हनुमान। विद्वानों की दृष्टि में हनुमान की उपलब्धियां दिव्य हैं। हनुमान सभी युगों में सबसे महान व्यक्तियों में से एक हैं। उनकी शरण में जाने वाला सभी परेशानियों से मुक्त हो जाता है।

महर्षि वाल्मीकि कृत रामायण में अनेक कथाओं के माध्यम से हनुमान की चारित्रिक विशेषताओं का पता चलता है जो उनकी विश्व कीर्ति को उजागर करता है। ❐

साधु संत के तुम रखवारे।
असुर निकन्दन राम दुलारे।।30।।

आप संतों और मुनियों के रक्षक, राक्षसों के विनाशक और भगवान राम के प्रिय हैं।

सार

हम सभी जानते हैं और तुलसीदास जी ने हनुमान चालीसा में विधिवत रूप से स्पष्ट किया है कि बालपन हनुमान से ही ऋषिगण का उनके प्रति विशेष लगाव था। भले ही बाल हनुमान ऋषियों की दाढ़ी खिंचकर भागते थे। यज्ञ में बाधा उत्पन्न करते थे। ऋषियों की गोद में उछल कर बैठ जाना और परेशान करना हनुमान की दिनचर्या थी। यह बालपन था लेकिन कालांतर में हनुमान ने अपनी शक्तियों का उचित समय पर प्रयोग कर ऋषियों की रक्षा करने का कोई भी अवसर नहीं गंवाया।

ऋषि अंगिरस तत्कालीन ऋषियों में एक श्रेष्ठ ऋषि माने जाते थे। वह सप्त ऋषियों के समूह में शामिल थे। एक समय ऋषि अंगिरस को महसूस हुआ कि उसका शरीर आग की तरह जल रहा है। इस रहस्य ताप की वजह समझ में नहीं आ रही थी। वह माँ लक्ष्मी के पास गये। लक्ष्मी जी ने कहा- "ऋषि अंगिरस! आपके शरीर के जलने का कारण आपके द्वारा किया गया पाप है।"

"मैंने कौन सा पाप किया है?" उन्होंने उससे पूछा।

"तुमने अपने पुत्र बृहस्पति के प्रति पक्षपात करके शुक्राचार्य के साथ अन्याय किया है।"

अंगिरस ने शुक्राचार्य की उपेक्षा करके अपने पुत्र बृहस्पति को देवताओं का गुरु नियुक्त किया था। शुक्राचार्य ने बदला लेने की कसम खाई। उन्होंने स्वयं को राक्षसों का गुरु नियुक्त कर लिया।

ऋषि अंगिरस ने देवी से उपाय पूछा। तब देवी लक्ष्मी ने कहा- "हनुमान की शरण में जाओ। उनसे अष्ट सिद्धियों की कथा सुनो। इसे सुनने से धीरे-

धीरे तुम्हारा पाप कम हो जाएगा और तुम शीघ्र ही स्वस्थ हो जाओगे।"

ऋषि अंगिरसा हनुमान से मिलने पहुंचे। हनुमान बहुत प्रसन्न थे। हनुमान कहीं जा रहे थे इसलिए उन्होंने ऋषि साथ चलने को कहा और रास्ते में एक कथा सुनाई। जैसे-तैसे कथा आगे बढ़ती गई वैसे-वैसे ऋषि के पेट की प्रचंड अग्नि कम होनी शुरू हो गई। इस प्रकार हनुमान के कारण ऋषि अंगिरस एक बार फिर से स्वस्थ हो गए।

हनुमान को शंकर सुवन, केसरी नंदन और पवन तनय आदि अनेक नामों से प्रसिद्धि मिली। हनुमान के लंका से लौटने के बाद राम ने हनुमान को अपना पुत्र कहा। यह हनुमान की नई पहचान थी। राम ने हनुमान से कहा-"पृथ्वी पर हर पुत्र अपने माता-पिता का ऋणी होता है। लेकिन इस धरती पर आप एकमात्र ऐसे पुत्र हैं जिसके पिता आपसे ऋणी हैं।"

❐

अष्टसिद्धि नौ निधि के दाता।
अस बर दीन जानकी माता।।31।।

आप आठ आध्यात्मिक शक्तियों और नौ प्रकार की संपत्तियों के दाता हैं, जैसा कि माता सीता ने आशीर्वाद दिया है।

सार

हमारे प्राचीन वैदिक साहित्य में अनेक प्रकार की सिद्धियों का उल्लेख मिलता है। इनमें से आठ सिद्धियों को महत्वपूर्ण माना गया है। इन्हीं आठ सिद्धियों को अष्ट सिद्धि कहा जाता है। हनुमान जी आठ आध्यात्मिक शक्तियों हैं। यथा-

1. एनिमा

आवश्यकता अनुसार अपने शरीर को एक अणु के आकार में छोटा करने की क्षमता।

2. महिमा

शरीर को किसी भी आकार में विस्तारित करने की क्षमता।

3. गरिमा

शरीर को अत्यंत शक्तिशाली बनाने की क्षमता भारी।

4. लधिमा

शरीर को हल्का करने की क्षमता।

5. प्राप्ति

बिना किसी रुकावट के किसी भी स्थान पर जाने की क्षमता।

6. प्राकाम्य

किसी भी इच्छा को पूरा करने की क्षमता।

7. इसित्वा

पूर्ण अधिकार रखने की क्षमता कुछ भी और सब कुछ

8. वसित्व

प्रत्येक जीवित प्राणी के साथ छेड़छाड़ करने की क्षमता

अष्ट सिद्धियों के स्वामी हनुमान जी नौं निधियों के स्वामी भी हैं। निधि का सामान्य अर्थ होता है धन। कुबेर के बाद यदि कोई धन के देवता हैं तो वह हैं हनुमान जी। प्राचीन शास्त्रों के अनुसार प्रत्येक निधि को एक देवी के रूप में प्रतिष्ठित किया गया है।

हनुमान के पास नौ निधियाँ हैं -

1.महापद्म

महान कमल का फूल

2.पद्मा

कमल या हिमालय में स्थित एउझील

3.शंख

शंख

4.मकर

मगरमच्छ

5.कच्छप

कछुआ या कछुआ खोल

6.मुकुंद

सिनेबार

7.कुंडा

चमेली

8.नीला

नीलमणि

9.खरवा

बौना

इस चौपाई के अनुसार सीता ने उन्हें 8 सिद्धियों और 9 निधियों का आशीर्वाद दिया था। सिद्धियाँ योग और ध्यान के माध्यम से प्राप्त अलौकिक और रहस्यमय शक्तियों की ओर संकेत करते हैं।

हनुमान को अपने संपूर्ण जीवन में ब्रह्मा, इंद्र और अन्य देवताओं से 14 वरदान प्राप्त हुए। कालांतर में राम और सीता की सेवा के दौरान हनुमान जी को 21 और वरदान प्राप्त हुए। इन वरदानों से हनुमान समृद्ध प्राणी बन गये।

"मदद करो, मदद करो!" की धीमी आवाज सुनकर हनुमान मदद के लिए उस आवाज की ओर भागे। उन्हें एक पहाड़ पर जंगल में एक गहरी खाई से एक छोटी लड़की को देखा। हनुमान ने लड़की को खाई से बाहर निकाला।

"तुम यहां क्या कर रही हो?" हनुमान ने आश्चर्य से पूछा।

"मेरी सौतेली माँ ने मुझे भेजा है खाना पकाने के लिए लकड़ियाँ इकट्ठा करने को। अगर मैं देर से पहुंचूंगी तो भोजन में देरी होगी। फिर मेरी सौतेली बहनें मुझे बहुत मारेंगी। मुझे जाना है। मुझे बचाने के लिए धन्यवाद।" इतना कहकर वह लड़की चली गई।

हनुमान को जिज्ञासा हुई। उन्होंने ममता का पीछा किया। हनुमान ने देखा देर से आने पर सौतेली माँ और सौतेली बहनें उसे बुरी तरह पीटती थीं। हनुमान ने दुष्ट परिवार को एक या दो सबक सिखाने की योजना बनाई। योजना के मुताबिक हनुमान सौंदर्य वैद्य का भेष धारण कर उस परिवार के पास पहुंचे। सौतेली बहनें सबसे खूबसूरत लड़की बनना चाहती थीं ताकि वे एक राजकुमार से शादी कर सकें। हनुमान ने सौतेली बहनों को चेहरे पर लगाने के लिए जड़ी-बूटी देते हुए कहा-"इन जड़ी-बूटियों को अपने चेहरे पर लगाने के बाद किसी के बारे में बुरा नहीं सोचना। यदि बुरा सोचोगी तो तुम्हारा मुख काला हो जाएगा।"

सुंदर बनने के अति उत्साह में सौतेली बहनों ने वैद्य रूपी हनुमान की चेतावनी पर ध्यान नहीं दिया। उनके मन में मासूम ममता के लिए केवल नकारात्मक और घृणित विचार ही थे। उनके चेहरे काले हो गए। उनकी दुष्ट बातें सुनकर ममता असहाय होकर रोने लगी। हनुमान ने ममता को शान्त किया। दुष्ट परिवार को उपदेश देते हुए हनुमान ने कहा-"यह ममता की

गलती नहीं है कि तुम काली हो गई हो। उसके साथ दुर्व्यवहार करके और हमेशा उसके लिए सबसे बुरा सोचते हुए। दिल की सुंदरता बाहरी सुंदरता से अधिक महत्वपूर्ण है।"

हनुमान ने ममता को देखते हुए कहा-"तुम चिंता मत करो ममता। मैं हूं, तुम्हारा भाई। हमेशा तुम्हारी रक्षा करूंगा।"

हनुमान के आशीर्वाद से ममता का विवाह एक राजकुमार के साथ हो गया।

निधियों में सबसे दुर्लभ है कश्यप निधि। यह धन और समृद्धि का प्रतीक माना जाता है। उस समय यह केवल इंद्र के पास था। इंद्र को पता चला कि हनुमान कश्यप निधि की खोज में निकले हैं। इंद्र नहीं चाहते थे कि हनुमान को कश्यप प्राप्त हो। इंद्र ने हनुमान के रास्ते पर बाधाएँ डालने का निर्णय लिया। कश्यप निधि कछुओं से भरे सागर कश्यप लोक में थी। वहां कछुओं के राजा कश्यप थे। राजा ने हनुमान से कहा-"कश्यप निधि प्राप्त करने के लिए तुम्हें बहुत कठिन कार्यों से गुजरना होगा। यह मुश्किल कार्य है। तुम्हें यह विचार छोड़ देना चाहिए।"

हनुमान ने उत्तर दिया-"मैं अपने गुरु सूर्यदेव के आदेश पर यहां हूं। आपको बता दूं कि मैं कभी हार नहीं मानता।"

राजा प्रसन्न होकर बोले-"मुझे बताओ कि धन की रक्षा के लिए कौन-से तीन गुण आवश्यक हैं?"

हनुमान ने उत्तर दिया-"धन की रक्षा के लिए सबसे पहले उस व्यक्ति को शक्तिशाली होना चाहिए जो उसकी सुरक्षा में है। दूसरा, धन का सदुपयोग करना आना चाहिए और तीसरा, यह कि धन किसके साथ साझा करने के योग्य है।"

राजा कश्यप ने हनुमान से सहमति व्यक्त करते हुए कहा-"मैं इन तीन मापदंडों पर आपकी परीक्षा लूंगा। यदि आप तीनों में सफल हो गए तभी मैं आपको कश्यप निधि दूंगा।"

हनुमान को शक्ति प्रदर्शन करने के लिए एक विशाल कछुए से युद्ध

करना पड़ा। हनुमान ने अत्यंत विशाल कछुए के साथ भयानक युद्ध किया। बीच में ही कछुए ने लड़ाई रोक दी और राजा कश्यप से कहा-"मैं हार स्वीकार करता हूं क्योंकि हनुमान ने बड़े प्रेम और करुणा के साथ युद्ध किया है। वह कश्यप निधि के योग्य हैं।"

अगली परीक्षा-क्या हनुमान धन का उपयोग करने में अच्छे निर्णायक हैं? उन्हें पृथ्वी पर खर्च करने के लिए कुछ धन दिया। हनुमान की मुलाकात एक महिला से हुई जो बुरी स्थिति में थी। लेकिन हनुमान ने उनकी मदद करने से इनकार कर दिया। उन्होंने बताया कि उसके आसपास कई लोग थे जो उसकी संपत्ति छीनने की फिराक में थे। आगे जाने पर हनुमान ने देखा कि एक आदमी उनके बच्चों को खाना खाने के लिए पीट रहा है। उसे भी नज़रअंदाज कर दिया क्योंकि, जो आसानी से मिलता है उसकी कोई कद्र नहीं करता। तभी हनुमान की नजर एक व्यापारी पर पड़ी। वह दिवालिया होने वाला था। वह व्यापारी खाना खा रहे थे। कुछ गरीब बच्चे उनके पास खाना मांगने आये तो उन्होंने खुशी-खुशी अपनी थाली उन्हें दे दी। हनुमान ने सोचा कि यह धन देने के लिए एक अच्छा उम्मीदवार है क्योंकि वह एक निष्पक्ष नियोक्ता बनकर अधिक लोगों की मदद कर सकता है और वह दान देने में भी संकोच नहीं करेगा। इसलिए हनुमान ने अपनी संपत्ति में से कुछ हिस्सा उस व्यापारी को दे दिया। अब इंद्र ने एक ऐसा दृश्य बनाया जहां उन्होंने एक साहूकार के भेष में कुछ लोगों को ऋण वापस न लौटाने पर गंभीर रूप से परेशान किया। हनुमान ने उन लोगों को अपना ऋण चुकाने के लिए कुछ धन देने का फैसला किया। उन्होंने इसे अपने सुखों पर खर्च कर दिया। तभी राजा कश्यप प्रकट हुए। उन्होंने हनुमान को सूचित किया कि वह परीक्षा में असफल हो गए हैं। हनुमान ने उचित ठहराया कि यदि उन्होंने उन्हें पैसे नहीं दिए होते तो साहूकार ने उन्हें मार डाला होता। इस मामले में उन्होंने जीवन को धन से अधिक महत्व दिया। उसके उत्तर से संतुष्ट हूं। राजा कश्यप उनके पास से गुजरे और उन्हें चेतना के अगले परीक्षण के लिए ले गए।

उन्होंने हनुमान को उत्तर दिशा से एक राज्य में प्रवेश करने को कहा। यह राजा कश्यप द्वारा विशेष रूप से इसी परीक्षण के लिए बनाया गया एक साम्राज्य था। वहां का कानून यह था कि जो कोई भी राजा के मरने के बाद उत्तरी द्वार से राज्य में प्रवेश करेगा उसे नए राजा के रूप में ताज पहनाया जाएगा। हनुमान ने उत्तरी दिशा से प्रवेश किया इसलिए उन्हें मालाएं चढ़ाई गईं और वहां का राजा घोषित किया गया। हनुमान नये राजा को खोजने की इस मूर्खतापूर्ण पद्धति से आश्चर्यचकित थे। हनुमान की रुचि सत्ता में न हो कर भविष्य के लिए समझदार नियम बनाने में थी। एक सही व्यक्ति को राजा बनाने को हनुमान पूरे राज्य की यात्रा की। उन्होंने एक किसान को बैल की मदद के बिना अपनी जमीन जोतते हुए देखा। हनुमान ने किसान से बात की और पता चला कि चूँकि वह अपने बैलों को परेशान नहीं करना चाहता था, इसलिए वह स्वयं हल चला रहा था। हनुमान यह जानकर प्रसन्न हुए कि किसान जानवरों के कल्याण के बारे में चिंतित था। तब हनुमान ने जल मांगा। किसान उसे अपने घर ले गया और पानी के साथ-साथ भोजन भी कराया। हनुमान ने थाली में साधारण भोजन देखा और पूछा कि क्या वह प्रतिदिन यह साधारण भोजन खाता है। किसान ने उत्तर दिया कि वह सादा जीवन और उच्च विचार में विश्वास करता है। स्वादिष्ट भोजन की संतुष्टि के बजाय, उन्होंने लोगों की मदद करने की संतुष्टि को प्राथमिकता दी। हनुमान ने उससे उसके परिवार के बारे में पूछा, जिस पर किसान ने उत्तर दिया कि पूरा राज्य उसका परिवार है और वह खेती करके उन्हें भोजन प्रदान करता है। हनुमान इस बात से प्रसन्न थे कि उन्हें राजा के रूप में ताजपोशी के लिए सही व्यक्ति मिल गया है। लेकिन वह यह भी आंकना चाहता था कि वह कितना शक्तिशाली है क्योंकि एक राजा के पास शारीरिक शक्ति होनी चाहिए।

तभी कुछ लोग लाठी-डंडे लेकर किसान पर हमला करने आ गए। उन्हें उससे पुराना हिसाब चुकता करना था। किसान, निडर होकर, अकेले ही लड़ा। उसने एक मजबूत छड़ी उठाई और इतनी फुर्ती से चलाई कि

सभी ठग अपनी जान बचाने के लिए भागने लगे। मौका पाकर इन्द्र भी भेष बदलकर किसान से युद्ध करने आ गये। गरीब किसान का उससे कोई मुकाबला नहीं था। हनुमान ने देखा वह इंद्र थे। जो उनकी योजनाओं को विफल करने की कोशिश कर रहे थे। उन्होंने तुरंत अपनी कुछ शक्ति किसान को हस्तांतरित कर दी और जल्द ही किसान ने आखिरी चुनौती पर भी काबू पा लिया। हनुमान ने शाही आदेश पर घोषणा की कि किसान हर तरह से भूमि का राजा बनने के लिए उपयुक्त है। राजा कशप हनुमान को अपने सभी परीक्षणों में विजयी होते देखकर प्रसन्न हुए और उन्हें कश्यप निधि सौंप दी। कश्यप निधि स्वयं हनुमान के साथ रहकर बहुत खुश थीं, उन्हें पूरा विश्वास था कि हनुमान दैवीय संपदा का उपयोग केवल सभी जीवित प्राणियों के कल्याण और भलाई के लिए करेंगे।

युद्ध के बाद, राम ने रावण पर राम की जीत की सूचना माता सीता को देने के लिए हनुमान को भेजा। यह अद्भुत समाचार सुनकर सीता के हृदय से हनुमान के लिए आशीर्वाद उमड़ पड़ा। "सभी योग्य गुण आपके हृदय में निवास करें। कौशल के भगवान आप पर हमेशा दयालु रहें। क्योंकि यह दिन बहुत शुभ है, इसे मंगलवार के रूप में जाना जाएगा और इस दिन आपकी पूजा की जाएगी। आपको अष्ट का आशीर्वाद प्राप्त हो सिद्धियाँ और नव निधियाँ। **"अस बर दीन्हा जानकी माता।"**

❐

राम रसायन तुम्हरे पासा।
सदा रहो रघुपति के दासा।।32।।

आपके पास राम के पवित्र नाम का खजाना है और आप सदैव राम की सेवा में बने रहें।

सार

हे हनुमान! आपके पास भगवान राम की भक्ति का अमृत है। आप सदा उनके वफादार सेवक बने रहेंगे। स्वयं प्रभु श्रीराम जिनके ऋणिया बन गये। राम ने कहा-"हे हनुमान! तुमने विदेहराजनन्दिनी सीता का पता लगाकर, उनका दर्शन कर और उनका शुभ समाचार सुनाकर समस्त रघुवंश की तथा महाबली लक्ष्मण की और मेरी भी आज धर्मपूर्वक रक्षा कर ली।"

एक अन्य अवसर पर राम ने कहा था-"हे हनुमान! तुम्हारे एक-एक उपकार का ऋण चुकाने में मैं अपने प्राण समर्पण करने को उद्यत हूँ, परंतु तुम्हारे जो अनेक उपकार शेष रह जाते हैं, तो हम सपरिवार तुम्हारे ऋणी ही रहेंगे। मैं नहीं चाहता कि तुमसे उऋण हो जाऊँ। तुम्हारे उपकार मेरे अङ्गमें पच जायँ क्योंकि किसीका प्रत्युपकार तभी किया जाता है। जब वह आपत्ति में पड़ा हो। मैं स्वप्न में भी नहीं चाहता कि तुम पर कभी कोई आपत्ति आये।"

राम राज्याभिषेक के अवसर पर हार को पाकर हनुमान उसमें राम नाम ढूँढ़ने लगे। यह कथा प्रसिद्ध ही है।

हनुमान उस पूरी कहानी का विवरण जानना चाहते थे जिसके कारण उन्हें मृत्यु की धमकी मिली। काशी के राजा ने समझाया। उन्होंने कहा-"जिस व्यक्ति ने उन्हें सूर्यास्त तक मारने की कसम खाई थी वह कोई और नहीं बल्कि भगवान राम थे।"

हनुमान असमंजस में पड़ गए। एक तरफ उन्होंने अपनी मां से राजा को बचाने की कसम खाई थी और दूसरी तरफ भगवान राम के प्रति उनकी वफादारी थी। अपने जीवन में पहली बार वह ऐसी स्थिति में थे जहाँ उन्हें

राम के विरुद्ध खड़ा होना पड़ा। पूरी समस्या समझने से पहले ही उसे अपनी माँ के प्रति समर्पण करने पर पश्चाताप हुआ। काश यह बात उसकी माँ को पता होती यदि हनुमान को राम के विरुद्ध खड़ा होना पड़ता तो वह इस मिशन की अनुशंसा भी नहीं करतीं। हनुमान को किसी भी तरह समाधान खोजना था। उनके पास एकमात्र समाधान भगवान राम का पवित्र नाम था और उन्हें विश्वास था कि यही जीवन की सभी समस्याओं का समाधान है।

काशी के राजा को हनुमान ने सुझाव दिया-"वह सरयू नदी के पानी में गर्दन तक खड़े रहें और लगातार भगवान राम के नाम का जाप करें।"

हनुमान के कहे अनुसार काशी के राजा ने भगवान राम के नाम का जाप करना शुरू कर दिया। कुछ देर बाद राजा के मंत्रोच्चार की तीव्रता भी बढ़ती गई। सूर्यास्त तक वह भगवान राम का नाम जोर-जोर से चिल्ला रहा था। ठीक सूर्यास्त के समय राम ने काशी के राजा का सिर काटने के लिए तीर चलाया था। काशी के राजा को अपनी निकट आती मृत्यु का आभास होने लगा। उनकी राम नाम जपने की तीव्रता भी बढ़ गई। तीर राजा के गले में घुसने से एक इंच पहले ही हनुमान के शक्तिशाली हाथ से पकड़ लिया गया था। हनुमान ने तीर छीन लिया और उसके दो टुकड़े करके नदी में फेंक दिया। काशी नरेश ने गहरी साँस ली।

राम द्वारा दूसरा बाण छोड़ा। हनुमान फिर बाण पकड़ लिया। तीसरे तीर का भी यही हश्र हुआ। राजा बहुत रोमांचित था कि उसके तीनों तीर निकल गए थे। वह अभी भी जीवित था। वह हनुमान को बहुत-बहुत धन्यवाद देते हुए बड़ी खुशी से पानी के अंदर नृत्य करने लगा। नदी के तट पर भारी भीड़ जमा हो गई। राम स्वयं अपने कूल्हों पर हाथ रखकर खड़े थे। तीन प्रयास के विफल करने के लिए राम हनुमान पर क्रोधित हुए। राम ने हनुमान से कहा - "तुमने अपने स्वामी के बाणों को रोकने का साहस कैसे किया? क्या उसकी वफादारी बदल गई थी?

हनुमान ने बड़ी विनम्रता के साथ कहा-"यहां इकट्ठे हुए सभी लोगों को मैं यह समझना चाहता था कि भगवान राम के भक्त और विशेष रूप से

उनके नाम का जप करने वाले को बचाना उनका कर्तव्य है। काशी के राजा राम के नाम का जाप कर रहे थे। उनके जीवन को बचाना मेरा परम कर्तव्य था। भले ही वह खतरा स्वयं भगवान राम की ओर से ही क्यों न आया हो।"

राम इस तर्क का खंडन नहीं कर सके। हनुमान ने चुपचाप राजा को ऋषि विश्वामित्र को प्रणाम करने का संकेत दिया। राजा तुरंत महर्षि के चरणों में गिर पड़ा। अनादर के लिए क्षमा मांगी। ऋषि ने उसे तुरंत माफ कर दिया। राजा हनुमान के बहुत आभारी थे।

❐

तुह्मरे भजन राम को पावै।
जनम जनम के दुख बिसरावै।।33।

आपकी पूजा से मनुष्य भगवान राम तक पहुँच सकता है और कई जन्मों के दुखों से मुक्त हो सकता है।

सार

भगवान् श्री राघवेन्द्र के प्रिय भक्त। श्री हनुमान जी भगवान् श्रीराम के भक्त हैं। अपने हृदय में श्रीराम के निवास को दिखाने के लिये अपना सीना चीर दिया था। खेल-खेल समुद्र लांघना आदि कार्य किनी आदि कारण भगवान् श्रीराम का प्रियपात्रत्व प्राप्त करनेमें समर्थ होकर अग्रगण्य है करके भी कभी अभिमान प्रस्त न होना आदि विशेषताओं के नहीं उनका श्री हनुमानजी ने अपने अनुयायियों को यह शिक्षा दी है कि 'यदि श्रीराम का भगवान् का प्रिय पात्र होना चाहते हो तो निरभिमान होकर अनन्य रूप में यह भावसे प्रभुकी सेवा करो। इससे तुम्हारी इच्छा ही पूरी नहीं होगी। भगवान् के तुम यशः शरीरसे अजर-अमर होकर इस उक्ति की सत्यता को जो निज प्रमाणित करोगे।

हनुमान को अयोध्या में स्वतंत्रता का विशेष आनंद मिला। उन्होंने अयोध्या के प्रत्येक नागरिक का दिल जीत लिया था। उन्हें राजघराने में प्रवेश करने से कभी किसी ने नहीं रोका। इसीलिए जब एक दिन वह हर जगह सीता का पीछा करने लगा तो किसी ने उससे सवाल नहीं किया और न ही सीता को इस बात से कोई आपत्ति हुई। वह एक मासूम बेटे की तरह था।

राम सीता से बहुत प्यार करते है। हनुमान यह समझ नहीं पाए कि राम सीता से इतना क्यों प्यार करते हैं? अवश्य ही सीता के मन में कोई रहस्य होगा, जिसके कारण राम उनसे इतना प्रेम करते थे। यदि वह सीता के रहस्य को उजागर कर सके तो वह भी राम का उतना ही प्रिय हो सकता है। हनुमान ने फैसला किया कि वह माता सीता को पूरे दिन लगातार निगरानी में रखेगा और निश्चित रूप से, वह रहस्य का पता लगाएगा।

सीता ने पूरे दिन हनुमान का अजीब व्यवहार देखा। उसे एहसास हुआ कि वह कुछ कर रहा था। वह जो कुछ भी करता था वह हमेशा राम को प्रसन्न करने की कोशिश करता था। उसने जिस तरह से काम किया वह हमेशा पारंपरिक या यहां तक कि सबसे स्वीकार्य नहीं था। लेकिन उसकी स्पष्ट ताक-झांक को सहन करती रही, लगातार उसका निरीक्षण करती रही। शाम सीता एक बड़े दर्पण के सामने बैठ गई और सजने-संवरने लगी। हनुमान कुछ दूरी पर खड़े होकर सीता को अलंकृत होते देख रहे थे। सीता ने एक चुटकी लाल सिन्दूर लिया और उसे हल्के से अपने बालों के बीच में रगड़ते हुए अपने माथे पर लगाया। हनुमान को यह अजीब लगा। अपनी शंका का निवारण करने के मकसद से हनुमान ने सीता से पूछा-"हे माते। आपने अभी यह क्या किया है?"

सीता को समझ में नहीं आया हनुमान को लाल सिन्दूर लगाने की रस्म के पीछे का गहरा अर्थ कैसे समझाया जाए। हनुमान ब्रह्मचारी ठहरे। उन्हें विवाहित जीवन की बारीकियों का कोई अनुभव नहीं था। सीता ने हनुमान को समझाते हुए कहा-"उसके मस्तक पर इस छोटी-सी बिंदी ने भगवान राम को बहुत प्रसन्न किया और उनके लिए लंबी आयु भी सुनिश्चित की।"

हनुमान को सीता का रहस्य पता चल गया था। हनुमान ने दुकानदार से सीता के माथे पर लगाया हुआ लाल सिन्दूर माँगा। दुकानदार ने लाल सिन्दूर वाली एक छोटी-सी डिब्बी दी। हनुमान ने और माँगा और दुकानदार ने उसे लाल सिन्दूर से भरी चार छोटी डिब्बियाँ देते हुए कहा-"इसे सीता माता दिन में तीन बार भी लगायें तो भी यह कम से कम छह महीने बाद भी समाप्त नहीं होगा।"

हनुमान उससे पूछा-"तुमने लाल सिन्दूर पाउडर कहाँ रखा है?"

अनजान दुकानदार ने दुकान के अंदर की ओर इशारा किया। हनुमान उस भंडार कक्ष में चले गए। अपने कंधे पर एक बड़ा बोरा लेकर बाहर चले गए। सड़क के ठीक बीच में हनुमान ने उस बोरी का सारा लाल सिन्दूर पाउडर फैला दिया। तब तक हनुमान की विनोदी क्रियाओं को देखने के

लिए अनेक दर्शक एकत्रित हो गये थे। हनुमान ने लाल सिन्दूर चूर्ण के ऊपर लोटना शुरू कर दिया। हनुमान लाल हो गया। हनुमान राजसभा में पहुंचे। उन्हें देख सभी की हंसी छूट गई।

राम को हँसता देख हनुमान को संतुष्टि मिली। राम ने हनुमान से पूछा- "यह क्या आपने? पूरा शरीर लाल क्यों हो गया?"

हनुमान ने कहा-"माता सीता के मस्तक पर एक छोटी-सी लाल बिंदी आपको खुश कर सकती है और आपकी उम्र काफी बढ़ा सकती है। अगर मैं खुद को ऊपर से नीचे तक पूरी तरह से लाल सिन्दूर में ढक लूं तो आप कितनी खुश होंगी। आपकी उम्र बढ़ जाएगी।"

राम ने हनुमान को आशीर्वाद देते हुए कहा-"जो कोई भी लाल सिन्दूर से तुम्हारी पूजा करेगा, उसके जीवन में कभी भी कठिनाइयाँ और कष्ट नहीं होंगे।"

यदि कोई हनुमान की पूजा करता है, तो उसे राम मिलते हैं और असंख्य दुखों का अंत भी होता है। हनुमान हमेशा अपने भक्तों की पुकार का जवाब देते हैं और समय और स्थान की परवाह किए बिना उनकी प्रार्थनाएं पूरी करते हैं।

❐

अंत काल रघुबर पुर जाई।
जहां जन्म हरिभक्त कहाई।।34।।

जीवन के अंत में, भक्त को भगवान राम के निवास स्थान पर ले जाया जाएगा और हरि यानी विष्णु के भक्त के रूप में पुनर्जन्म होगा।

सार

लंका में एक राक्षस था-जंबुमाली। रावण उसे प्यार से जम्बू कहता था। उसे शराब बहुत पसंद थी। रावण ने उसे शराब की एक झील उपहार में दे दी और उसने झील में ही घर बना लिया।

अशोक वाटिका के विनाश को देखते हुए रावण ने सभी योद्धाओं को आपात स्थिति में अशोक वाटिका पहुंचने का आदेश दिया। जंबुमाली को सैनिकों ने झील से बाहर निकाला। वह उत्तेजित हो गया। सैनिकों ने उसे रावण का आपातकालीन आदेश सुनाया तब वह शांत हुआ। उसे रावण के पास लाया गया। रावण ने जंबुमाली से कहा-"एक अच्छी लड़ाई उसका इंतजार कर रही है?"

जंबुमाली ने पूछा-"मेरा प्रतिद्वंद्वी कौन है? क्या वह इंद्र है या अग्नि?"

"नहीं। वह एक बंदर है।" रावण ने बताया।

जंबुमाली ने हाथ में लिया हुआ शराब का गिलास ऊपर तोड़ते हुए गुस्से में कहा-"क्या यह मजाक है? मैं छोटे बंदरों से नहीं लड़ता।"

तब रावण ने उसे बताया-"ये वानर छोटा-मोटा नहीं है। वो क्या करने में सक्षम है तुम्हें अभी नहीं मालूम। उसने पूरी अशोक वाटिका उजाड़ दी है। वहां तैनात अनेक बलिष्ठ सैनिकों को मार दिया है। वो कोई साधारण वानर नहीं है। समझा जंबुमाली।"

अनिच्छा और उपेक्षित भाव से जंबुमाली ने कहा "हूं ऊं! असाधारण बंदर! आता हूं थोड़ी देर में उसे खत्म करके। एक बंदर को ख़त्म करने में मुझे कितना समय लगेगा?"

वह अशोक वाटिका पहुंचा। उसने देखा विशाल बंदर एक गुंबद पर

बैठा है। फलों की दावत कर रहा है। जंबुमाली को यह देखकर आश्चर्य हुआ। हनुमान ने जंबुमाली को देखकर उसे चुनौती देते हुए-"आज कौन मौत से मिलना चाहता है? आओ मैं करवाता हूं मृत्यु से परिचय।"

जंबुमाली क्रोधित था। उसने हनुमान को जवाब देते हुए कहा-"तू अपने आप को ज्यादा बलशाली समझता है तो आ नीचे। कर युद्ध मुझ से। तेरे जैसे बहुत बंदर देखें हैं।" इतना कहते ही उसने हनुमान पर तीर चलाये। हनुमान ने तीर पकड़े और वापस जंबुमाली के पास भेज दिए।

जंबुमाली को शारीरिक युद्ध बंद कर अपनी मायावी नीति अपनाई। उसने अपना आकार हनुमान से भी बड़ा कर लिया। हनुमान का आकार चार गुना और बढ़ गया। जंबुमाली अब हनुमान के घुटनों तक ही रह गया।

हनुमान बराबर का युद्ध करने के इच्छुक थे। हनुमान ने कहा-"सुनो जम्बू! यदि तुम चाहो तो मैं तुम्हें एक छोटा सा मंत्र सिखा सकता हूं जो तुम्हारे जीवन को बचा सकता है। यह तुम्हारे सभी पापों को नष्ट कर देगा जो तुमने कई जन्मों में अर्जित किए हैं। यदि तुम मरने की जिद करते हो, तो इस मंत्र का जाप करो।"

"क्या बकवास है।" जम्बू उन्माद में चिल्लाया। "एक बंदर मुझे मंत्र सिखाएगा?"

उसकी अनिच्छा देखकर, हनुमान ने उसे उठाया और एक उंगली पर संतुलित करते हुए उसे चारों ओर घुमाया। समय वह राम-मा, राम-मा कहता रहा। जंबुमाली चिल्लाता रहा और हनुमान घूमाता रहा। आखिर में हनुमान ने उसे दूर फेंक दिया। उसकी तत्काल मृत्यु हो गई।

❐

और देवता चित्त न धरई।
हनुमत सेइ सर्ब सुख करई।।35।।

जब हनुमान की पूजा से सभी सुख प्राप्त हो सकते हैं तो अन्य देवताओं पर ध्यान देने की कोई आवश्यकता नहीं है।

सार

राम ने रावण को पराजित कर युद्ध समाप्ति की घोषणा करते हुए हनुमान को आदेश दिया-"हनुमान! शीघ्र प्रस्थान कर अशोक वाटिका में बैठी देवी सीता को सूचित करो कि हमने रावण को मोक्ष प्रदान करके उनकी अंतिम इच्छा को पूर्ण कर लंका को विजित कर लिया है।

परम शुभ समाचार सुनकर सीता ने हनुमान से कहा-"तुम्हारा कल्याण हो पुत्र हनुमान! इस मंगलमय सूचना ने मेरे हृदय को प्रफुल्लित कर दिया है। मैं तुम्हें आशीर्वाद देती हूं कि कलियुग में तुम्हारी पूजा वाले दिन को मंगलवार कहा जाएगा।"

एक बार की बात है। दैत्यों के गुरु शुक्राचार्य ने विप्रचित नामक दैत्य राजा को कहा-"राजन! आपको तामसिक यज्ञ आयोजित करना चाहिए।"

विप्रचित ने विनम्रतापूर्वक कहा-"गुरु श्रेष्ठ! तामसिक यज्ञ तो नकारात्मक अग्नि यज्ञ है। इससे उच्च मात्रा में अशुभता पैदा होती है। क्या इसका आयोजन करना उचित होगा?"

शुक्राचार्य ने कहा-"यज्ञ करने से ऋषियों को परेशानी होगी। उन्हें मांस और रक्त जैसी घृणित सामग्री का उपयोग करके तामसिक यज्ञ करने के लिए मजबूर करे।"

शुक्राचार्य यज्ञों के विज्ञान को जानते थे और इस तथ्य से भली-भांति परिचित थे कि किसी भी यज्ञ की आहुति देवताओं द्वारा व्यक्तिगत रूप से स्वीकार किया जाना था। विप्रचित की आज्ञा से तामसिक यज्ञ प्रारम्भ किये गये। सभी देवता एक के बाद एक बीमार पड़ने लगे। सूर्य देव स्वयं इतने बीमार थे कि सूर्य चक्र की गति बहुत कम हो गई, जिसके परिणामस्वरूप

पूरे विश्व में व्यापक जलवायु परिवर्तन हुए। सूर्य का उदय और अस्त भी अनियमित हो गया। चूंकि सूर्य चक्र गड़बड़ा गया था, इसलिए पृथ्वी पर हर जीवित प्राणी स्वाभाविक रूप से परेशान हो गया और बीमार पड़ने लगा। दुनिया भर में विभिन्न प्रकार के संक्रमण और बीमारियाँ फैलती हैं।

हनुमान को पता चला कि इन सबके पीछे शुक्राचार्य का हाथ है तो वह अपने गुरु और मार्गदर्शक सूर्यदेव के पास पहुंचे। हनुमान ने अपने शिक्षक को उस दयनीय बीमारी की हालत में देखा। सूर्य ने हनुमान से आग्रह किया- "प्रिय हनुमान! तुम किसी भी तरह शुक्राचार्य के तामसिक यज्ञ को रोको। ब्रह्मांड को अभूतपूर्व आपदा से बचाओ।"

सूर्य ने विप्रचित दैत्य राजा के संबंध में जानकारी दी और यह भी बताया कि देवताओं और ऋषियों को कहां बंदी बनाकर रखा गया है। हनुमान उस कारागार में पहुँचे जहाँ ऋषियों को बंदी बनाकर रखा गया था। उनसे उन्हें पता चला कि वह यज्ञ का आयोजन अपनी इच्छा से नहीं बल्कि मजबूरी में कर रहे थे। राक्षस राजा ने उनके सभी रिश्तेदारों को कैद कर लिया था और तामसिक यज्ञ करते हुए उसकी बात नहीं मानने पर उन्हें एक-एक करके मारने की धमकी दी थी। न केवल साधु-संतों को बल्कि उनके रिश्तेदारों को भी जेल में डाल दिया गया।

कारागार शक्तिशाली मंत्रों द्वारा बनाया गया था। उसे भेदना आसान नहीं था। हनुमान ने सबसे पहले ऋषियों के भय को जड़ से समाप्त करने का निर्णय लिया। राजा और शुक्राचार्य तामसिक यज्ञ में व्यस्त थे और हनुमान पर्वत की चोटी पर ऋषियों के रिश्तेदारों को कैद से मुक्त कराने में मस्त थे। हनुमान ने कारागार के बाहर बैठ कर राम नाम का जाप करके कारागार को तोड़ दिया। सभी कैदी रिहा हो गए।

शुक्राचार्य को अपनी रहस्यमय शक्तियों से पता चल गया कि जादू टूट गया है और उन्होंने स्थिति को संभालने के लिए राक्षस सेना भेजी। हनुमान सेना का स्वागत करने की प्रतीक्षा कर रहे थे। हनुमान ने अपनी शक्तिशाली गदा से प्रत्येक राक्षस का वध कर दिया।

हनुमान ने ऋषियों को तामसिक यज्ञ करना बंद करने का निर्देश दिया। शुक्राचार्य और दानव राजा उसकी इस धृष्टता पर क्रोधित थे। राक्षस राजा ने हनुमान पर हमला कर दिया। हनुमान ने इतना बड़ा रूप धारण कर लिया कि विप्रचित डरकर पीछे हट गये। हनुमान विप्रचित को मारने ही वाले थे कि तभी शुक्राचार्य अपने शिष्य की रक्षा के लिए आगे आए। विप्रचित को चेतावनी देकर छोड़कर हनुमान ने सभी ऋषियों को मुक्त कर दिया और उनसे अनुरोध किया कि वह सकल नकारात्मकता की ओर झुके संतुलन को बहाल करने के लिए नियमित यज्ञ करना शुरू करें। शुक्राचार्य असहाय होकर हनुमान द्वारा तामसिक यज्ञ को भंग होते और पूरे अखाड़े को अपनी आंखों के सामने ध्वस्त होते हुए देख रहे थे।

तामसिक यज्ञ बंद होने के बाद भी देवता ठीक नहीं हुए। तब हनुमान इलाज के लिए धन्वंतरि के पास ले जाया गया। धन्वन्तरि ने उनकी परीक्षण किया और हनुमान को बताया-"मानसरोवर में पाए जाने वाले मोती की एक विशेष गुणवत्ता ही उन्हें ठीक कर सकती है। इसके अलावा उन्हें नवरत्न पेड़ से एक टहनी की भी आवश्यकता है। जो एक साथ उगने वाले नौ अलग-अलग पेड़ों का संयोजन है।"

हनुमान बीमार देवताओं को ठीक करने के लिए जादुई औषधि के लिए आवश्यक सामग्री प्राप्त करने के लिए मानसरोवर के लिए रवाना हो गए।

इधर शुक्राचार्य ने युद्ध जारी रखे हुए थे। उन्होंने अपनी यौगिक शक्तियों से नकली मोती बनाए। ये मोती असली जैसे दिखते थे। हनुमान ने शुक्राचार्य को चकमा देकर मानसरोवर के दिव्य हंसों की मदद से असली मोती ढूंढ लिए। नवरत्न वृक्ष की छड़ियों के साथ मोती वापस लाकर, हनुमान ने धन्वंतरि के निर्देश के अनुसार यज्ञ को पूरा करना सुनिश्चित किया। और सभी देवताओं की ख़ुशी से, वे सभी फिर से स्वस्थ हो गए।

हनुमान ने धन्वंतरि से सभी स्वास्थ्य समस्याओं का स्थायी उपचार पूछा। धन्वंतरि ने उन्हें बताया-"एक उपाय है। वह है स्वस्थ निधि। समस्या

यह है कि यह खजाना अस्तित्व में नहीं है। इसे केवल भगवान ब्रह्मा द्वारा ही बनाया जा सकता है।"

हनुमान देवताओं सहित ब्रह्मलोक पहुँच गये। ब्रह्मा ने कहा-"इसके लिए भगवान शिव के आंसुओं से बने 16 विभिन्न प्रकार के रुद्राक्षों की आवश्यकता है।"

ब्रह्मा ने हनुमान को कहा-"इन 16 रुद्राक्षों के साथ एक महायज्ञ करना है।"

महायज्ञ करने के विचार से हनुमान उत्साहित हो गए और पवित्र धामों से 16 सामग्रियां इकट्ठा करने के लिए निकल पड़े। शुक्राचार्य को पता लगा कि देवता महायज्ञ करने वाले हैं। उन्होंने को आदेश दिया- "विप्रचित! अब तुम्हें देवताओं के महायज्ञ को विफल करना है। इसकी व्यवस्था करो।"

विप्रचित बिना विलंब किए उल्लुओं के राजा से मिले और उनसे निवेदन किया-"हे राजन! आप अतिशीघ्र सभी रुद्राक्षों को नष्ट कर दें। अन्यथा अनर्थ हो जाएगा।"

उल्लुओं के कारण हनुमान को रुद्राक्ष नहीं मिले तो हनुमान परेशान हो गए। तब उन्होंने गरुड़ से पूछा-"इस उत्पात के पीछे कौन हो सकता है? शीघ्र पता करो।"

गरुड़ ने हनुमान को सूचित किया-"ये कार्य उल्लू के हैं। उनकी अनुमति के बिना कोई भी उल्लू राजा से कुछ भी नहीं ले सकता। यह एक वरदान है जो उनके पास है।"

हनुमान उल्लुओं के देश पहुँचे। उन्होंने राजा से रुद्राक्ष देने को कहा तो राजा ने इंकार कर दिया। हनुमान ने कारण पूछा-"क्यों नहीं दे सकते। आप उचित कारण बताओ।"

राजा ने बताया-"पूरा उल्लू परिवार जनता की इस धारणा से दुखी हम उल्लू अशुभ हैं। हम भी समाज में मान-सम्मान चाहते हैं।"

हनुमान ने सहानुभूति व्यक्त करते हुए कहा-"आप चिंता न करें। मैं आपकी इस व्यथा का समाप्त करने का प्रयास करता हूं।"

हनुमान उल्लूओं के राजा को माता लक्ष्मी के पास ले गए। हनुमान ने लक्ष्मी से अनुरोध किया-"हे लक्ष्मी जी! इस उल्लू समुदाय की पीड़ा का कोई उपचार करो। कोई समाधान करो ताकि मानव समाज में इन्हें मान-सम्मान प्राप्त हो सके।"

लक्ष्मी ने मुस्कुराते हुए कहा-"इतनी छोटी-सी बात। आज के बाद उल्लुओं को अशुभ नहीं माना जाएगा। ये मेरा आशीर्वाद है। मैं अभी से इन्हें अपने वाहन के रूप में स्वीकार करती हूं। अब ये धन से जुड़े रहेंगे और शुभ माने जाएं।"

उल्लुओं ने कृतज्ञतापूर्वक हनुमान को रुद्राक्ष लौटा दिए। रुद्राक्ष ब्रह्मा को दे दिया और उन्होंने देवताओं के साथ मिलकर यज्ञ शुरू किया। अग्निदेव ने प्रज्ज्वलित होने से इंकार कर दिया। इसका कारण यह था कि विप्रचित स्वर्ग के सिंहासन पर बैठकर देवताओं की शक्ति को नियंत्रित कर रहा था। हनुमान गुस्से में इंद्रलोक पहुंचे और सिंहासन पर बैठे विप्रचित को एक जोर से लात मारी। विप्रचित सीधे पाताल लोक पहुंच गया और अपनी सारी शक्तियाँ खो बैठा। देवताओं को अपनी शक्तियाँ पुनः प्राप्त हो गईं।

❐

संकट कटै मिटै सब पीरा।
जो सुमिरै हनुमत बलबीरा।।36।।

जो लोग पराक्रमी और वीर हनुमान का स्मरण करते हैं, उनके सभी संकट और कष्ट दूर हो जाते हैं।

सार

हनुमान कहीं जा रहे थे। उन्होंने देखा कि कुछ लोग मानव शरीर को नहीं बल्कि एक लकड़ी की मूर्ति को जला रहे हैं। पास में एक बूढ़ी औरत जोर-जोर से चिल्ला रही थी। वह अपने मृत बेटे के बारे में लगातार विलाप करती रही। उसके बगल में एक छोटा लड़का खड़ा था जो अपनी रोती हुई दादी को यह आश्वासन देकर सांत्वना देने की कोशिश कर रहा था कि उसके पिता मरे नहीं हैं। हनुमान को आश्चर्य हुआ कि किसी जीवित व्यक्ति का अंतिम संस्कार क्यों किया जा रहा है।

जिज्ञासावश वह वृद्ध महिला के पास पहुंचे। हनुमान के पूछने पर बुढ़िया ने हनुमान से अपनी जटिल कहानी सुनाई-"उसका बेटा जीवित था। जीवन रहते हुए वह मृत समान था। राजा बलधारी जिसे भी बुलाते थे वह कभी वापस नहीं आता था।"

हनुमान को समझ में आ गया की उसके बेटे और अन्य लोगों के गायब होने और दुष्ट राजा के बीच कुछ संबंध है। हनुमान ने उससे वादा किया कि वह पूरी समस्या की जड़ तक पहुंचेगा और उसके बेटे को वापस लाएगा।

हनुमान राजा बलधारी के राज्य समीप ही थे उन्होंने देखा कि दो बहुत कमजोर आदमी आत्महत्या करने के लिए एक चट्टान से कूदने वाले थे। हनुमान उन्हें ऐसा करने से रोका। हनुमान ने करुणा पूर्वक समझाया- "आत्महत्या किसी भी समस्या का समाधान नहीं है। समस्याओं का साहस के साथ सामना करना चाहिए।"

एक ने बताया-"वह पूरे गाँव में सबसे शक्तिशाली पहलवान थे। एक

दिन राजा बलधारी ने उन्हें कुश्ती प्रतियोगिता के लिए आमंत्रित किया। हमने निमंत्रण स्वीकार कर लिया। राजा बालाधारी ने उनकी सारी ऊर्जा और ताकत को चूस लिया। उनके पास जो कुछ बचा था वह केवल हड्डियों का एक थैला था जबकि उनकी सारी शक्तियाँ राजा को हस्तांतरित कर दी गई थीं।"

उसकी बात सुनकर हनुमान आश्चर्यचकित हो गये। हनुमान ने मन-ही-मन सोचा कि राजा को अकल्पनीय शक्ति कैसे प्राप्त हुई?

दोनों पहलवानों ने हनुमान को बताया-"राजा ने भगवान ब्रह्मा की तपस्या की थी। भगवान ब्रह्मा उसकी तपस्या से प्रसन्न हुए। राजा को एक वरदान दिया कि वह अपने सामने खड़े किसी भी व्यक्ति की पूरी शारीरिक शक्ति खींच सकते हैं। इसी वरदान के कारण उनका नाम बालाधारी पड़ा।"

दूसरे व्यक्ति ने हनुमान को बताया-"वह व्यक्ति को मरने नहीं देता है। यदि व्यक्ति मर जाता है तो उसकी शक्ति समाप्त हो जाती है। अपनी ताकत को बनाए रखने के लिए वह उन लोगों को मरने नहीं देगा। वह उन्हें कैद करेगा और उन्हें अच्छी तरह से खाना खिलाएगा ताकि वे जीवित रहें।"

पहले व्यक्ति ने कहा-"किसी तरह से हम दोनों उस गुफा से भागने में सफल हो गये। हम आशा कर रहे थे कि हमारी मृत्यु से राजा की ताकत कम हो जाएगी और उनके पराजित होने की अधिक संभावना होगी।"

दोनों ने राजा के पास गजशक्ति के विषय में भी जानकारी दी। हनुमान राजा बलधारी से मिलने के लिए निकले। राजा ने हनुमान को साधारण वानर समझकर उनका अपमान किया। हनुमान को मारने आए सैनिकों को हनुमान ने पल भर में सभी सैनिकों को नष्ट कर दिया। यह देखकर बलधारी गंभीर हुआ। बलधारी और हनुमान का युद्ध हुआ और हनुमान ने बलधारी को आसानी से हरा दिया।

बलधारी ने हनुमान का हाथ पकड़कर उनकी ऊर्जा छीनने की कोशिश की। भगवान शिव का बल उसकी क्षमता से अधिक था। बलधारी हनुमान का हाथ छोड़ना चाहता था। हनुमान की ऊर्जा एक प्रचंड वेग के साथ

उनके शरीर में प्रवाहित हुई। बालाधारी का शरीर चरम बिंदु को पार कर गया, तो यह लाखों टुकड़ों में विभाजित हो गया जो पूरे स्थान पर बिखर गया। गजशक्ति को अपनी ताकत मिल गई, तो हनुमान उसे अपनी मां के पास वापस ले गए। बूढ़ी माँ बहुत प्रसन्न हुई और उसने हनुमान को बहुत आशीर्वाद दिया।

नारद प्रकट होकर हनुमान से अनुरोध किया-“हनुमान! तुम्हें सदैव ध्यान रखना होगा कि भविष्य में बलधारी लोगों की ताकत का शोषण न कर सके।”

हनुमान ने नारद को वचन दिया। हनुमान ने अपना एक सुंदर लाल रंग का देवता बनाया जिसे बलनिधि के नाम से जाना जाता है। उन्होंने नारद से कहा- "यह रूप हमेशा सभी अखाड़ों और कुश्ती के मैदानों में रहेगा। जो कोई भी मेरे इस रूप की पूजा करेगा और शारीरिक गतिविधियाँ और व्यायाम करेगा, वह महान शक्ति प्राप्त कर सकेगा। शारीरिक गतिविधि एक को मजबूत बनाए रखेगी और इसकी कमी उसे बना देगी।"

नारद यह जानकर बहुत प्रसन्न और संतुष्ट हुए कि अब कोई शोषण और पीड़ा नहीं होगी। संकट कटै मिटै सब पीरा जो सुमिरै हनुमत बलबीरा। तुलसीदास ने कुश्ती में शक्ति के लिए हनुमान का आशीर्वाद प्राप्त करने के लिए प्रत्येक अखाड़े में हनुमान देवता की स्थापना की सिफारिश की।

❐

जय जय जय हनुमान गोसाईं।
कृपा करहु गुरुदेव की नाईं।।37।।

हे हनुमान! आपकी जय हो, जय हो! कृपया हमारे पूज्य गुरु के रूप में हम पर अपनी कृपा बरसाएँ।

सार

हनुमान अष्ट सिद्धियाँ या आठ रहस्यमय शक्तियाँ प्राप्त करने का प्रयास कर रहे थे। उन्हें अचानक भूख लगने लगी। इधर-उधर देखा लेकिन कुछ नहीं मिला। तभी अग्नि यज्ञ करते समय रोती हुई एक तपस्वी महिला दिखाई दी। वह उसके पास गये तो देखा कि उस महिला के कानों से बहुत खून बह रहा था। हनुमान ने उससे पूछा-"माँ, क्या तुम्हें कोई दर्द हो रहा है? कृपया मुझे बताओ कि तुम्हें क्या परेशानी हो रही है।"

"मैं अपनी मौत का आह्वान करने के लिए यज्ञ कर रही हूं। मेरे जीवन में कोई उद्देश्य नहीं बचा है।" उसने रोते हुए कहा।

हनुमान ने उस महिला को विस्तार से सारी बात बताने को कहा। महिला ने बताया-"कठिन तपस्या के बाद मुझे दिव्य बालियों की एक जोड़ी का आशीर्वाद मिला। आशीर्वाद के अनुसार मुझे कुछ भी प्राप्त करने की शक्ति मिली। जहाँ चाहूँ जाऊँ और किसी से भी कोई वरदान ले लूँ।"

हनुमान उसके पास मौजूद शक्तियों पर हांफने लगे। उन्होंने सहानुभूतिपूर्वक कहा-"बालियां चोरी हो गई है आपकी?"

सिर हिलाकर महिला ने कहा-"उन्हें डकैतों ने मुझसे छीन लिया था।...मुझे इस बात की चिंता नहीं है कि वे चोरी हो गई हैं। चिंता इस बात की है कि वे गलत हाथों में पड़ जाएंगे।"

हनुमान डकैतों को उन्हें ढूंढने के लिए निकल पड़े। घोड़ों के पैरों के निशानों का अनुसरण करते-करते वह आसानी से उन तक पहुंच गये। वहां पहुंच कर हनुमान ने देखा कि डाकू मर चुके हैं। एक मरने वाला था। उन्होंने

मरने से पहले डकैत ने बताया-"हमें नागराज ने काटा था ताकि वह हमसे बालियां छीन सके।"

बिना विलंब किए हनुमान नागराज का पीछा करते हुए समुद्र तक पहुँच गए। नागलोक समुद्र के अंदर स्थित था। हनुमान ने गहराई में गोता लगा कर वह नागलोक के द्वार पर पहुँच गए। पहरेदारों को परास्त कर नागराज कार्तिक से भेंट करने पहुंच गए। उन्होंने नागराज से कहा-"आप डकैतों को मारकर जो कीमती बालियां छीन कर लाए हैं उन्हें वापस करें।"

नागराज ने इनकार कर दिया। नागराज ने हनुमान डंक मार दिया। हनुमान पर इन तुच्छ दंशों का कोई असर नहीं हुआ क्योंकि वह तो रुद्र के अवतार जो ठहरे। नागाओं को हरा कर हनुमान ने बालियाँ छीन लीं। जैसे ही उसने अपने हाथ में बालियां उठाईं, सभी नागा निर्जीव हो गए। था।

क्या दोनों के बीच कोई संबंध है? हनुमान के मन में विचार आया। उन्होंने दोनों के मध्य संबंध जानने के लिए वालियों को नाग से स्पर्श किया। सांप उछल पड़े। वापस जिंदा। बाली एक तपस्वी महिला की थी। अब हनुमान के सामने एक विकट सवाल था कि पानी के भीतर नाग कबीले पर इसका जीवन और मृत्यु पर कैसा प्रभाव पड़ सकता है? हनुमान के लिए यह सचमुच आश्चर्य की बात थी।

नागराज कार्तिक ने हनुमान को बताया-"ये दिव्य बालियां हमारी शक्ति का स्रोत हैं। यह वास्तव में अप्राकृतिक है लेकिन दुर्भाग्य से कुछ दिन पहले हमारी नागमणि चोरी हो गई थी। जब मैं इसे वापस लेने गया, तो मुझे कुछ डकैत मिले जिनके पास बालियों की यह जोड़ी थी। यह बालियों की जोड़ी ने हमें उतनी ही ताकत दी जितनी नागमणि से मिली थी। इसलिए मैंने मणि की खोज छोड़ दी और इन बालियों को वापस नागलोक ले गया।"

हनुमान सोचने लगे कि यदि उन्होंने बालियां वापस ले लीं तो निर्दोष नाग मर जाएंगे। यदि वह ऐसा नहीं करता तो वह तपस्विनी अपनी जान दे देगी। नागराज ने विनम्रतापूर्वक हाथ जोड़कर कहा-"हम आपके निर्णय का पालन करेंगे।"

हनुमान को तीसरा रास्ता खोजना पड़ा। उन्होंने नागराज से पूछा-"अगर मैं तुम्हारे लिए नागमणि वापस लाऊं तो क्या तुम बालियां वापस करोगे?"

नागराज को इस पर कोई आपत्ति नहीं थी। हनुमान ने पूछा-"आपने मणि कहाँ खो दी?"

"शिवरात्रि उत्सव में भाग लेने के लिए भगवान शिव के निवास पर गए थे। वहीं से यह चोरी हो गई। तब से हम बेजान हैं।"

"क्या आपको किसी पर संदेह है?"

"नहीं किसी पर नहीं।"

हनुमान ने पूर्णिमा की रात को मणि की खोज शुरू की। चोर बुद्धिमान था। उसने पहले ही मणि को छिपा दिया था। जब हनुमान पहुंचे तो उन्हें मणि का निशान नहीं मिला। हनुमान को विश्वास था कि मणि उसी गाँव में है। ढूँढ़ते हुए हनुमान वहां पहुंच गए जहां एक धनी व्यक्ति गाँव वालों को धन दान कर रहा था। हनुमान ने गांव वालों से सुना कि यह आदमी कैसे रातोंरात अमीर बन गया। हनुमान उसके पीछे घर तक चला गये। घर पहुंचकर उसने अपने नौकरों से कहा कि वह मन की शांति पाने के लिए शिकार पर जा रहा है। हनुमान उसके पीछे जंगल तक चले गये। जंगल बाघों के लिए प्रजनन स्थल था और मूर्ख आदमी बिल्कुल अकेला चला गया था। जल्द ही उस पर एक भूखे बाघ ने हमला कर दिया। यदि हनुमान न होते तो उनकी जान चली जाती। हनुमान ने बाघ को रोका और उस आदमी को अपनी बाहों में उठाकर जंगल के एक सुरक्षित हिस्से में ले गए।

वह मणि उसे सौंपने को तैयार हो गया। उसने हनुमान से कहा-"मणि चुरा कर उसने जीवन की सबसे बड़ी गलती है। इससे मुझे दुःख और दुर्भाग्य ही मिला।"

हनुमान ने नागमणि ले ली और नागराज को लौटा दी। उत्साहित नागराज ने हनुमान को दिव्य बालियाँ लौटा दीं जिन्होंने बदले में उन्हें उनके असली मालिक को सौंप दिया। तपस्वी माँ हनुमान से इतनी प्रसन्न थी।

हनुमान ने महिला से कहा-"कृपया मुझे आशीर्वाद दें कि मैं बिना किसी बाधा के यथाशीघ्र सिद्धिलोक पहुंच जाऊं।" महिला ने न केवल हनुमान को आशीर्वाद दिया, बल्कि बालियां भी दीं। हनुमान उस उपहार से बहुत चकित थे और उन्हें समझ नहीं आ रहा था कि इसका क्या करें।

महिला ने प्यार भरे शब्दों में कहा-"आप संकट में दूसरों की मदद करने के लिए हमेशा तैयार रहते हैं। आपका दिल करुणा से भरा है इसलिए आप दिव्य बालियों के सही हकदार हैं।"

❐

जो सत बार पाठ कर कोई।
छूटहि बन्दि महा सुख होई।।38।।

जो कोई इस हनुमान चालीसा का सौ बार पाठ करेगा, वह बंधन से मुक्त हो जाएगा और महान सुख का अनुभव करेगा।

सार

चौदह वर्ष के वनवास के बाद राम अयोध्या लौट आए। राज्याभिषेक हुआ। ऋषियों ने राजा राम को सलाह दी कि चक्रवर्ती सम्राट बनने के लिए अश्वमेघ कीजिए। राम ने अपने राजा ऋषि एवं अन्य ऋषियों, मंत्रियों और शुभचिंतकों से विचार-विमर्श कर अश्वमेघ यज्ञ का आयोजन किया। यज्ञ के बाद अश्व को छोड़ दिया गया। जहां-जहां से अश्व गुजरा वहां-वहां के शासकों ने राम की अधीनता स्वीकार कर ली।

सूरत के राजा का पुत्र चम्पक ने अश्व को रोक लिया। अश्वमेघ यज्ञ के अश्व को रोकने का मतलब था अधीनता स्वीकार नहीं करना। यानी युद्ध। जो जीता अश्व उसका। अश्व के पीछे-पीछे सेना चलती थी। इस सेना का दायित्व अंगद के पास था। अंगद ने चम्पक से बातचीत की। अंगद राजा और उसके पुत्र चम्पक को घोड़ा छोड़ने के लिए मनाने में असफल रहा। अंगद ने सुरत नरेश के कुछ सैनिकों के मुंह से सुना कि उनके राजा को मृत्यु के देवता से अमरत्व का वरदान मिला हुआ है।

युद्ध की घोषणा हुई। राम की सेना की पहली सैन्य टुकड़ी के सेनापति थे-भरत के पुत्र पुष्कल ने किया था। चम्पक एक युद्ध अनुभवी योद्धा था। उसने पुष्कल को हरा दिया। इस बार बातचीत के लिए युद्ध विराम कर हनुमान राजा से मिलने गए।

हनुमान ने राजा को बहुत समझाने की कोशिश की मगर हनुमान की किसी भी बात को मानने के लिए तैयार नहीं हुआ। हनुमान के गुप्तचरों ने बताया कि राजा अपने बेटे से कह रहा था-"यमराज ने मुझसे कहा था कि मैं यह शरीर तभी छोड़ सकता हूं जब राम मुझे जन्म और मृत्यु के चक्र से मुक्त

करने के लिए स्वयं मेरे निवास पर आएं। मेरा इरादा युद्ध लड़ने का नहीं है। मेरा इरादा अपने भक्तों को परेशान करना नहीं है।"

अगले दिन हनुमान युद्ध क्षेत्र में आये। शक्ति की बराबरी करने के लिए सूरत का राजा भी रणभूमि में उपस्थित हुआ। शौर्य प्रदर्शन करते हुए सूरत के राजा ने हनुमान को युद्ध बंदी बना लिया।

हनुमान ने अपनी आँखें बंद कर राम के नाम का जाप शुरू कर दिया। राम राम राम शब्द के पवित्र उच्चारण से आकाश में गूँज उठा। अचानक शंख बजने लगा। राम प्रकट हुए। हनुमान की रस्सियाँ टूट गईं। सूरत के राजा राम को प्रणाम करने के लिए जमीन पर गिर पड़े। परमानंद के क्षण थे। सूरत के राजा को अपना अभीष्ट प्राप्त हुआ। मुक्ति मिली।

❐

जो यह पढ़ै हनुमान चालीसा।
होय सिद्धि साखी गौरीसा।।39।।

जो कोई भी इस हनुमान चालीसा को भक्ति के साथ पढ़ता है, उसे सिद्धि प्राप्त होगी, और भगवान शिव स्वयं इसके साक्षी हैं।

सार

तुलसीदास जी हनुमान के सभी गुणों और राम के उत्तम व्यक्तित्व का वर्णन करने के बाद कहते हैं कि जो यह हनुमान चालीसा का नियमित पाठ करेगा उसे कोई भी परास्त नहीं कर सकता क्योंकि इसका पाठ करने से हनुमान और राम दोनों का आशीर्वाद प्राप्त होगा।

कनखल की रानी सत्यवती को हनुमान ने आत्महत्या करने से रोका। हनुमान ने रानी सत्यवती से पूछा-"तुम्हारे जीवन में क्या कमी है? तुमने नदी में कूदने का कदम क्यों उठाया?"

"कोई भी मुझे वह नहीं दे सकता जिसकी मुझमें कमी है।"

हनुमान ने आश्चर्य से पूछा-"क्या चाहिए तुम्हें?"

"मुझे एक बच्चा चाहिए। मैं बच्चा पैदा करने में सक्षम नहीं हूं। मैं राजा को उसकी विरासत को जारी रखने के लिए उत्तराधिकारी देने में विफल रही हूं। मैं किसी का सामना कैसे कर सकती हूं?" इतना कहकर रानी फूट-फूट कर रोने लगी।

यह सुनकर हनुमान ने कनखल के राजा नरोत्तम और राजमाता से मुलाकात की। राजा ने हनुमान से कहा-"संतान न होने से मैं हमेशा अपने आप को अकेला महसूस करता हूं। मुझे लगता है कि मेरा जीवन उद्देश्यहीन है।"

हनुमान ने सांत्वना देते हुए कहा- "हर समस्या का हल है। कोई-न-कोई मार्ग अवश्य मिलेगा।"

हनुमान ने मतंग ऋषि पर ध्यान किया। मतंग ऋषि प्रकट हुए। हनुमान ने उन्हें प्रणाम कर कहा-"आपको बुलाना मेरी विवशता थी। मामला गंभीर

है। कनखल के राजा नरोत्तम को संतान नहीं हो रही है। जिसके कारण राज्य संकट में है। क्या आप कृपया सुझाव दे सकते हैं कि इस स्थिति में क्या किया जा सकता है?"

ऋषि ने हनुमान से कहा-"उनके पिछले पाप कर्मों के कारण उन्हें बच्चा नहीं हो सकता।"

"क्या कोई उपाय नहीं है ऋषिवर?" क्या उनके पिछले कर्मों में एक भी ऐसा कर्म नहीं है जो उन्हें अब बचा सके? क्या अब वे कुछ नहीं कर सकते? हनुमान ने पूछा।

"हां! कुछ किया जा सकता है।" मतंग ऋषि ने कहा।

हनुमान ने मुस्कुराते हुए पूछा- "उपाय बताइए ऋषिवर।"

ऋषि मतंग ने बताया-"उन्हें अपने पितरों को प्रसन्न करने का प्रयास करना चाहिए।"

"मुझे विश्वास था कि आप कोई-न-कोई मार्ग अवश्य प्रशस्त करेंगे।"

ऋषि ने कहा-"पितृ प्रसन्न होंगे। तो वे राजा के वंश में जन्म लेकर प्रसन्न होंगे।"

हनुमान प्रसन्न हुए। उन्होंने ऋषि को धन्यवाद देकर विदा किया।

शुक्राचार्य देवताओं पर एक और हमले की योजना बना रहे थे। उसने दावानल नामक एक शक्तिशाली राक्षस को उसकी तपस्या से रोक दिया था। शुक्राचार्य ने उत्साहपूर्वक उन्हें अपनी योजना बताई।

शुक्राचार्य ने राक्षस दावानल से कहा-"दावानल! मैं चाहता हूं कि आप पितृलोक जाएं और आर्यमानव राजा के साथ सभी पितरों को पकड़ लें। एक बार जब वे हमारी शक्ति में आ जाएंगे, तो हम उन्हें राक्षस परिवारों में जन्म लेने के लिए मजबूर कर देंगे।"

राक्षस दावानल ने आश्चर्य से पूछा-"इससे क्या होगा आचार्य?"

शुक्राचार्य ने उसे समझाते हुए कहा- "इस तरह से राक्षसों की मात्रात्मक शक्ति कई गुना बढ़ जाएगी और इस तरह हम देवताओं पर विजय प्राप्त कर सकेंगे।"

"क्या ऐसा हो सकता है? लेकिन पितृलोक में प्रवेश कैसे होगा?"

शुक्राचार्य ने तुरंत बोले-"मैं तुम्हें पितृलोक में प्रवेश करने की शक्ति दूंगा।"

दावानल ने मुस्कुराते हुए कहा-"ठीक है। आप मदद करेंगे तो मैं अपनी सेना को हमले के लिए तैयार करता हूं।"

इधर हनुमान पितृपूजा में राजा नरोत्तम की मदद कर रहे थे। पिंडदान के समय हनुमान ने देवी स्वधा को बुलाया। वह दान स्वीकार करने आई थी। स्वधा ने हनुमान से कहा-"राजा नरोत्तम के पितरों को मोक्ष मिल गया है। वे उच्च ग्रह पर जा रहे हैं। उनमें से कोई भी वापस आकर धरती पर दोबारा जन्म लेना नहीं चाहेगा।"

हनुमान एक बार फिर आगे के मार्गदर्शन के लिए मतंग ऋषि से प्रार्थना की। मतंग ऋषि ने हनुमान को कहा-"तुम पितृलोक जाकर आर्यमन से मिलो और राजा के पितरों को सत्यवती के गर्भ से जन्म लेने के लिए मनाओ।"

हनुमान ने निर्देश का पालन किया और पितृलोक पहुंचे। आर्यमान ने खुलासा किया-"मैं असहाय हूं क्योंकि ये मेरा या पितरों का निर्णय नहीं है कि वे कहां जन्म लेंगे। यह उनके पिछले कर्मों और इच्छाओं पर निर्भर है। आप पितरों से यह क्यों नहीं पूछते कि उनका भविष्य में जन्म कहां होगा?"

पितरों ने हनुमान को सूचित किया कि वे मुक्त हो गए हैं और जन्म लेने की उनकी इच्छा को स्वीकार नहीं कर सकते। एक पितृ ने राजा नरोत्तम को बचाने की हनुमान की इच्छा को समझा और इसके लिए सहमत हो गया।

हनुमान पितृलोक में ही थे कि दावानल इंद्र के नेतृत्व में देवताओं के खिलाफ युद्ध शुरू कर दिया। देवताओं दावानल की शक्तियों से मुकाबला नहीं कर सके। दावानल ने अकेले ही सभी देवताओं पर विजय प्राप्त कर ली और पितृलोक में प्रवेश कर गया। पितरों युद्ध विभीषिका से बचने के लिए पीपल के पेड़ के अंदर छिप गए। दावानल ने उन्हें हर जगह खोजा। उसने

शुक्राचार्य से एक संदेश सुना। संदेश था कि पीपल के पेड़ को उखाड़कर सभी पितरों को वापस ले आओ। जो पितृ स्वेच्छा से हनुमान के साथ जाने के लिए तैयार हुआ था, वह पहले ही हनुमान के साथ चला गया था और सत्यवती के गर्भ में प्रवेश कर उसे गर्भवती कर दिया था। शेष पितरों को राक्षसों के निवास स्थान पर ले जाया गया जहां शुक्राचार्य ने उन्हें मंत्रमुग्ध कर गतिहीन कर दिया। फिर उन्होंने एक यज्ञ किया ताकि पितर मर सकें और राक्षसों के रूप में फिर से जन्म लेने के लिए तैयार हो सकें। उसने आर्यमन को पितरों को राक्षस योनि में जन्म लेने का निर्देश देने के लिए बाध्य किया।

शुक्राचार्य ने शेखी बघारते हुए कहा- “मैं उन्हें अपनी इच्छानुसार जन्म लेने के लिए बाध्य करूंगा।”

शुक्राचार्य के यज्ञ के कारण सभी पितरों की मृत्यु हो गई थी। इसका परिणाम यह हुआ कि सत्यवती ने भी मृत बच्चे को जन्म दिया। हनुमान शुक्राचार्य के पास पहुंचे। उन्होंने दावानल से युद्ध किया और उसे मार डाला और शुक्राचार्य को पितृलोक के मामलों से दूर रहने की चेतावनी दी।

पितरों को मुक्त करने के बाद हनुमान ने देवताओं से परामर्श किया। एक नियम स्थापित किया कि कोई भी आत्माओं को किसी भी लोक या प्रजाति में जन्म लेने के लिए बाध्य नहीं कर सकता। जन्म लेने का एकमात्र मानदंड पिछले जीवन की गतिविधियाँ और इच्छाएँ थीं।

संतान की प्राप्ति के बाद रानी सत्यवती ने हनुमान का आभार व्यक्त किया। सभी देवताओं की उपस्थिति में उन्होंने हनुमान को आशीर्वाद दिया कि जो लोग हनुमान की महिमा करेंगे उन्हें सिद्धियों का आशीर्वाद मिलेगा। ❐

तुलसीदास सदा हरि चेरा।
कीजै नाथ हृदय महं डेरा।।40।।

तुलसीदास, जो सदैव भगवान हरि यानी राम के सेवक हैं, प्रार्थना करते हैं, "हे प्रभु, मेरे हृदय में निवास करें।"

सार

ऐसा माना जाता है कि तुलसीदास के काशी में एक बबूल के पेड़ पर रहने वाली एक आत्मा का दिल जीत लिया। प्रतिदिन सुबह स्नान के बाद तुलसीदास बचा हुआ पानी पेड़ की जड़ में डाल दिया करते थे। यह पानी प्यासी आत्मा पी लेती थी। एक दिन जब तुलसीदास पानी डाल रहे थे तब उन्होंने पेड़ से एक छाया निकलती देखी। वह चौंक गए। उन्हें आवाज सुनाई दी- "तुमने मुझ पर बहुत कृपा की है। मैं तुम्हें वरदान दूंगा। अपने दिल की इच्छा मांगो।"

"आप कौन हैं?" तुलसीदास ने पूछा। "और आप मुझे वरदान क्यों देना चाहते हैं?"

आवाज आई-"मैं एक भूत हूं। मैं तुमसे खुश हूं। कई सालों से मेरे पास खाने या पीने के लिए कुछ भी नहीं है। जब से मैंने इस पेड़ को अपना घर बनाया तब से मुझे तुम्हारे द्वारा फेंके गए पानी से पोषण मिला। एक पवित्र आत्मा की तुमने सेवा की है आपने। मेरी अच्छी सेवा की है। अब मैं भी आपकी सेवा करना चाहूँगा।"

तुलसीदास ने कहा-"मुझे वरदान दीजिए कि मुझे श्रीराम के दर्शन मिल सकें।"

भूत खुशी से हँसा और बोला-"अगर मैं तुम्हें आध्यात्मिक वरदान दे सकता तो फिर मैं भूत क्यों होता? कोई भौतिक वरदान मांगो।"

"मेरी कोई भौतिक इच्छा नहीं है।" तुलसीदास ने निराश होकर उत्तर दिया।

आत्मा ने कहा-"अगर मैंने आपकी मदद नहीं की तो मैं कृतघ्न महसूस

करूंगा। इसलिए मैं आपके साथ एक महत्वपूर्ण बात साझा करूंगा। मेरी बात ध्यान से सुनें। काशी के प्रह्लाद घाट पर हर दिन राम कथा होती है। आपको वहां एक कोढ़ी मिलेगा। वह कोढ़ी कंबल से अपना मुंह ढके रहता है। वह नहीं जानता कि वह कौन है। वास्तव में वह पवनपुत्र हनुमान है। जब तक वह तुम्हें राम के पास ले जाने का वादा न कर दे, तब तक उसे मत छोड़ना।"

यह सुनकर तुलसीदास के रोंगटे खड़े हो गये। आत्मा की बात पर विश्वास करके तुलसीदास राम कथा सुनने के लिए जल्दी पहुंच गए। उन्होंने देखा एक कोढ़ी पहले से ही आखिरी पंक्ति में बैठा था। रामकथा शुरू हुई और खत्म हो गई। तुलसीदास की नजर केवल कोढ़ी पर थी। जब कोढ़ी जाने लगा तो तुलसीदास ने दौड़कर उसके पैर पकड़ लिये।

"कृपया मुझे छोड़ दो। मैं कोढ़ी हूं। मुझे मत छुओ!" कोढ़ी चिल्लाया। तुलसीदास ने उसे जाने नहीं दिया।

तुलसीदास बोले-"मैं पहचान गया हूं कि आप कौन हैं। आप मुझे धोखा नहीं दे सकते। मैं आपसे विनती करता हूं। मुझे अपने भगवान के पास ले जाएं। तब तक मैं आपके पैर नहीं छोड़ूंगा।"

हनुमान भक्त की भगवान के दर्शन की तीव्र इच्छा से प्रभावित हुए। उन्हें मालूम था कि तुलसीदास उनके अपितु भगवान राम के पैर पकड़ रहे हैं। हनुमान अपने असली रूप में आ गये। उन्होंने कहा-"मैं तुम्हें मिलाने का आश्वासन तो नहीं दे सकता। मेरा एक सुझाव है। तुम चित्रकुट जाओ और अपना समय काम में लगाओ। मैं अपने स्वामी को वहाँ लाने का प्रयास करूँगा। वह आमतौर पर मेरे अनुरोध को अस्वीकार नहीं करते।"

तुलसीदास ने हनुमान के आदेश का पालन किया। हनुमान ने तुलसीदास जी को राम का संदेश दिया-"राम एक बार नहीं बल्कि दो बार तुम से मिलने आएंगे। तुम्हें परीक्षा देनी होगी। तुम्हें स्वयं भगवान राम को पहचाना होगा।"

तुलसीदास हनुमान के मुख से मधुर वाणी सुनकर अति प्रसन्न हुए। कुछ दिनों बाद की बात है। तुलसीदास अपनी कुटिया के बाहर बैठे कुछ काम कर रहे थे।तभी भगवान और उनके भाई घोड़े पर सवार होकर आये। हनुमान ने उनसे पूछा-"क्या तुमने भगवान को देखा?"

तुलसीदास ने आश्चर्य से कहा-"नहीं! वह कहाँ थे?"

हनुमान ने बताया-"भगवान राम घोड़े पर सवार होकर अभी कुछ समय पहले उनके पास से गुजरे हैं।"

विलाप करते हुए तुलसीदास बोले-"मैंने सोचा कि कोई राजकुमार शिकार करने जा रहे हैं। भूल हो गई।" फिर वह हनुमान के चरणों में गिर पड़े।

हनुमान सांत्वना देते हुए बोले-"राम फिर आएंगे। इस बार जब राम आएंगे तो मैं उनके साथ रहूंगा।"

अगली बार राम एक उत्सव के अवसर पर आए। इसमें भाग लेने के लिए आसपास के क्षेत्र में कई साधु एकत्र हुए थे। तुलसीदास सभी साधुओं को चंदन लगाना चाहते थे। वह दिन-रात चंदन रगड़ते रहते थे। राम एक बच्चे के रूप में आये और बोले-"बाबा! मुझे कुछ चंदन दीजिए।"

तुलसीदास एक बार फिर राम को पहचानने में असफल रहे। हनुमान तोते के रूप तुलसीदास जी के समीप थे। पास के एक पेड़ पर बैठकर गाने लगा-'चित्रकूट के घाट पर भई संतन की भीड़, तुलसीदास चंदन घिसें तिलक देत रघुवीर।'

तुलसीदास ने यह सुना और प्रभु के चरणों में गिर पड़े। अंततः उन्हें अपने भगवान के दर्शन हो गये। वह हनुमान का आभारी थे। उस दिन से तुलसीदास ने कभी भी हनुमान की महिमा गाना बंद नहीं किया।

❐

चौपाई

पवनतनय संकट हरन, मंगल मूरति रूप।
राम लखन सीता सहित, हृदय बसहु सुर भूप।।

हे पवनपुत्र! दुःखों को दूर करने वाले, मंगल के अवतार, कृपया भगवान राम,लक्ष्मण और सीता के साथ मेरे हृदय में निवास करें।

सार

तुलसीदास जी हनुमान जी का आभार व्यक्त करते हुए लिखते हैं कि हनुमान केवल संटक हरने वाले वीर ही नहीं हैं बल्कि वह वीरता के ऐसे अपूर्व स्रोत हैं जिसके स्पर्श मात्र से दूसरे भी बलधाम बनकर अपनी महत्ता प्रतिपादित कर सकते हैं। वायुपुत्र हैं।

हनुमान स्वार्थ रहित सेवा का मूलमन्त्र है। उनकी अनुभूति, उसनकी अभिव्यक्ति और उनकी कृति समाज का सच्चा मार्गदर्शन कर सकती है। कामना रहित उपासनारत होकर और सेवा का व्रत लेकर कार्य करने वाले श्री हनुमानजी की जय-जयकारों की प्रतिध्वनि आज भी हम लोगों को चारों ओर सुननेको मिलती है।

महावीर होने पर भी जिसको किंचिन्मात्र अपने बल का अभिमान नहीं है वह हनुमान हैं। ज्ञानियों में अग्रगण्य होने पर भी जो परम विनीत हैं वह हनुमान हैं। पर्वताकार होते हुए बड़प्पन की सर्वोच्च सीमा पर पहुँच करके भी जो राम कार्य का संपादन करें वह हनुमान हैं। राष्ट्र कार्य करने के लिये अपने व्यक्तित्व को मसक-समान अत्यन्त छोटा बनाने में जरा भी हिचक नहीं करता है वह हनुमान हैं। ऐसे ही साधक का आदर्श चरित्र आज के दानवत्व का दमन कर हमारे नरत्व को नारायणत्व की ओर ले जा सकता है।

सम्पूर्ण संसार पंच तत्वों के वश में है किंतु राम-कार्य के लिये सर्वस्व समर्पण करने की दृढ़ भावना रखने वाला साधक इन पांचों तत्वों को अपने वश में कर लेता है। वायु, आकाश, पृथ्वी, अग्नि तथा जल इन सभी ने हनुमानजी को समयोचित योगदान दिया। पवन देव ने उनचास पवन चलाकर, आकाश ने हनुमानजी की गर्जना के स्वर को और अधिक गम्भीर एवं भयानक

बनाकर, पृथ्वी ने देह की गुरुत्वाकर्षण को हल्का करके, अग्नि ने हनुमानजी की रक्षा करते हुए लंका को जलाने, आग बुझाने और श्रम दूर करने में उनका पूर्ण सहयोग किया।

हनुमान जी का वास्तविक स्वरूप क्या है? हनुमान का प्रथम विशेषण है-अतुलितबलधामा। इसके अनुशीलन से पता चलता है कि तुलसीदास जी हनुमानजी को मात्र बलवान् कहकर ही संतुष्ट नहीं थे, बल्कि वह उन्हें बलवान से भी बढ़ कर कुछ और कहना चाहते थे। यही कारण है कि उन्हें 'बलवान्' न कहकर 'बलघाम' यानी बल का भण्डार कहा है।

दूसरा विशेषण उनकी देह का है- 'हेमशैलाभदेहम्'। इसका अर्थ है कि हनुमानजी की देह स्वर्णिम शैल की आभा के सदृश है। इससे यह भाव निकलता है कि हनुमान कठिनाइयों से संघर्ष कर उसी प्रकार समुज्ज्वल वर्ण के अधिपति बने हैं, जैसे स्वर्ण अग्नि में तपकर होता है। इससे स्पष्टतः यह ध्वनि निकलती है कि आपको कठिनाइयों के ताप में तपाना चाहिये।

तीसरा विशेषण है-'दनुजवनकृशानुम्'। इसका सामान्य अर्थ है- राक्षसकुल रूपी वन के लिये अग्नि के समान। दूसरे शब्दों में कहा जा सकता है 'समदृष्टि'। जैसे वन में प्रज्ज्वलित अग्नि बिना छोटे-बड़े वृक्ष का विचार किये सभी को जलाकर भस्मसात् कर देती है, उसी प्रकार हनुमान भी दनुजवत् कर्म-कर्ताओं को बिना विचार किये धूल में मिला देते हैं।

चौथा विशेषण है-'ज्ञानिनामग्रगण्यम्', सामान्य अर्थ है-ज्ञानियों में सर्वप्रथम गिनने योग्य। हनुमान इसलिये ज्ञानियों में अग्रगण्य हैं क्योंकि उन्होंने अपने बुद्धि बल से ही सुरसा, लंकिनी आदि विपदाओं को अपने मार्ग से हटाकर उनका आशीर्वाद लेकर सफलता प्राप्त की। रामका चिर-सहचर बनने का सौभाग्य प्राप्त किया।

पाँचवाँ विशेषण है 'सकलगुणनिधानम्'। इसका सामान्य अर्थ है-सम्पूर्ण गुणों के आगार। यानी दुष्ट के साथ दुष्टता और सज्जन के साथ सज्जनता का व्यवहार करने में प्रवीण।

छठा विशेषण है-'वानराणामधीशम्',अर्थात् वानरों के प्रभु। हम सभी

जानते हैं कि वानर अतीव चंचल होते हैं। पलभर भी गम्भीरता बनाये रखना उनके वश की बात नहीं। ऐसी जाति पर शासन करना किसी सामान्य व्यक्तिके वशकी बात नहीं। उन पर वही व्यक्ति अपना प्रभुत्व जमा सकता है, जो उनकी नस-नस से परिचित हो।

सातवाँ विशेषण है-'रघुपतिप्रियभक्तम्', अर्थात् भगवान् राघवेन्द्र के प्रिय भक्त। हनुमान राम के ऐसे भक्त हैं कि उन पर गोस्वामी तुलसीदास जी का यह दोहा पूर्णतः चरितार्थ हो जाता है। अपने हृदय में राम के निवास को दिखाने के लिये अपना हृदय चीरकर दिखा देना, खेल-खेल में समुद्र लाँघना आदि कार्य करके भी कभी अभिमान ग्रस्त न होना।

आंठवा और अन्तिम विशेषण है-'वातजातम्', अर्थात् वायुपुत्र। इसका विशिष्ट अर्थ है कि जिस प्रकार वायु अप्रतिहतगति है, उसी प्रकार हनुमान भी अप्रतिहत गति वाले हैं। वह प्रत्येक विषय, क्षेत्र और काल में अबाध रूप से सब कार्य करनेमें समर्थ हैं। अपने अनुयायियों को उसी प्रकार अप्रतिहत गति वाला बनाने में समर्थ हैं। दूसरा भाव यह है कि जीवनके प्रत्येक क्षेत्र में वही व्यक्ति विशेषतया सफल हो सकता है, जो वायु की भाँति सतत गतिशील रहे, रुके नहीं।

तुलसीदास ने हनुमान चालीसा को इस प्रार्थना के साथ समाप्त करते हैं कि हे हनुमान! आओ और उनके दिल में बस जाओ। जब हनुमान उनके हृदय में निवास करेंगे तो उनके साथ-साथ राम, सीता और लक्ष्मण स्वतः ही उनके हृदय में निवास करेंगे। व्यक्ति को अपने हृदय में विराजमान हनुमान के इस अंतिम ध्यान के साथ हनुमान चालीसा का पाठ समाप्त करना चाहिए और हनुमान के हृदय में भगवान राम, सीता और लक्ष्मण विराजमान हैं। किसी को सीधे भगवान की सेवा करने की इच्छा नहीं रखनी चाहिए। भगवान के सेवक की सेवा करके भगवान की सेवा करने की इच्छा रखनी चाहिए।

उन्हें संकट हरण या बाधाओं को हटाने वाला कहकर, तुलसीदास हमारी बुद्धि को शुद्ध करने की उनकी क्षमता पर ध्यान केंद्रित करते हैं।

❑

हनुमान जी की प्रबंधन क्षमता

व्यवसाय प्रबंधन में स्नातकोत्तर उपाधि जिसे आंग्ल भाषा में मास्टर ऑफ़ बिज़नेस एडमिनिस्ट्रेशन यानी एम बी ए कहा जाता है, भले ही आधुनिक युग में युवाओं की आजीविका का आकर्षण हो लेकिन इसके सूत्र वैदिक ग्रंथों में संरक्षित एवं सुरक्षित हैं। एक कुशल व्यवसाय प्रबंधक में निम्नलिखित गुण होने चाहिए -

- संगठन और समय प्रबंधन
- समस्या-समाधान और आलोचनात्मक सोच जैसे कौशल
- सीखने की इच्छा
- ईमानदारी और नैतिकता
- पेशेवर संदर्भ
- नेतृत्व कौशल
- मज़बूत कार्य नैतिकता

यह आज की आवश्यकता है। आइए जानते हैं कि लाखों वर्ष पहले हनुमान जी में प्रबंधन के कौन-कौन से गुण विद्यमान थे-

1. *विनम्र और उत्साही*
2. *परमज्ञानी*
3. *आत्मविश्वासी*
4. *दूरदर्शी*
5. *नीतिज्ञ*
6. *कूटनीतिज्ञ*
7. *संतुलित वाचन*
8. *सत्यनिष्ठ*

9. *कृतज्ञता*
10. *गुणग्राहक*
11. *संकटमोचक*
12. *कुशल गुप्तचर*
13. *प्रेम से पुलकित*
14. *कुशल गुप्तचर*
15. *परीक्षा हेतु सदैव तत्पर*
16. *मध्यस्थ एवं सच्चा सेवक*
17. *अभय की शक्ति से सम्पन्न*

विनम्र और उत्साही

विनम्र स्वभाव के धनी पवनपुत्र हनुमान में अहंकार नहीं था। वह वास्तविकता के धरातल पर खड़े दिखाई देते हैं। वह सदैव सच कहते हैं। झूठ से उन्हें परहेज है। वह किसी की चापलूसी नहीं करते। प्रकृति प्रेमी हैं। जो प्रकृति प्रेमी होगा वह जीवन में हर कष्ट को सहने की क्षमता रखता है। ऐसा व्यक्ति एक श्रेष्ठ प्रबंधक होता है। हनुमान जी में यह गुण बाल्यावस्था से ही देखने को मिलता है।

हनुमान चालीसा के साथ-साथ इन गुणों का उल्लेख वाल्मीकि कृत रामायण में भी मिलता है।

परमज्ञानी

ज्ञान मनुष्य को सभ्य और सुसंस्कृत बनाता है। प्राचीन काल से ही हमारे पूर्वजों ने ज्ञान को विशेष महत्व दिया और इसके लिए विशेष व्यवस्था भी की। आज के शब्दों में ज्ञान वितरण के लिए अभियान चलाया। ज्ञानवान मनुष्य वह पहले से अधिक विनम्र बनता है। अहंकार से दूर हो जाता है। उसके हृदय में आनन्द का स्रोत फूट पड़ता है। वह मौन रहकर हर स्थिति एवं परिस्थिति का सटीक मूल्यांकन करता है और उसके बाद ही कोई निर्णय लेता है। परमज्ञानी कभी भी अपने ज्ञान का प्रदर्शन नहीं करता। अपितु

विवेकपूर्ण तरीके से काम करना उसका मूलमंत्र होता है। हमारे हनुमान ज्ञान के सागर हैं। तुलसीदास लिखते हैं-'जय हनुमान ज्ञान गुन सागर। जय कपीस तिहुं लोक उजागर।' एक कुशल प्रबंधक को ज्ञानवान होना अत्यंत आवश्यक है।

आत्मविश्वासी

ज्ञानवान आत्मविश्वास से परिपूर्ण होता है। ज्ञान सर्वश्रेष्ठ बल माना जाता है। ज्ञान व्यक्ति में स्वयं की शक्तियों संगठित करता है। वह हर कठिन कार्य को सरलता से कर लेता है। आत्मविश्वास के साथ ईश्वरीय शक्ति में विश्वास करके जो कार्य किया जाता है वह हमेशा सफल होता है। हनुमान जी इसी गुण के कारण सदैव सफलता प्राप्त करते हैं। हनुमान जी के चरित्र का आकलन करने पर यही सिद्ध होता है कि उनमें आत्मविश्वास कूट- कूटकर भरा हुआ है। उन्हें जो भी काम सौंपा जाता है वह विनम्रतापूर्वक उसे पूरा करते हैं। यह उनके प्रबल आत्मविश्वास और कुशल प्रशासक का परिचायक है।

दूरदर्शी

उत्साह, ज्ञान और आत्मविश्वास मनुष्य को दूरदर्शी बनाता है। एक कुशल प्रबंधक भूत, वर्तमान और भविष्य की नीतियां तय करने में लाभ-हानि, यश-अपयश और अन्य तथ्यों को परख कर अपनी योजना बनता है। हनुमान जी सीता की खोज में जाने से पहले सभी संभावनाओं पर विचार करके आगे बढ़ते हैं।

नीतिज्ञ

दूरदर्शी विद्वान होता है। यह पहले ही निर्धारित हो चुका है। किसी कार्य विशेष के लिए विशेष दिशा-निर्देश तैयार किए जाते हैं। उन्हें हम नीति कहते हैं क्योंकि हर काम के लिए अलग-अलग नीति तैयार बनाई जाती है। यही कारण है कि हमारे नीतिकारों ने राजा और प्रजाजन को समझाने के लिए नीतिपरक बातें लिखी हैं। विदुरनीति और चाणक्य नीति के विषय में हम सभी जानते हैं।

अपनी बुद्धि और विवेक का प्रयोग कर नीति निर्धारण करते हैं वही व्यक्ति नीति निपुण कहलाते हैं। हनुमान जी को भी नीति निपुण कहा गया है।

कूटनीतिज्ञ

कूटनीति का मतलब है राष्ट्र, समूह या व्यक्ति अपने हितों की रक्षा करने और शांतिपूर्ण संबंध बनाए रखने के लिए अपने कार्यों का संचालन करना। कूटनीति में संवाद, अनुनय, समझौता और दबाव जैसे तरीकों का इस्तेमाल किया जाता है। हनुमान इस कला में भी पारंगत हैं।

संतुलित वाचन

दूरदर्शी और कुशल नीति निर्देशक मित भाषी होता है। वह अपनी नीतियों, कूटनीति और दूरदर्शिता के परिणामों को फलीभूत होने की प्रतीक्षा करता है। मौन रहता है और नहीं भी रहता। इसी वजह से वह हमेशा संतुलित वाचन करता है। हनुमान जी हमेशा सोच-समझकर बोलते हैं। अवसर के अनुरूप उत्तर देते हैं। यह उनका कुशल प्रबंधन है। एक कुशल प्रबंधक यह जानता है कि कब क्या और कितना बोलना है। यही सफलता का सूत्र है।

सत्यनिष्ठ

उपर्युक्त गुणों से भरपूर व्यक्ति सत्यनिष्ठ होता है। कोई प्रपंच नहीं। कोई झूठ नहीं। कोई गलत संदेश नहीं। यही है हनुमान जी का प्रमुख संदेश। गौर कीजिए सारी सृष्टि में सत्य की धुरी पर घूम रही है। सत्य मार्ग भले ही कठिन हो लेकिन उस राह पर चलने से सुकून मिलता है। सत्य कभी छिपता नहीं है और न छिपाया जा सकता है।

सत्यमेव जयते नानृतं सत्येन पन्था विततो देवयानः।
येनाक्रमन्त्यृषयो ह्याप्तकामो यत्र तत् सत्यस्य परमं निधानम्॥

(मुंडक उपनिषद 3.1.6)

अर्थात, अंततः सत्य की ही जय होती है न कि असत्य की। यही वह मार्ग है जिससे होकर आप्तकाम यानी जिसकी कामनाएं पूर्ण हो चुकी हों, ऋषिगण जीवन के चरम लक्ष्य को प्राप्त करते हैं। हनुमान जीवन चरित्र यही

संदेश देता है। हनुमान एक भी प्रसंग में असत्य भाषण नहीं करते हैं। यहां तक कि विपत्ति में भी सच ही बोलते हैं। बिना भय के। ज्ञानी व्यक्ति सत्यंवद धर्मम चर की नीति का अनुसरण करते हैं।

कृतज्ञता

सर्वगुण संपन्न व्यक्ति हमेशा कृतज्ञ रहता है। ऐसा व्यक्ति अपने प्रमुख को श्रेय देने से भी पीछे नहीं हटते। हनुमानजी भी स्वयं को तुच्छ वानर बताते हैं। यह उनका बड़प्पन है। वह श्रीराम की कृपा के लिए खुले मन से उनको श्रेय देते हैं। यह काम वही कर सकता है जो अहंकारी नहीं होता। यही तो सत्यनिष्ठ होने की सबसे बड़ी निशानी है।

गुणग्राहक

मनुष्य गुण और अवगुण की खान है। एक कहानी के अनुसार भगवान कहते हैं कि तुम अपने अवगुणों वाले थैले का मुँह तो खोल लेना और दूसरों के अवगुणों वाले थैले का मुँह कसकर बन्द कर देना। तब तुम पर मेरी कृपा हमेशा बनी रहेगी। समाज में वह व्यक्ति महान होता है जो दूसरों के गुणों को देखकर उनकी समय-समय पर प्रशंसा करता है। वह गुणग्राहक होता है। उनका पारखी होता है। वह शक्ति सम्पन्न होते हुए भी अपनी शक्ति का प्रदर्शन नहीं करता लेकिन किसी व्यक्ति द्वारा अच्छा कार्य करने पर उसकी प्रशंसा अवश्य करता है। इस दृष्टिकोण से हनुमानजी गुणग्राहक हैं। वह दूसरों के गुणों की खुलकर प्रशंसा करते हैं। जो दूसरों को मान-सम्मान देता है, हमेशा गौरवान्वित और प्रतिष्ठित होता है। उसकी सर्वत्र प्रशंसा होती है। हनुमान सभी को यथायोग्य मान देते हैं। चाहे वह छोटा हो अथवा बड़ा।

संकटमोचक

तुलसीदास रामचरितमानस में उल्लेख करते हैं-धीरज, धर्म, मित्र और पत्नी को आपत्ति काल में परखना चाहिए। आपत्ति काल में ही इनकी वास्तविकता पता लगती है और इनके प्रेम में सच्चाई न होने पर इनकी कलई खुलते देर नहीं लगती। हनुमान जी अपने भक्तों को हर कदम पर उन्हें

संकट से उबारते हैं। निस्वार्थ। वे केवल उन्हें ही नहीं उबारते जो उनके परम भक्त हैं बल्कि उनका संकट भी हर लेते हैं जो पहली बार उनकी शरण में आए हैं। संभवतः इसी कारण से उन्हें संकटमोचन की उपाधि से नवाजा गया है।

कुशल गुप्तचर

किसी का संकट वही हर सकता है जो कुशल गुप्तचर होता है क्योंकि वह सहज ही पता कर लेता है कि संकट कहां से किसने पैदा किया है। उसकी पहचान को परखने के लिए गुप्त रूप से उसकी गतिविधियों पर पैनी नज़र रखनी होती है। हनुमान जी किसी भी मनुष्य की पहचान परखने के लिए यही करते हैं तथा अपना रूप बदलकर उससे मिलते हैं और वास्तविकता का पता लगा लेते हैं। वह समय के अनुसार अपना आकार छोटा और बड़ा कर लेते हैं। इस प्रकार वे हमारे समक्ष एकं उत्कृष्ट कोटि के गुप्तचर के रूप में प्रस्तुत होते हैं। वे गुप्तचरी के सब हथकंडे जानते हैं और उनका आवश्यकता पड़ने पर प्रयोग भी करते हैं। वाल्मीकि कृत रामायण और तुलसीदास कृत श्रीरामचरितमानस में हनुमान जी से हमारा सर्वप्रथम परिचय एक गुप्तचर के रूप में होता है।

प्रेम से पुलकित

गुप्तचरी के दौरान जब कोई अपना हितैषी मिल जाता है तो रोम-रोम पुलकित हो उठता है। प्रेम के वशीभूत हो जाता है मन और हृदय। इस प्रेम में स्वार्थ नहीं होता है। ऐसा सच्चा प्रेम दुर्लभ है।

सच्चे प्रेमी की दूसरे पक्ष से अपेक्षाएँ मिट जाती हैं। हनुमानजी अपने इष्ट के एक सच्चे भक्त हैं। वह उनसे हृदय से प्रेम करते हैं। हनुमान केवल राम से ही नहीं अपितु अपने हर भक्त से अथाह प्रेम करते हैं।

परीक्षा हेतु सदैव तत्पर

प्रेम पाश में बंधा व्यक्ति हमेशा हर तरह की परीक्षा को सदैव तत्पर रहता है। हम देखते हैं कि हनुमान जी के संपूर्ण जीवन परीक्षाओं से भरा

पड़ा है। वह हर परीक्षा में खरा सोना सिद्ध हुए। यहां यह कहना औचित्यहीन नहीं होगा कि हर परीक्षा पास करने के बाद हनुमान जी के व्यक्तित्व में और निखार आता चला गया। यहां हमें यही शिक्षा मिलती है कि सत्कर्मों करने वाले की कभी हार नहीं होती।

मध्यस्थ एवं सच्चा सेवक

श्रेष्ठ गुप्तचर और हर परीक्षा में सफलता प्राप्त करने वाला ही सबसे अच्छा सेवक माना जाता है। यही सेवक हमारा हितैषी बनकर मध्यस्थता करने योग्य है। मनुष्य के जीवन में जब सम और विषम परिस्थितियाँ आती हैं तो सच्चा सेवक ही हमारी मदद करता है। हनुमान जी सच्चे सेवक और एक अच्छे मध्यस्थ दिखाई देते हैं। वाक्पटुता, बुद्धि, विवेक, ज्ञान और नीति द्वारा वह उभय पक्षों का भला करते हैं। वह दोनों ही पक्षों का कल्याण चाहते हैं और जो दोनों पक्षों के हित में हो, वही कार्य करते हैं। वह मुंह में राम और बगल में छुरी नहीं रखते। इतना ही नहीं बल्कि हनुमान मध्यस्थता के बदले में किसी वस्तु की अपेक्षा नहीं रखते।

अभय की शक्ति से सम्पन्न

कौन व्यक्ति अपने जीवन में निर्भीक होगा? कौन होगा अभय? निर्भीक और अभय वही होगा जो चरित्रवान होगा। सत्यवादी, परोपकारी, र्निलोभी, त्यागी, सच्चा सेवक और आस्थावान हनुमान जी पर अभय की शक्तियों से युक्त हैं। यहां हम कह सकते हैं कि हनुमान जी की निडरता उनके अतुलित बल में है। इसी रूप में वह परोपकारी हैं।

उपर्युक्त सभी गुण एक कुशल प्रबंधक में होने चाहिए। वर्तमान में पाश्चात्य देशों की सोच के अनुसार व्यवसाय प्रबंधन का पाठ्यक्रम तैयार किया गया है। यदि हनुमान जी की प्रबंधन नीति को आज संसार में लागू कर दिया जाए तो हर व्यवसाय में कुशल प्रबंधन होग।

❑

परिशिष्ट

ऐसे प्रसन्न होंगे बजरंगबली

कलियुग में हनुमान जी की पूजा-अर्चना का दिन है मंगलवार। वह सभी का मंगल करते हैं। हनुमान को यह वरदान भी प्राप्त हुआ था कि कलियुग में उनकी पूजा मंगलवार के दिन हुआ करेगी। विद्वानों का मानना है कि मंगलवार को हनुमान जी को प्रसन्न करने का प्रयास करना चाहिए है। हनुमान अतिशीघ्र प्रसन्न होने वाले देव हैं क्योंकि उन्हें भगवान शिव का अवतार माना जाता है हनुमान जी जल्दी प्रसन्न करने के लिए क्या करना चाहिए? यह प्रश्न हर हनुमान भक्त के दिमाग में कौंधता है। निम्नलिखित प्रयास आपकी हर मुराद को चुटकियों में पूर्ण करें ऐसी हमारी कामना है-।

1. हनुमान जी राम के परम भक्त हैं। इसलिए यदि आप हनुमान जी को प्रसन्न करना चाहते हैं तो सबसे पहले भगवान राम को प्रसन्न करिए। मंगलवार के दिन हनुमान जी को याद करने से पहले भगवान राम का नाम जुबान पर जरूर लाएं। इसके साथ ही रोज माला से 108 बार राम नाम का जाप करें। हनुमान जी आपके ऊपर अपनी कृपा दृष्टि सदैव बनाए रखेंगे।
2. यदि आप जीवन में भौतिक सुख सुविधाओं का आनंद लेना चाहते हैं तो मंगलवार के दिन पवन पुत्र हनुमान को लाल सिंदूर चढ़ाएं। ऐसा करने से राजयोग मिलता है। जीवन के सभी दुख दूर होते हैं। लाइफ में खुशियां आती है। हम कई तरह के सुख भोगते हैं।
3. घर में मंगलवार के दिन सुंदरकांड का पाठ करवाना भी लाभकारी माना जाता है। इससे घर की आर्थिक स्थिति मजबूत होती है। इस पाठ से घर की सभी नेगेटिव ऊर्जा समाप्त हो जाती है। घर में सुख और

शांति बनी रहती है। लड़ाई झगड़े नहीं होते हैं। परिवार की तरक्की होती है।

4. मंगलवार के दिन हनुमान जी के नाम का व्रत रखना भी एक श्रेष्ठ उपाय सकते हैं। इस दिन आप खुद तो कुछ न खाएं, लेकिन खाना किसी गरीब या जरूरतमंद को खिला दें। आपकी यह उदारता देख बजरंग बलि खुश होंगे। आपकी मनचाही इच्छा पूर्ण करेंगे। आपके घर बरकत बनाए रखेंगे।
5. यदि आप रात को बुरे सपनों से परेशान रहते हैं तो मंगलवार के दिन फिटकरी को कुछ देर हनुमान जी के पास रख दें। फिर इस फिटकरी को अपने ऊपर से उबारकर किसी सुनसान इलाके में फेंक दें। आपको बुरे सपने आना बंद हो जाएंगे।
6. यदि आपके घर बुरी शक्तियों या भूत प्रेत का साया है तो हर मंगलवार या रोज ही हनुमान चालीसा का पाठ पढ़ना शुरू कर दें। इससे हर तरह की बुरी शक्तियां आपके घर के आस-पास भी नहीं भटकेगी।
7. मंगलवार के दिन राम रक्षा स्तोत्र पाठ करना चाहिए। इससे हनुमान जी खुश होते हैं। वह आपकी रक्षा करते हैं। शत्रु भी आपके ऊपर विजय प्राप्त नहीं कर पाता है। आपके साथ कुछ भी बुरा घटित नहीं होता है।
8. मंगलवार के दिन बंदर को चने या कोई फल खिलाना शुभ माना जाता है। ऐसा करते समय आप हनुमान जी को याद करें और अपनी कोई मनोकामना बोलें। वह जल्द ही पूर्ण हो जाएगी।

❐

सबसे ऊंची हनुमान प्रतिमाएं

भगवान राम के अनन्य भक्त हनुमान ने अपना पूरा जीवन भगवान राम और सीता की सेवा में समर्पित कर दिया। आज उन्हें दुनिया भर में निष्ठा, शक्ति और भक्ति के प्रतीक के रूप में सराहा जाता है। उनकी पूजा की जाती है। हनुमान मंदिर के अलावा भारत में अनेक गगनचुंबी हनुमान प्रतिमाएँ गर्व से खड़ी मिलेंगी। यह प्रतिमाएं भक्तों की मोहित करती हैं।

1. पंचमुखी अंजनेय स्वामी प्रतिमा, कर्नाटक

कर्नाटक के बिदनागेरे बसवेश्वर मठ में स्थित पंचमुखी अंजनेया स्वामी की मूर्ति 161 फीट की उल्लेखनीय ऊंचाई पर स्थित है। जटिल विवरणों से निर्मित और सोने की तरह चमकती हुई, यह मूर्ति देखने में वाकई आनंददायक है। इसमें भगवान हनुमान यानी, हयग्रीव, गरुड़, नरसिंह, वराह के विभिन्न अवतारों का प्रतिनिधित्व करने वाले पाँच चेहरे हैं। दस भुजाएँ हैं। इन भुजाओं में शंख, त्रिशूल, तलवार, ढाल, गदा और कुल्हाड़ी जैसे महत्वपूर्ण प्रतीक दिखाई देते हैं।

2. जाखू मंदिर प्रतिमा, हिमाचल प्रदेश

हिमाचल प्रदेश की राजधानी शिमला की पहाड़ियों के बीच में जाखू मंदिर है। जहाँ भगवान हनुमान की 108 फीट ऊँची प्रतिमा स्थापित है। भगवान एक गर्मजोशी भरी मुस्कान के साथ अभिवादन कर रहे हैं। चमकीले नारंगी और सुनहरे रंग में बनी यह प्रतिमा भक्तों के दिलों में एक विशेष स्थान रखती है, क्योंकि ऐसा माना जाता है कि यह वही स्थान है जहाँ भगवान हनुमान ने संजीवनी बूटी की खोज के दौरान विश्राम किया था।

3. संकट मोचन हनुमान मंदिर, दिल्ली

संकट मोचन हनुमान सकारात्मक और शांतिपूर्ण ऊर्जा का संचार करने वाली एक सच्ची कृति के रूप में खड़े हैं। मंदिर परिसर के भीतर प्रतिष्ठित मूर्ति में भगवान हनुमान को अपनी छाती चीरते हुए दिखाया गया है ताकि उनके हृदय में भगवान राम, माता सीता और भाई लक्ष्मण निवास कर सकें। अटूट भक्ति का प्रतीक, यह सदियों से शहर का एक पूजनीय स्थल रहा है। जिस मंदिर में यह मूर्ति है, वह 18वीं शताब्दी से खड़ा एक प्राचीन चमत्कार है।

4. नाल्को मंदिर, ओडिशा

ओडिशा के शांत शहर दामनजोड़ी में नाल्को मंदिर में भगवान हनुमान की 108.9 फुट ऊंची प्रतिमा गर्व से खड़ी है। एक हाथ अभय मुद्रा में उठा हुआ है, जो सभी बुरी शक्तियों से सुरक्षा का आश्वासन देता है। दूसरा हाथ शक्तिशाली गदा पकड़े हुए है। मूर्ति का रंग शुद्ध सफेद है जो इसकी समग्र सुंदरता में चार चांद लगाता है।

5. परितला अंजनेय मंदिर, आंध्र प्रदेश

आंध्र प्रदेश के परिताला अंजनेया मंदिर में स्थित है हनुमान की भव्य मूर्ति। यह 135 फीट की है। वीर अभय अंजनेया हनुमान स्वामी की मूर्ति दुनिया की सबसे ऊंची और सबसे बड़ी हनुमान प्रतिमा है। अभय अंजनेया हनुमान की मूर्ति सन् 2003 में स्थापित की गई थी।

6. मदापम, आंध्र प्रदेश

आंध्र प्रदेश के श्रीकाकुलम जिले में वामसाधारा नदी के तट पर भारत की सबसे ऊंची और सबसे बड़ी हनुमान प्रतिमा स्थापित है। यह 176 फीट ऊंची प्रतिमा है।

7. नंदुरा, महाराष्ट्र

महाराष्ट्र में राष्ट्रीय राजमार्ग 6 के किनारे आपको संगमरमर से बनी एक शानदार मूर्ति मिलेगी। 105 फीट ऊंची यह भगवान हनुमान की अद्भुत

प्रतिमा यात्रा पर निकलने वाले सभी यात्रियों को आशीर्वाद देती है। यह प्रतिमा एक सुंदर सफेद रंग की है और इसके गले में सोने की एक झलक वाली रंग-बिरंगी मालाएं हैं।

8. हनुमत धाम, शाहजहाँपुर, उत्तर प्रदेश

उत्तर प्रदेश में खन्नौत नदी के किनारे बिरासत घाट पर स्थित हनुमत धाम में भगवान हनुमान की 100 फुट ऊंची भव्य प्रतिमा है। 25 फुट ऊंचे मंच पर खड़ी यह प्रतिमा आंखों को सुकून देने वाली है। घाट के शांत वातावरण में घूमते हुए, आप भगवान हनुमान की मौजूदगी के बीच अपने दिल में शांति की भावना महसूस करेंगे।

9. अगरा, कर्नाटक

बैंगलोर के चहल-पहल भरे शहर के अगरा में हनुमान मंदिर बजरंगबली की 102 फुट ऊंची जीवंत प्रतिमा से सुशोभित है। रंग-बिरंगे शाही परिधानों में सजे हुए। देवता शक्ति और सुरक्षा के प्रतीक के रूप में खड़े हैं। इसे बैंगलोर के सबसे खूबसूरत आकर्षणों में से एक माना जाता है।

10. छतरपुर, दिल्ली

राजधानी दिल्ली के छतरपुर इलाके में स्थित है हनुमान की सौ फुट की मूर्ति। चमकीले नारंगी रंग में रंगी यह मूर्ति आशा और मोक्ष की किरण के रूप में खड़ी है। मंदिर के परिसर में स्थित यह मूर्ति संकट मोचन का आशीर्वाद पाने वाले भक्तों को सांत्वना और आश्रय प्रदान करती है। ❐

बजरंगबली के नाम की महिमा

बजरंगबली अष्ट सिद्धि और नौ निधियों के दाता हैं। कहते हैं कि बजरंगबली के 12 नामों की महिमा अपरम्पार है। यह नाम सुख, समृद्धि, संपत्ति, सद्भावना, सौंदर्य, साहस, और समाधान के प्रतीक हैं। पौराणिक ग्रंथों में उल्लेख मिलता है कि केसरी नंदन हनुमान कलियुग में उपासना का सबसे उत्तम फल प्रदान करने वाले हैं।

भगवान राम के कार्यों को सिद्ध करने वाले हनुमान साक्षात रुद्रावतार। संकटमोचक हैं। उनका बल दूसरों के कार्यों को सिद्ध करने और दुखों को दूर करने में खर्च होता है। वर्तमान में हनुमान जी की सिद्धि करने वाले सिद्ध पुरुषों का मत है कि यदि सच्चे मन से महाबली पवन पुत्र की आराधना की जाए तो वह अपने भक्त का हर मनोरथ पूर्ण कर देते हैं। हनुमान जी के अनेक नाम हैं। भक्त उन्हें किसी भी नाम से पुकारे वह भक्त के संकट को हरने दौड़े चले आते हैं।

भारतीय समाज में ऐसी धार्मिक मान्यता है कि हनुमान जी का केवल नाम लेने से भक्त को धन, संपत्ति, विद्या, सेहत, वैभव, संतान आदि सबकुछ प्राप्त हो जाता है। हनुमान जी की विधिवत पूजा उपासना से शीघ्र ही उत्तम फल की प्राप्ति होती है।

कलियुग में राम भक्त हनुमान ही सबसे सिद्ध देव हैं। हनुमान जी के द्वादश यानी बारह नामों का स्मरण परम कल्याणकारी है। हनुमान जी के नामों का जाप करने से सारी परिस्थितियां और समस्याएं दूर होती हैं। वर्तमान में हर मनुष्य के सामने कर्ज और मर्ज दो बड़ी समस्याएं हैं। कर्ज यानी लोगों से लिया गया दिन वापस देना और मर्ज यानी बीमारी।